ESTRATÉGIA DE MARCAS PRÓPRIAS

ESTRATÉGIA DE MARCAS PRÓPRIAS

Como Enfrentar o Desafio da Marca de Loja

NIRMALYA KUMAR
JAN-BENEDICT E.M. STEENKAMP

m.Books

M. Books do Brasil Editora Ltda.

Rua Jorge Americano, 61 - Alto da Lapa
05083-130 - São Paulo - SP - Telefones: (11) 3645-0409/(11) 3645-0410
Fax: (11) 3832-0335 - e-mail: vendas@mbooks.com.br

São Paulo – 2008

Dados de Catalogação na Publicação

Kumar, Nirmalya/ Steenkamp, Jan-Benedict E. M.
Estratégia de Marca Própria / Nirmalya Kumar / Jan-Benedict E. M. Steenkamp

1. Marketing 2. Varejo 3. Marcas 4. Administração

ISBN 978-85-7680-033-0

Do original: Private Label Strategy. Original em inglês publicado
pela Harvard Business School Press.

© 2007 Nirmalya Kumar e Jan-Benedict E.M. Steenkamp.
© 2008 M.Books do Brasil Editora Ltda. Todos os direitos reservados.
Proibida a reprodução total ou parcial. Os infratores serão punidos na forma da lei.

EDITOR: MILTON MIRA DE ASSUMPÇÃO FILHO

Tradução:
Maria Lúcia Rosa

Produção Editorial:
Salete Del Guerra

Copidesque:
Silvio Ferreira Leite

Revisão de Texto:
Ivone de Andrade

Coordenação Gráfica:
Silas Camargo

Editoração:
RevisArt

Capa:
   Design: RevisArt (sob projeto original de Floor 3 Studio)
   Fotos dos autores: Keith Walle e Tilburg University

Para Pratibha
Minha mãe; extensões de marca bem-sucedidas
precisam de marcas mães fortes
— NK

Para Valarie
Minha alma gêmea, que me mostra a cada dia
o que é o amor
— JBS

SUMÁRIO

Prefácio xi
Agradecimentos xiii

UM
Sob o Ataque das Marcas Próprias
1

PARTE UM
Estratégias de Varejo para
Enfrentar as Marcas Próprias
19

DOIS
Competindo em Preço com Marcas Próprias Tradicionais
25

TRÊS
Competindo em Qualidade com
Marcas de Loja Premium
34

QUATRO
Competindo pelo Consumidor Racional com
Marcas Próprias Inovadoras de Valor
49

viii   Estratégia de Marcas Próprias

CINCO
Cercando as Marcas de Fabricante com Portfólios de Marca de Varejo
61

SEIS
Criar Marcas Próprias de Sucesso Envolve Mais do que Preço
73

SETE
Maximização da Lucratividade doVarejista com o Uso de Marcas Próprias
87

PARTE DOIS
Estratégias do Fabricante Frente a Marcas Próprias
101

OITO
Produza Marcas Próprias para Obter Lucros Maiores
106

NOVE
Faça Parcerias Efetivas para Cultivar Relações com Ganhos para Todos
125

DEZ
Inove com Brilhantismo para Superar as Marcas Próprias
134

Sumário ix

ONZE

Lute Seletivamente para Obter Recursos contra as Marcas Próprias
148

DOZE

Crie Proposições que Gerem Valor para as Marcas de Fabricante
156

TREZE

As Marcas Estão Mortas?
172

APÊNDICE

Dados de Varejo
181

Notas   186
Índice Remissivo   197

PREFÁCIO

AMBOS CRESCEMOS em um mundo dominado pelas marcas de fabricantes. Elas estavam em toda parte e definiam o comportamento de consumo das pessoas. Entretanto, com o tempo, começamos a notar uma mudança no cenário do varejo. Um número cada vez maior de varejistas passou a oferecer produtos com suas próprias marcas. Ao mesmo tempo, muitas lojas administradas por famílias começaram a desaparecer, adquiridas ou substituídas por grandes redes.

Quando éramos estudantes, estimulados por uma forte restrição orçamentária, usávamos produtos com marcas próprias, para economizar. Logo descobrimos que eles apresentavam muito mais qualidade do que esperávamos, o que nos levou a continuar com essa prática. Foi assim que as marcas próprias se tornaram permanentes em nosso repertório de compras. Em grande escala, atitudes como a nossa proporcionaram seu crescente sucesso nos mais variados setores, como de alimentos, pneus, serviços financeiros, produtos de limpeza e outros.

Tempos depois, dedicados à carreira acadêmica, como professores de marketing, passamos a examinar o comportamento do mercado e observamos três fatos surpreendentes. O primeiro deles foi que o fenômeno representado pelas marcas próprias recebia pouca atenção dos acadêmicos. Embora essas marcas fizessem uma competição acirrada às marcas dos fabricantes, a maioria das pesquisas continuava a ignorar sua força. A comunidade de marketing enfocava apenas as marcas de fábrica.

O segundo fato nos surpreendeu ainda mais. Como éramos consultores de grandes e bem-sucedidos fabricantes, descobrimos que essas empresas subestimavam sistematicamente a ameaça das marcas próprias. O duelo se verificava apenas entre as marcas de fábrica. Era como se a competição exercida pelos varejistas não existisse, o que impossibilitava

xii Estratégia de Marcas Próprias

a obtenção de informações detalhadas a respeito da qualidade ofertada. Prevalecia a mentalidade de que as marcas próprias eram produtos inferiores, dos quais os consumidores se cansavam rapidamente. Não valia a pena reconhecê-las como concorrentes.

À medida que discutíamos a ameaça sombria simbolizada pelo sucesso das marcas próprias, começamos a perceber a oportunidade de registrar nossas experiências e nossos conhecimentos sobre o assunto em um livro que pudesse traduzir essa verdade de forma acessível. Foi quando fizemos nossa terceira descoberta espantosa. As marcas próprias haviam se transformado em uma indústria de 1 trilhão de dólares, e sobre elas não existia um único livro publicado por um editor importante, escrito por um profissional experiente ou por um acadêmico. Assim, nosso livro espera preencher essa lacuna.

Com base em pesquisas realizadas por nós e por outros estudiosos, e também por meio de consultas a publicações especializadas, e a partir de nossa experiência em consultoria, analisamos as estratégias de varejo para as marcas próprias e desafiamos os detentores de marcas de fábrica a lhes dar uma resposta efetiva.

Para facilitar o trabalho, criamos alguns planos que podem ser colocados em ação, seja para competir com os varejistas que têm marcas próprias, seja para colaborar com eles. Nosso livro contém vários estudos detalhados de casos internacionais, com ilustrações e ferramentas práticas para capacitar empresários e gerentes a prevalecerem nesse cenário radicalmente alterado.

Nossas idéias não surgiram da noite para o dia. Elas se formaram e foram reformuladas várias vezes ao longo dos últimos dez anos, durante nosso trabalho de consultoria e como reflexo de nossos seminários para executivos de todo o mundo. Esse processo nos permitiu aprimorar formulações que serviram de base para que os fabricantes pudessem enfrentar as estratégias dos varejistas. Cabe aqui, entretanto, uma advertência: são muitas as fontes de força das marcas próprias. E elas estão constantemente em mudança, como a Hidra de Lerna, da mitologia grega, cujas sete cabeças renasciam ao serem cortadas. E mais: nossos anos de trabalho nos ensinaram que, nesse caso, não há bala de prata.

Não há também uma resposta única, que resolva os problemas dos fabricantes frente às marcas próprias. Nem importa o que os consultores de marketing ou gurus possam afirmar. A verdade é que não existe nenhuma poção mágica.

Em todo caso, por meio de muito trabalho e de um esforço consistente, a ameaça pode ser tratada de frente com a execução de sete impulsos estratégicos: mudar a mentalidade, fazer parcerias efetivas, inovar com brilhantismo, lutar seletivamente, estabelecer preços competitivos, aprimorar constantemente a qualidade e comercializar criativamente.

Por que não? O gerente de marca de hoje está em boa companhia. Afinal, a Hidra de Lerna não foi destruída por Hércules com uma bala mágica. Ele precisou mudar a própria mentalidade, quando a abordagem inicial não funcionou. Foi necessário muito trabalho, assim como uma estratégia consistente e inovadora, em conjunto com um parceiro.

AGRADECIMENTOS

E STE LIVRO é o resultado de uma longa odisséia pelas águas revoltas formadas por marcas de fabricantes e varejistas. Tivemos sorte de conseguir contar com guias confiáveis nessa jornada. Muitos colegas, empresas e profissionais de marketing deram contribuições valiosas para que este livro se tornasse realidade.

Somos muito gratos à disciplina que lecionamos, pelos insights gerados, como também a inúmeros colegas. As contribuições de Kusum Ailawadi (Dartmouth College), Bob Blattberg (Northwestern University), Steve Burgess (University of Cape Town), Pradeep Chintagunta (University of Chicago), Daniel Corsten (London Business School), Barbara Deleersnyder (Erasmus University), Bruce Hardie (London Business School), Jean-Noel Kapferer (HEC Paris), Philip Kotler (Northwestern University), Don Lehmann (Columbia University), Kash Rangan (Harvard University), Lou Stern (Northwestern University), Nader Tavassoli (London Business School) e Naufel Vilcassim (London Business School) foram especialmente úteis.

Agradecemos especialmente a quatro colegas, que têm sido nossos parceiros intelectuais de luta nos últimos dez a quinze anos. O conhecimento de varejo de Katrijn Gielen (Erasmus University) é extraordinário. Ela nos deu muitas idéias importantes, que influenciaram significativamente este livro. Marnik Dekimpe (Tilburg University) e Lisa Scheer (University of Missouri) são nossos colaboradores antigos para projetos sobre branding, marcas próprias e distribuição. É realmente surpreendente a capacidade que eles têm de identificar pontos fracos em nossos argumentos e sugerir alternativas seguras. Finalmente, mas não menos importante, tivemos o privilégio de trabalhar com Inge Geyskens (Tilburg University) em muitos projetos que envolviam canais de

xiv Estratégia de Marcas Próprias

marketing e marcas próprias. Ela dividiu generosamente suas idéias conosco, durante todo o período deste projeto.

Este livro se beneficiou enormemente de nossa associação com três instituições acadêmicas de peso: London Business School, University of North Carolina, em Chapel Hill, e Tilburg University. Somos gratos aos reitores dessas escolas, Laura Tyson, Steve Jones e Douglas Shackelford, e também a Theo Verhallen, por nos proverem, generosamente, de recursos para trabalharmos neste livro. Aprendemos muito ensinando nos programas executivos dessas escolas e interagindo com nossos colegas do corpo docente.

Este livro não teria sido possível sem a colaboração de um grande número de empresas, com as quais trabalhamos ao longo dos anos, para testar nossas idéias no mundo real. Adidas, Ahold, Akzo Nobel, Auchan, Danone, Dow Chemical, Foodworld, GfK, Goodyear, Holcim, Johnson & Johnson, Kraft, Nestlé, Philip Morris, Procter & Gamble, Reckitt Benckiser, Sara Lee, TetraPak, TNS e Unilever têm nos dado apoio especial.

Somos gratos a vários gerentes que nos forneceram feedback específico e informações: Thomas Bachl (GfK), Jerome Boesch (Danone), Ian Crook (Tesco), Richard Herbert (Europanel), Christopher Knee (International Association of Department Stores), Ken Lazarus (Cape Union Mart), Judith Puigbo (Apli) e Karel Smit (IRI). Paul Polman (Nestlé, ex-P&G) tem sido um verdadeiro visionário em marcas próprias, sendo um dos primeiros gerentes a considerá-las como tal, em vez de imitações baratas. O apoio de Alfred Dijs (GfK) e Dick Valstar (GfK) nos últimos quinze anos foi valioso. Sem o apoio deles, este livro não teria sido possível.

Kirsten Sandberg e Julia Ely, da Harvard Business School Press, foram maravilhosos, com seu apoio contínuo e entusiasta, desde o início. Daisy Hutton, Zeenat Potia, Anand P. Raman, Sarah Weaver e Leslie Zheutlin, do HBSP, também desempenharam papéis-chaves para este livro acontecer. Agradecemos a Sophie Linguri e a Akhila Venkitachalam por sua assistência à pesquisa. Somos gratos ao suporte fornecido por Heidi van de Borne, Jeannette Khalil, Yasmine Redman, Margaret Walls e Suseela Yesudian-Storfjell.

Finalmente, registramos nosso reconhecimento a todos os executivos, sejam fabricantes ou varejistas, que tentam construir suas marcas ou superar as concorrentes. Se eles acharem este livro útil, nossos esforços valeram a pena.

— *Nirmalya Kumar*
  Jan-Benedict E. M. Steenkamp

U M

Sob o Ataque das Marcas Próprias

*Vendas anuais das marcas próprias
no mundo: 1 trilhão de dólares*

O SÉCULO XX foi o das marcas de fabricantes. Os consumidores passaram de produtos sem nome e de qualidade inconsistente, oferecidos por fábricas locais, no século XIX, para produtos com marcas de fabricantes globais liderados por Coca-Cola, Disney, Johnnie Walker Scotch, Johnson & Johnson, Kraft, Levi's, Procter & Gamble, Nestlé, Unilever. Essas marcas de fabricantes usaram os meios emergentes — primeiro jornais, outdoors e rádio, depois televisão e Internet — para veicular efetivamente sua mensagem. A mensagem que as marcas enviavam aos consumidores era de compra inteligente — elas eram confiáveis, ofereciam qualidade, consistência e inovação a um preço justo. Inicialmente, os consumidores compravam as marcas endossadas pelo fabricante como símbolos de qualidade, confiança e afluência. Em seguida, essas marcas passaram a ser consumidas como símbolos de aspirações, imagens e estilos de vida.

As marcas dos fabricantes alcançaram os consumidores por meio dos distribuidores e varejistas. Durante a maior parte do século XX, os varejistas eram relativamente pequenos, se comparados a seus fornecedores. Isso permitia aos fabricantes de marca comandar a onda continuada de produtos de qualidade, inovação e propaganda de massa, para manter esse poder sobre os canais de distribuição. Os fabricantes exploravam esse domínio sobre os varejistas e se tornavam verdadeiros tiranos ao forçá-los a aceitarem seus produtos com preços e políticas de promoção já definidos.[1] Geralmente restava aos varejistas a clássica opção "ame-o ou deixe-o".

Ascensão dos Varejistas e das Marcas Próprias

Em algum momento da década de 70, as coisas começaram a mudar, embora lentamente, à medida que os varejistas desenvolviam cadeias nacionais. Alguns deles, como Ahold, Carrefour e Metro, passaram a se expandir internacionalmente, dando início à consolidação do setor de varejo, que mudava de lojas familiares para participantes globais. Estimulados por esses pioneiros, os varejistas de bens de consumo embalados (CPG), como Aldi, Auchan, Costco, Lidl, Makro, Tesco e Wal-Mart, mergulharam avidamente nos mercados globais, durante as duas últimas décadas do milênio anterior.

Em Tamanho, os Varejistas Agora Dominam os Fabricantes

O crescimento dos varejistas mudou o equilíbrio de poder entre eles e os fabricantes. Há 25 anos, os grandes fabricantes de CPG – bens de consumo embalados – faziam seus clientes de varejo parecerem anões. Não é mais o caso. Agora, os varejistas aproveitam a vantagem do tamanho e o poder de negociação que ele dá (ver a Tabela 1-1).[2]

A mudança no equilíbrio de poder não se limita a produtos CPG, pois os maiores varejistas do mundo também vendem volumes significativos de produtos não CPG. O exemplo mais claro é o Wal-Mart, cujas vendas globais de produtos não CPG superam US$ 150 bilhões. Os produtos não CPG também respondem por uma quantidade significativa de vendas de outros gigantes de varejo, como a Target dos Estados Unidos, (US$ 38 bilhões) e a Costco (US$ 18 bilhões), a Metro da Alemanha (US$ 32 bilhões) e a Rewe (US$ 10 bilhões), o Ito-Yokado do Japão (US$ 18 bilhões) e AEON (US$ 20 bilhões), o Carrefour da França (US$ 6 bilhões), a Auchan (US$ 17 bilhões), a Intermarché (US$ 10 bilhões) e a Tesco da Inglaterra (US$ 11 bilhões).[3]

Varejistas especializados, como Benetton, Best Buy, Fnac, H&M, Home Depot, IKEA, Virgin Superstores e Zara, também se tornaram globais. Eles identificaram, com sucesso, segmentos globais que se apresentavam como mercados fragmentados, presumivelmente governados por preferências locais.

Por exemplo, a Toys "R" Us supre a necessidade global de que "Todas as mães querem o melhor para seus filhos: produtos de alta qualidade e brinquedos que promovam a aprendizagem, estimulem a imaginação e sejam muito divertidos". Ela cresceu e se tornou um mastodonte de US$ 11 bilhões, com aproximadamente 1.600 lojas em 30 países.[4] Isso faz com que tenha um conhecimento mundial em áreas como marketing, operações de loja e merchandising, para fornecer a todas as suas subsidiárias uma clara vantagem competitiva.

As Marcas Próprias Estão Crescendo Mais Rápido do Que as Marcas de Fabricantes

As marcas próprias existem há muito tempo. A A&P, nos Estados Unidos, com seus Eight O'Clock Breakfast Coffee, e a Marks & Spencer, no Reino Unido, com sua marca

TABELA 1-1

Varejistas dominam fabricantes em tamanho

	Varejistas			Fabricantes	
Empresa	Total de vendas (US$ bilhões)	Marca própria %	Vendas de marca própria (US$ bilhões)	Vendas (US$ bilhões)	Empresa
1. Wal-Mart	316	40	126	75	1. Nestlé
2. Carrefour	94	25	24	69	2. Altria
3. Metro Group	73	35	26	57	3. P&G
4. Tesco	71	50	36	51	4. Johnson & Johnson
5. Kroger	61	24	15	50	5. Unilever
6. Royal Ahold	56	48	27	33	6. PepsiCo
7. Costco	53	10	5	26	7. Tyson Foods
8. Target	53	32	17	23	8. Coca-Cola
9. Rewe	51	25	13	20	9. Sara Lee
10. Aldi	43	95	41	18	10. L'Oréal
11. Schwarz Group	43	65	28	18	11. Japan Tobacco
12. ITM (Intermarché)	42	34	14	17	12. Danone

Fonte: Extraído de M+M Planet Retail, 2005; "Fortune Global 500", *Fortune*, 24 de julho de 2006, 113-120; e cálculos e estimativas dos autores.

St. Michael, oferecem marcas próprias há mais de um século. No entanto, apesar de algumas exceções significativas, as marcas próprias eram vistas como primas pobres das marcas de fabricantes, dominando apenas uma pequena parcela do mercado que era considerada improvável de se tornar significativa. Os fabricantes de produtos com marca, portanto, foram pegos de surpresa pelo contínuo crescimento da participação de marcas próprias, desde a década de 70. Um exemplo notável é a Alemanha, a maior economia da Europa e a terceira maior economia do mundo. Lá, a participação das marcas próprias aumentou, nas últimas três décadas, de 12% para 34%, um fato surpreendente.

As marcas próprias de varejo, também conhecidas como marcas próprias, marcas de loja ou marcas do distribuidor, também cresceram fortemente em outros mercados. Nos Estados Unidos, por exemplo, tiveram um desempenho melhor que as marcas de fabricantes, nos últimos dez anos, com exceção de um ano. Agora respondem por 20% das vendas, nos Estados Unidos, em supermercados e distribuidores, com uma participação saudável em lojas de departamento, lojas especializadas e lojas de conveniência.[5]

Quando se examina mais atentamente a participação das marcas próprias dos 12 maiores varejistas do mundo, mostrados na Tabela 1-1, o futuro parece desanimador para as marcas de fabricantes. Com exceção da Costco, as marcas próprias de varejistas têm uma participação de mais de 20% no total movimentado nos Estados Unidos.

4 Estratégia de Marcas Próprias

A consolidação crescente do setor mostra que esses varejistas globais estão crescendo mais rápido que o mercado em geral.

Quase todo varejista, grande ou pequeno, deseja aumentar a participação de suas marcas próprias. Por exemplo, a Coles, rede australiana de supermercados, declarou sua intenção de passar dos atuais 13% para 30% em futuro próximo.[6] Além disso, novos conceitos de varejo, como o formato agressivo dos descontos da Aldi e Lidl, surgiram para privilegiar suas marcas. Nos Estados Unidos, dois varejistas emergentes, Whole Foods e Trader Jo's, também se concentram em marcas próprias. Doug Rauch, presidente da Trader Joe's, que tem 80% de marcas próprias, declarou que já começou criando produtos próprios, para "colocar nosso destino em nossas próprias mãos".[7]

Não é surpresa que as marcas próprias estejam crescendo rapidamente na primeira década do século XXI. A Tabela 1-2 mostra que a *participação* das marcas próprias, como porcentagem total do setor de bens de consumo embalados, deve crescer em mais de 50%, passando de 14% para 22%. Os mercados de marca própria já desenvolvidos, da Australásia (crescimento maior que 50%), da América do Norte (mais de 35%) e da Europa Ocidental (com aumento de 50%), continuarão seu forte crescimento à medida que os varejistas consolidarem seus ganhos. Esse crescimento geralmente ocorre à custa das marcas de fabricantes. Por exemplo, nos Estados Unidos, em 2005, as vendas de vinagre com marcas próprias foram 2% maiores que a líder da categoria. A Heinz ficou em segundo lugar, com uma queda nas vendas de quase 10%.

Nos mercados que ainda não foram invadidos pelas marcas próprias, Japão e as economias emergentes (Tabela 1-2), seu crescimento de vendas deve ser ainda mais rápido. Nessas regiões, as atitudes do consumidor em relação às marcas próprias já são notavelmente positivas.[8] Como os países emergentes estão experimentando um cresci-

TABELA 1-2

Participação de marca própria de bens de consumo embalados

	PARTICIPAÇÃO DE MARCA PRÓPRIA (% DE VENDAS)	
	2000	Esperada em 2010
Em todo o mundo	**14**	**22**
Europa Ocidental	20	30
Europa Central e Oriental	1	7
América do Norte	20	27
América Latina	3	9
Australásia	15	22
Japão	2	10
China	0,1	3
África do Sul	6	14

Fonte: Adaptado de M+M Planet Retail, 2004, http://www.planetretail.net/.

mento econômico mais alto, o crescimento geral das vendas de marcas próprias pode ser de dois dígitos. Além disso, é improvável que essa tendência pare em 2010. Na próxima década, à medida que os varejistas globais se expandirem agressivamente no âmbito internacional, as economias emergentes se tornarão os principais campos de batalha entre as marcas próprias e as marcas de fabricantes.

Marcas Próprias Estão em Todo Lugar

Ainda é possível catalogar as marcas próprias mais vendidas em produtos comestíveis e não comestíveis. Leite, ovos e pão são comestíveis. Embalagens para armazenar comida, sacos de lixo, xícaras e pratos e papel higiênico não são comestíveis. Entretanto, os maiores e mais sofisticados varejistas agora oferecem marcas próprias para categorias nas quais os clientes tradicionalmente procuravam se manter fiéis aos seus fabricantes favoritos. Hoje, as marcas de loja estão presentes em mais de 95% das categorias de bens de consumo embalados.[9] Entre as que mais crescem estão batom, hidrantes faciais e alimentos para bebês.[10] Até a Costco, loja atacadista que geralmente prefere produtos em grande quantidade, está desenvolvendo uma linha de cosméticos de marca própria.

Esse fato pode levar o leitor a acreditar que o fenômeno está restrito a produtos de consumo relacionados a mercearias e supermercados, o que não é verdade. Os melhores varejistas e distribuidores desses artigos, como Best Buy, Boots, Decathlon, Federated, Gap, IKEA, Home Depot, Lowe's, Office Depot, Staples, Target, Toys "R" Us, Victoria's Secret e Zara, têm uma grande porcentagem de marcas próprias nos segmentos mais diversos, e em alguns casos trabalham exclusivamente com elas. A quantidade de varejistas e distribuidores dos mais diversos tipos, que são atraídos pela marca própria, continua a crescer. Considere três exemplos diferentes.

Roupas correspondem a um dos maiores setores para marcas próprias. Nesse segmento, a marca própria ou marca de loja agora representa 45% das vendas totais por peça vendida nos Estados Unidos, acima dos 39% de dois anos atrás e dos 35% de cinco anos atrás. Em categorias como saias e roupas infantis, sua participação, superior a 65%[11], é impulsionada em parte pelo grande sucesso de vários formatos de varejo, que distribuem exclusivamente as próprias marcas, como Gap, H&M, The Limited e Zara. Em resposta ao valor que esses varejistas de especialidades oferecem, sofisticadas lojas de departamento como Bloomingdale's e Macy's também estão aumentando os pedidos de mercadorias com marca de loja.

Livros podem parecer uma categoria improvável para as marcas próprias. No entanto, a Barnes & Noble planeja gerar de 10% a 12% de seu total de vendas com marca própria, em 2008. A Barnes & Noble começou a publicar livros esgotados, antes de mudar para livros sobre jardinagem, culinária e estilo de vida, todos ricamente ilustrados. Em 2002, abandonou a popular série de estudos CliffsNotes, publicada por John

6 Estratégia de Marcas Próprias

Wiley, substituindo-a por uma série própria, a SparkNotes, vendida por menos de um dólar. Em 2003, a clássica coleção Barnes & Noble, com títulos como *Huckleberry Finn e Moby Dick*, foi expandida para uma variedade de formatos, com opção de capa dura, em uma competição direta com as linhas Modern Library, da Random House, e Penguin Classics, da Pearson.[12]

Serviços financeiros sugerem algo distante do mundo do varejo, e no entanto as marcas próprias lotam o setor. No mercado de cartões de crédito, por exemplo, General Electric, Wells Fargo, Citibank e Bank One estão entre aqueles que permitem aos varejistas colocar sua marca nos cartões, enquanto gerenciam toda a operação para eles. Supermercados financeiros como Fidelity e Charles Schwab mantêm fundos gerenciados por terceiros e ao mesmo tempo vendem fundos próprios aos investidores.

Como resultado do sucesso das marcas próprias em todo o mundo, e em vários setores, as vendas que elas proporcionam se aproximam agora de *1 trilhão de dólares*, e continuam aumentando.

A Transformação das Marcas Próprias

No início, a imagem que as marcas próprias evocavam era de pacotes brancos com palavras como *papel higiênico, feijão ou detergente em pó* impressas em preto. Essas marcas, que podiam ser encontradas em algum lugar no fundo das prateleiras, eram "um substituto barato e ruim da coisa real".[13] Mas os tempos estão mudando.

As Marcas Próprias Competem em Qualidade

Embora ainda existam produtos de baixa qualidade com marca própria, não há como negar que muitas empresas têm dado passos largos em direção à qualidade. A revista *Consumer Reports* considerou o sorvete de chocolate da Winn-Dixie à frente do Breyers, o Sam's Choice do Wal-Mart melhor que o detergente Tide e as batatas chips da Kroger mais saborosas que as Ruffles e Pringles. Em 2005, no Oscar anual de vinho de Natal, no Reino Unido, o Premier Cru, da Tesco, vendido por menos de US$ 15 a garrafa, foi tido como o melhor espumante sem safra. Em testes cegos, superou nomes famosos como Tattinger e Lanson, que podem custar duas vezes mais.

Um recente estudo alemão comparou as características técnicas e a qualidade de 50 categorias de produtos de consumo.[14] Em mais da metade delas, as marcas próprias, oferecidas com grandes descontos (como por exemplo Aldi e Lidl), se igualaram ou excederam em qualidade algumas marcas de fabricantes. A Excellente, de Albert Heijn, a Select, da Safeway, a Sam's Choice, do Wal-Mart, e a Royal Request, da Vons, são algumas marcas de loja direcionadas pelos varejistas para produtos de alta qualidade. E, para os consumidores, o risco de experimentar essas marcas continua diminuindo, pois certos varejistas, como a Kroger, gritam: "Experimente, e, se você não gostar, leva a marca concorrente de graça".

Sem se contentar com o próprio sucesso, os varejistas continuam elevando suas aspirações de qualidade. Em 2003, Terry Lundgren, diretor administrativo da Federated, dona das lojas de departamento Bloomingdale's e Macy's, observou: "Podemos vender o produto mais refinado, da mais alta qualidade, e o mais caro, de uma marca própria". Assim, a Hotel Collection, da Charter Club, marca da própria Macy's, vende edredons a US$ 1.350 e fronhas a US$ 275.[15] Da mesma forma, a Gap introduziu a marca 1969, que custa duas vezes mais do que a maioria dos jeans Gap. Já a The Limited lançou o jeans Seven7, para competir com as grifes Calvin Klein, Diesel e Hugo Boss.[16]

Marcas Próprias São Marcas

As marcas existem para dar sentido ao nosso papel de consumidores. Os consumidores querem marcas para terem a garantia de qualidade e a satisfação emocional que elas oferecem. Qualquer produto que não seja marca será, por herança, menos atraente. Entretanto, as marcas não precisam ser necessariamente de *fabricantes*. Elas também podem ser marcas de *loja*. E foi o que aconteceu na última década, quando os varejistas ficaram maiores e mais exigentes, e suas marcas próprias se tornaram mais presentes e bem-sucedidas — ganhando a força necessária para investimentos em *branding*. Os varejistas agora posicionam suas marcas como marcas que adquiriram direitos. Elas estão cada vez mais impregnadas de emoção e de uma imagem expressiva. Não retratam mais apenas a lógica funcional que as dominava há uma geração.

Em contraste com o produto genérico tradicional, observe o requintado vidro de aspargos Harvest Moon, da rede de mercearias H-E-B, do Texas, com um rótulo elegante (onde aparece uma suave lua crescente) que faz o produto da Del Monte, colocado ao lado, parecer barato.[17] Ou considere a Decathlon, varejista com 331 lojas, que vende equipamentos esportivos e gera mais de US$ 3,5 bilhões em vendas.[18] Sua participação de mercado, com marca própria, subiu de 33% para mais de 50% em 12 anos.[19] A Decathlon desenvolveu sete marcas de paixão. O que lhes dá vida é a idéia de que elas são apaixonadas por esportes e captam o sentimento das pessoas em relação aos esportes. Cada marca de paixão é desenvolvida em torno de um universo diferente. Por exemplo, a Tribord refere-se ao mundo aquático e está direcionada para esportes como mergulho, vela e surfe, enquanto a Quechua reflete esportes relacionados a montanha, como esqui, caminhada e escalada. São essas as marcas de loja da Decathlon que estão competindo com fornecedores de marcas consagradas como a Nike. Talvez o melhor exemplo seja a IKEA, varejista sueca de móveis domésticos, que "se tornou uma curadora do estilo de vida das pessoas, se não de suas vidas". A maioria dos clientes que entram em uma loja da IKEA em um dia de movimento médio (1,1 milhão de pessoas) considera essa visita muito divertida e agradável. A IKEA se tornou um des-

8 Estratégia de Marcas Próprias

tino onde o consumidor pode viver uma experiência capaz de se transformar em uma forte fidelidade. "Lá, fico à vontade para ser eu mesma", comenta uma cliente da Romênia. Agora, considere o que diz um cliente norte-americano: "Metade de minha casa é da IKEA — e a loja mais próxima fica a seis horas de distância". Com tamanha fidelidade, não causa nenhuma surpresa que as margens operacionais da IKEA, de 10%, estejam entre as melhores do ramo de mobília para residências, e muito superior às concorrentes Píer 1 (5%) e Target (8%). Entretanto, ainda há um considerável espaço para crescimento. Anders Dahlvig, CEO da IKEA, observa: "A consciência que os clientes têm de nossa marca é muito maior do que o tamanho de nossa empresa".[20]

Iniciativas capazes de criar valor para a marca de loja não se limitam ao Ocidente. Um indiscutível exemplo, extraído de um mercado emergente, é o varejista de equipamentos para esportes de aventura, o Cape Union Mart, da África do Sul, também com lojas em Botswana e na Namíbia. Mais de 80% do total de suas vendas é proveniente de marcas próprias. A Cape Union Mart desenvolveu uma linha composta por três marcas, que atraem diferentes segmentos de mercado. A K-Way é indicada principalmente para tempo úmido e baixas temperaturas, e inclui roupas e equipamentos. A Old Khaki é moda esportiva centrada no conceito "use para trabalhar". A Cape Union é a marca principal, de boa qualidade, mas não para profissionais.

A Cape Union Mart acrescenta um valor significativo a suas marcas próprias oferecendo experiências únicas. Os equipamentos podem ser testados em uma parede para rapel e em uma caverna, ambas construídas dentro da loja. Uma queda d'água de 12 metros corre depois entre rochas e serve de cenário para o departamento de calçados. O som da água fluindo acalma e evoca memórias de viagens e acampamentos, promovendo o principal conceito do cenário — fuja do estresse. Um aspecto muito persuasivo são as duas câmaras climáticas, uma para os clientes experimentarem roupas à prova d'água, e a outra para frio intenso (vento de −15°C, ou 5°F). O diretor de design da Cape Union Mart, Ken Lazarus, considera: "Ao oferecer essas experiências dentro da loja, somadas a produtos de qualidade premium com preços de marca própria, a Cape Union Mart atingiu um modelo de varejo bem-sucedido e se sobrepôs a outros varejistas que vendem marcas de fabricantes comparáveis às nossas".[21]

A Aceitação Crescente de Marcas Próprias pelo Consumidor

A transformação das marcas próprias não passou despercebida pelos consumidores. O aprimoramento das marcas de loja fez delas uma alternativa de compra aceitável para grandes grupos de consumidores. Dois de cada três consumidores *em todo o mundo* acreditam que "as marcas próprias de supermercado sejam uma boa alternativa".[22]

A Compra de Marca Própria Como Pesquisa de Compra Inteligente

De acordo com essas percepções positivas, os consumidores estão buscando cada vez mais as marcas de loja. Em 2001, 45% dos compradores tinham mais probabilidade de mudar para uma marca de loja, em comparação a 31% em 1996. Além disso, 70% das pessoas responsáveis pelas compras domésticas gostariam que os produtos com marca de loja fossem acessíveis em uma variedade tão ampla quanto os produtos com marcas de fabricantes. E 54% afirmam que planejam comprar mais produtos de marca própria no futuro.[23]

Mesmo com esse panorama, não podemos supor que praticamente todas as famílias de países como Estados Unidos, Reino Unido e Alemanha tenham comprado produtos com marca própria no ano passado. Mudanças no comportamento do cliente costumam ser bastante sutis. Por exemplo, os consumidores relutaram muito, antes de comprar roupas com marca própria de supermercados. No Reino Unido, a Asda conseguiu aumentar a porcentagem de seus clientes que compravam roupas. Eles eram 8% por cento. Em cinco anos, passaram a ser um em cada três.[24] A empresa se tornou a maior varejista de roupas da Inglaterra. Como se pode ver, as marcas próprias deixaram de ser patinhos feios e avançaram bastante, em comparação com suas rivais, as marcas de fabricantes, constantemente anunciadas e mais glamorosas.[25]

No passado, as marcas próprias eram dirigidas basicamente aos pobres. Hoje, embora os pobres ainda comprem marcas próprias com mais freqüência que os outros consumidores, observa-se que mesmo consumidores ricos compram marcas de loja.[26] Cada vez mais é considerado "inteligente" fazer pesquisa para comprar produtos de marca própria de qualidade (supostamente comparável) por um preço mais baixo, em vez de ser "explorado" por marcas de fabricantes com altos preços. Os alemães referem-se a essa tendência como *"stinginess is brill"* (a sovinice é genial).

A pesquisa de compra inteligente não se confina a CPGs. Só na Alemanha, a Aldi vende mais de US$ 6 bilhões em bens de consumo duráveis por ano, e é uma das que mais vendem tais produtos, como PCs e equipamento de camping.[27] A Saturn, varejista de produtos da Alemanha, diz em seu slogan *"Geiz ist Geil"* (É Sexy Ser Econômico), e a busca desse slogan no Google rendeu 739 mil acessos.[28] A Media Market, varejista de eletrônicos com descontos, afirma em seu slogan *"Ich bin doch nicht blöd"* (Eu não sou estúpido). O *Financial Times* observa que, no caso de roupas, "pesquisar compras agora é 'consumismo inteligente' ... há até algo próprio da natureza humana nessa procura por alguma coisa que tenha mais valor."[29]

Essa tendência de compra de marca privada, como resultado de pesquisa de compra inteligente, também pode ser observada em roupas, pois cadeias como a Target (com sua linha Mizrahi) e a Zara se rendem ao fenômeno "chique barato". Até a gigante de descontos Wal-Mart se beneficia dessa tendência, embora em uma extensão menor que a Target. Dezoito por cento dos compradores do Wal-Mart têm renda familiar superior a US$ 70.000.[30]

10 Estratégia de Marcas Próprias

Como resultado, as marcas próprias se tornaram amplamente aceitas. Sua compra agora é dirigida por muito mais do que simplesmente um desejo de economizar. Os compradores de marcas próprias estão em todos os estratos socioeconômicos e consomem todas as categorias de produto. Eles são vistos como compradores criteriosos, que comparam marcas de fabricantes com marcas de loja, não são facilmente influenciados pela propaganda e se orgulham de sua capacidade de tomar decisão.[31]

As Marcas Próprias Não São um Fenômeno Recessivo

Embora a participação das marcas próprias tenha aumentado em todas as economias desenvolvidas, nos últimos 20 a 30 anos, sua trajetória de crescimento não tem sido linear. Pelo contrário, tem-se especulado que a compra de marcas próprias é algo que ocorre em recessões. John Quelch, professor de Harvard, argumentou: "A marca própria geralmente sobe quando a economia está sofrendo e decai em períodos econômicos mais fortes".[32] O *Economist* observou que, durante longo tempo, os consumidores consideraram as marcas próprias como um "substituto barato e ruim da coisa real, desenvolvido por varejistas durante as recessões e descartado logo que a economia se recobra."[33] A *Stern*, publicação semanal alemã, escreveu: "Quanto mais difíceis os tempos, melhor fica a Aldi".[34] Assim, o antigo pensamento geral era de que a compra de marca própria se dava em tempos de recessão.

Um exame sistemático de dados de quatro países (Estados Unidos, Reino Unido, Alemanha e Bélgica), no período de várias décadas, revela, de fato, que a participação da marca própria aumenta durante recessões e diminui durante períodos de expansão econômica.[35] Entretanto, essas mudanças são sistemáticas. A participação da marca própria aumenta mais rápido e mais extensamente durante uma recessão, e não decai na mesma proporção, durante a fase posterior, de expansão. De fato, o aumento líquido na participação de marcas próprias durante as recessões não é completamente compensado por seus períodos de expansão, que estão em declínio. Parte do crescimento da marca própria em uma recessão é *permanente*, causado pelo aprendizado do consumidor. À medida que os consumidores aprendem, nas recessões, sobre a qualidade aprimorada de marcas próprias, uma parte significativa de compradores permanece fiel às marcas próprias, mesmo depois que acaba a necessidade de economizar. A marcha das marcas próprias continua avançando nos ciclos de negócio.

Da Fidelidade da Marca de Fabricante à Fidelidade da Marca de Loja

A aceitação crescente das marcas próprias, por parte do consumidor, resulta na diminuição da fidelidade a conhecidas marcas de fabricante. Um estudo de estilos de vida americanos indicou que a porcentagem de consumidores de 20 a 29 anos, que disseram que se mantinham fiéis a marcas conhecidas, caiu de 66%, em 1975, para 59% em 2000.[36] Mais surpreendente, a porcentagem de pessoas de 60 a 69 anos declinou de

Sob o Ataque das Marcas Próprias 11

86% para 59%. Outro estudo norte-americano, abrangendo áreas de produto tão disparatadas como comestíveis, roupas, brinquedos e eletrodomésticos, verificou que nos últimos 15 anos, a fidelidade à marca declinou em dez de 15 áreas de produto incluídas.[37]

Isso não significa, entretanto, que a fidelidade seja coisa do passado, como é alegado freqüentemente. Os consumidores podem ser, e são, fiéis, mas não necessariamente às marcas de fabricantes. Cada vez mais, os consumidores são os primeiros e os mais fiéis a um varejista específico. Varejistas como a Whole Foods, nos Estados Unidos, De Bijenkorf, nos Países Baixos, Marks & Spencer, no Reino Unido, Auchan, na França, El Corte Inglés, na Espanha, Delhaize, na Bélgica, Loblaws, no Canadá, e Aldi, na Alemanha, geram níveis intensos de fidelidade entre grandes grupos de compradores. Como resultado, a maioria dos consumidores pensa primeiro na Home Depot, a varejista líder, em vez da American Standard ou Kohler, fabricantes de marca líderes, quando precisam substituir uma torneira em seu banheiro. Os consumidores podem não ser mais promíscuos. Eles simplesmente transferiram parte de sua fidelidade às marcas de fabricantes para os varejistas. E as marcas próprias, sendo uma característica singular do varejista em questão, são importantes para forjar a fidelidade à loja.

Examinando a fidelidade à marca *versus* a fidelidade à loja, para dezenas de categorias CPG entre consumidores de quatro continentes, descobrimos que cerca de um terço dos consumidores é fiel à loja, metade dos consumidores são fiéis à marca e o restante não se decidiu.[38] Entretanto, há uma variação considerável entre as categorias. A fidelidade à loja é mais baixa em cuidados pessoais do que em produtos de limpeza e alimentos e bebidas. O cuidado pessoal costuma exigir mais em termos de imagem, motivando os consumidores a comprar exatamente a marca e o item que desejam.

Marcas de Fabricante São Atacadas

O desenvolvimento das marcas próprias e a reação dos consumidores fizeram uma tremenda pressão sobre o crescimento e a lucratividade das marcas de fabricante. Em uma pesquisa recente, apenas 29% dos consumidores norte-americanos concordaram que as marcas de fabricante valem o preço premium, enquanto apenas 16% acreditavam que as marcas de loja não são tão boas quanto as marcas de fabricante.[39] E qualquer estigma social associado a marcas de loja parece ter desaparecido, visto que apenas 6% dos consumidores pesquisados relataram que não se sentem bem ao usar itens de loja em sua casa.

O ambiente favorável dos canais de mídia consolidada e dos canais de distribuição fragmentada, que impulsionaram o surgimento de marcas de fabricante, transformaram-se em um cenário muito diferente, hoje habitado por mídia fragmentada e distribuição consolidada. Agora é mais difícil e mais caro para os fabricantes alcançarem diretamente os consumidores através da mídia.

12   Estratégia de Marcas Próprias

Ao mesmo tempo, em qualquer país, alguns varejistas estão controlando cada vez mais o acesso à maioria dos compradores. Em vez de antigas redes de televisão, são esses varejistas que atualmente se tornaram o canal de massa, para se comunicarem com os consumidores. Quando somam a isso suas marcas próprias, para ameaçar as fabricantes de marca, os varejistas têm o poder de captar uma parcela maior dos lucros do sistema.

Lucros do Sistema Migram para os Varejistas

Um estudo feito por The Boston Consulting Group demonstrou as implicações de lucro de marcas próprias e a consolidação de varejo no setor norte-americano de comestíveis.[40] Entre 1996 e 2003, os varejistas ganharam cinco pontos de participação no lucro combinado do varejista e do fabricante e mais de 50% do *crescimento do lucro do sistema*. Durante esse período, a capitalização total do mercado cresceu apenas 4%, bem abaixo do crescimento de 19% na S&P 500. Da mesma forma, no setor de alimentos do Reino Unido, à medida que a participação de marcas próprias aumentou de 25% para 45% entre 1982 e 2000, a participação dos lucros dos varejistas foi de 18% para 38%, com os fabricantes vendo um declínio correspondente a 20 pontos percentuais em sua participação no lucro conjunto do setor.[41]

O futuro será ainda mais desafiador para as marcas de fabricantes, principalmente se os Estados Unidos seguirem as tendências de mercados europeus de marca própria, que são mais avançados. Apesar da sofisticação de seus varejistas, e contrário à crença de muitos gerentes norte-americanos, os Estados Unidos realmente *não* estão liderando em marcas próprias. Para ilustrar essa afirmação, a Figura 1-1 representa em gráfico a participação da marca própria *real* em um país contra sua participação de marca própria, conforme *previsto* pelo ambiente de negócios do país, para 31 países. Uma posição acima da inclinação de 45 graus indica desempenho exagerado, significando que a participação real da marca própria é mais *alta* do que o esperado, de acordo com as características do país.[42] Por outro lado, uma posição abaixo da inclinação de 45 graus indica desempenho aquém do esperado: a participação real da marca própria é mais *baixa* do que se poderia esperar com base nas características do país.

A Figura 1-1 mostra que os Estados Unidos estão tendo um *subdesempenho,* em função das características do país. Por que isso acontece?[43] Um fator é o tamanho extraordinariamente grande dos Estados Unidos, tanto do ponto de vista econômico quanto geográfico. Historicamente, isso tem beneficiado os fabricantes de marca, que sempre puderam usar a propaganda nacional para alcançar públicos enormes. O aparecimento de grandes varejistas em todo o país é um fenômeno relativamente recente. Mesmo hoje, muitos supermercados dos Estados Unidos e drogarias são participantes regionais. Como conseqüência, o comércio de varejo, nos Estados Unidos, ainda é muito menos concentrado do que em outros países desenvolvidos. Por exemplo, a

FIGURA 1-1

Gráfico do sucesso de Marca Própria do país

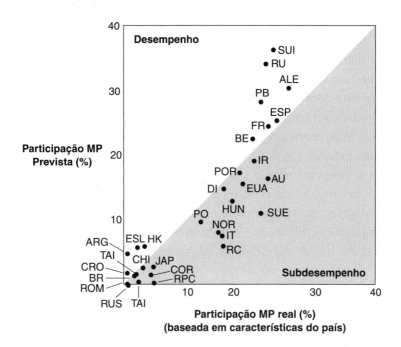

Legenda

ARG	Argentina	DI	Dinamarca	NOR	Noruega	SUE	Suécia
AU	Áustria	FR	França	PO	Polônia	TAI	Taiwan
BE	Bélgica	ALE	Alemanha	POR	Portugal	TAI	Tailândia
BR	Brasil	HK	Hong Kong	RPC	China	RU	Reino Unido
SUI	Suíça	HUN	Hungria	COR	Coréia	EUA	Estados Unidos
CHI	Chile	IR	Irlanda	ROM	Romênia		
CRO	Croácia	IT	Itália	RUS	Rússia		
RC	República Checa	JAP	Japão	ESL	Eslováquia		
		PB	Países Baixos	ESP	Espanha		

Fonte: AiMark, 2006; http://www.aimark.org/. Reproduzido com autorização.

participação combinada de mercado dos cinco principais varejistas de comestíveis dos Estados Unidos é menor que 30%, *versus* 68% da Alemanha. Isso tem dado aos fabricantes de bens de marca uma posição favorável para atingir economias que se alternam e que se expandem (por exemplo, anunciando).

14 Estratégia de Marcas Próprias

Além disso, nos Estados Unidos, as marcas de loja têm recebido tradicionalmente menos atenção gerencial que na Europa. Isso se deve à forte posição de marcas de fabricante, baixa concentração no varejo dos Estados Unidos e imagem menos positiva de varejistas como empregadores. Em uma recente pesquisa com 30 mil americanos universitários sobre o empregador ideal para os estudantes, nenhum varejista apareceu na lista dos 15 mais citados.[44] Compare essa pesquisa com outras similares realizadas na Europa, onde ano após ano varejistas como Carrefour, Marks & Spencer, IKEA, H&M, Zara, Tesco e Royal Ahold estão entre os empregadores mais procurados. Desenvolver programas fortes de marca própria requer experiência significativa, e os varejistas não costumam ser os empregadores preferidos pelos melhores e mais brilhantes profissionais dos Estados Unidos.

Esses fatores que reprimem o sucesso da marca própria nos Estados Unidos tendem a mudar pela consolidação contínua do varejo. Se os Estados Unidos diminuírem pela metade a defasagem de desenvolvimento da marca própria em relação ao Reino Unido, os fabricantes perderão dezenas de bilhões de dólares em vendas anuais, e bilhões de dólares em lucros operacionais migrarão para os varejistas.

Fabricantes de Marca Precisam Repensar Estratégias

Marcas famosas, ícones de marca, líderes do setor — nada está isento das pressões das marcas próprias. Por exemplo, os carros de brinquedo Hot Wheels, da Mattel, vendidos a US$ 0,89, viram suas vendas decair nos Estados Unidos por causa do aumento da concorrência das marcas próprias.[45] Na Alemanha, o Tropicana teve uma queda devastadora em seu volume de vendas, que caiu de 20%, em 2000, para 2%, em 2004, devido à canibalização de marcas próprias.[46]

O aparecimento de marcas próprias e o poder do varejo forçaram importantes fabricantes de marca a repensarem suas estratégias. O *New York Times* publicou um artigo, no início de 2005, intitulado "O que está por trás do negócio da Procter? Wal-Mart.". O artigo citou as fortes vendas e as recentes inovações das marcas de loja Wal-Mart como um possível fator para a aquisição da Gillette, por US$ 57 bilhões, pela Procter & Gamble.[47] Em fevereiro de 2006, a Kraft Foods, Inc., fabricante dos cookies Oreo e dos embutidos Oscar Mayer, anunciou que estava fechando 20 fábricas e demitindo 8 mil trabalhadores porque as marcas próprias devoraram suas vendas.[48]

O desafio do fabricante torna-se ainda mais grave devido ao conflito existente entre fabricantes e varejistas, que são ao mesmo tempo clientes e concorrentes. As áreas de conflito são numerosas. Os varejistas inclinam-se a dedicar o melhor espaço de prateleira para suas próprias marcas, enquanto os fabricantes, obviamente, discordam. Os varejistas podem sentir (muitas vezes de forma incorreta, como é mostrado no Capítulo 6) que se beneficiam de uma grande defasagem de preço entre sua marca própria e as marcas líderes do fabricante, enquanto os fabricantes são cautelosos com tal estratégia. Os fabricantes querem alta rotatividade para suas promoções de preço, enquanto os varejistas sabem que ganham mais embolsando essas promoções sem repassá-las aos clientes, principalmente quando a lucratividade é pequena para os varejistas.[49]

Tanto os fabricantes quanto os varejistas se beneficiam das inovações de produto promovidas pelos fabricantes de marca, mas os varejistas querem, muitas vezes, copiar essas inovações assim que possível. Isso cria um impasse interessante. Guilbert, o principal distribuidor de material de escritório para empresas clientes da Europa Ocidental, agora é propriedade da Office Depot, dos Estados Unidos. Além das marcas de fabricantes, a empresa comercializa a marca própria Niceday, que inclui muitos produtos como grampeadores, pranchetas para escrever e desenhar e canetas. Em 2003, ela concedeu a seu fornecedor Post-it Notes, da 3M, o prêmio Produto do Ano, da Guilbert, no Reino Unido. Acontece que um dos produtos Niceday mais populares é uma imitação mais barata do Post-it-Notes.

Às vezes, o conflito pode ser menos amigável. No Reino Unido surgiu uma importante disputa entre a Coca-Cola e a J. Sainsbury, pois a Classic Cola, da Sainsbury, imitava claramente as letras e as cores da Classic Coke, tendo capturado 17% do mercado inglês de refrigerante à base de cola seis meses após o lançamento. Em 2005, a Unilever processou a varejista holandesa Albert Heijn (filha da Royal Ahold) por imitar a embalagem de 13 de seus itens de marca de loja. Como a Albert Heijn também é a maior cliente da Unilever nos Países Baixos (participação de mercado de 25% a 30%), a ação não foi executada suavemente.

Os varejistas gostariam que os principais fabricantes se engajassem na produção de marca própria, e por isso os pressionam para que partilhem sua tecnologia mais recente. Muitos fabricantes juram que nunca se entregariam a tais práticas. Nos Países Baixos, por exemplo, a P&G colocou o seguinte texto na embalagem de seu detergente para lavar louças Dreft (chamado Dawn nos Estados Unidos e Fairy no Reino Unido): "Dreft não produz para marcas próprias ou produtos de imitação".

Os principais varejistas podem reagir fortemente aos fabricantes de marca fornecendo a outros varejistas, principalmente aos que promovem descontos agressivos. É muito ilustrativa a reação do vice-presidente de compras de um grande varejista europeu. Durante um seminário para executivos, dado por um de nós, sobre o papel das marcas de fabricante no sortimento das lojas de descontos, ele declarou que, se um fabricante de marca fornecesse à loja de descontos Lidl, ele reduziria substancialmente a quantidade e a qualidade do espaço da prateleira destinada àquela marca.

A imprensa especializada percebeu rapidamente os desafios que as marcas próprias impõem cada vez mais às marcas de fabricante. As publicações são carregadas de manchetes que noticiam essa ameaça[50], como "Lucro da Kraft é afetado por marcas próprias", "Consumidores ignoram a alta de preços da General Mills", "Brand Killers: marcas de loja não são mais para perdedores", "Varejo: adeus marcas" e "As grandes marcas passam a mendigar".

O Plano do Livro

Antes de apresentar o plano do livro, devemos esclarecer duas questões. Uma relativa à definição e outra para facilitar a compreensão do leitor. Neste livro, consideramos marca própria toda e qualquer marca que seja de um varejista ou distribuidor, à venda somente em seus próprios estabelecimentos. Burberry, por exemplo, não é considerado marca própria, embora tenha suas próprias lojas de varejo, pois a marca Burberry também gera vendas significativas em lojas de departamento. Entretanto, Gap, H&M, IKEA e Zara são marcas de loja por serem vendidas exclusivamente em seus próprios estabelecimentos. Também usamos os termos *marcas próprias, marcas de loja, marcas de distribuidor, marcas de varejo e marcas privadas* para a mesma situação.

A título de esclarecimento, convém lembrar que o subdesempenho dos Estados Unidos, embora o país abrigue alguns dos melhores varejistas do mundo, assim como o desempenho extraordinário de marcas próprias em outros países (Figura 1-1), indicam que não existe um país que detenha "as melhores práticas". Podemos aprender sobre o sucesso da marca própria adotando uma visão internacional, considerando criticamente os sucessos em diferentes países. Nosso foco, portanto, será em como os melhores varejistas do mundo estão promovendo suas marcas de loja para torná-las fortes concorrentes de marcas de fabricante. Assim, pedimos a tolerância dos leitores para aqueles casos citados por nós com os quais eles não estejam totalmente familiarizados. Para ajudar, fornecemos um apêndice com os dados básicos a respeito dos varejistas referidos em nosso livro.

O livro é dividido em duas partes. A primeira examina as estratégias de varejo com relação a marcas próprias, em seis capítulos. O Capítulo 2 delineia o papel que as marcas próprias tradicionais, em forma de genéricos e imitações, desempenham nas estratégias dos varejistas. A seguir, voltamo-nos para dois desenvolvimentos interessantes nas marcas de varejo: competir pelo consumidor consciente da qualidade com marcas de loja premium (Capítulo 3) e competir pelo consumidor racional com marcas próprias com valor inovador (Capítulo 4). O Capítulo 5 mostra como os varejistas estão combinando vários tipos de marcas próprias, para encampar e atacar marcas de fabricante por todos os lados com um arsenal de marcas variadas. O Capítulo 6 discute como a criação de marcas próprias de sucesso envolve muito mais do que simplesmente oferecer um preço mais baixo. Finalmente, o Capítulo 7 apresenta o papel das marcas próprias na maximização da lucratividade do varejista.

Na segunda parte, examinamos o que os fabricantes podem fazer para combater o desafio da marca própria. O dilema dos fabricantes é que eles vendem para os varejistas e também competem com eles. Esse dilema foi muito bem captado por um fabricante de marca no contexto das duas maiores redes de supermercado australianos, a Coles e a Woolworths: "Só existe uma coisa pior do que negociar com a Coles e a Woolworths: não negociar com a Coles e a Woolworths."[51] Nos Estados Unidos, a Gap passou de maior cliente da Levi Strauss para sua maior concorrente, quando abandonou a Levi's para se concentrar exclusivamente nas marcas próprias.

Do Capítulo 8 ao 12, enfocamos como as marcas de fabricante podem sobreviver ao massacre das marcas próprias. O Capítulo 8 explora a opção de "dormir com o inimigo", fornecendo marcas próprias aos varejistas. Alternativamente, os fabricantes podem preferir focar suas próprias marcas, usando várias estratégias para tornar as marcas de fabricante uma alternativa atraente às marcas de loja. O Capítulo 9 examina como fazer parceria efetiva com varejistas selecionados e criar relações para que todos vençam. O Capítulo 10 procura estimular os fabricantes de marca a vencer as marcas próprias por meio de inovações brilhantes. O Capítulo 11 afirma que é impossível combater os varejistas por todas as frentes e sugere que os fabricantes de marca dirijam seus esforços para lutar seletivamente com o máximo impacto. O Capítulo 12 discute como as marcas de fabricante podem criar proposições de valor vencedoras contra as marcas próprias.

Finalmente, em nosso capítulo conclusivo, o 13, juntamos os vários temas e lições do livro em uma pergunta provocativa: As marcas morreram? Alegamos que não; as marcas não estão mortas. Mas, como muitos fabricantes de marca estão descobrindo, algumas das melhores e mais amadas marcas do consumidor agora são marcas de loja.

Parte Um

Estratégias de Varejo para Enfrentar as Marcas Próprias

DOIS FATOS são bastante conhecidos nas economias desenvolvidas: há marcas demais, e muitas lojas. No entanto, parece haver sempre espaço para outra marca de sucesso ou para outra rede de varejo bem-sucedida. Veja as novas marcas e redes de sucesso que foram lançadas ou passaram a dominar nas duas últimas décadas e se tornaram ícones: Amazon.com, eBay, Nespresso, Old Navy, Red Bull, Starbucks, Tchibo, Trader Joe's, Victoria's Secret e Zara. O que torna um novo entrante bem-sucedido diante da proliferação de marcas e lojas é sua capacidade de oferecer algo distintivo e desejável com qualidade consistente. Este é o desafio para as marcas de varejo: com tantas marcas existentes, o que pode tornar sua proposição única para os clientes?

Encontrar uma proposição singular de consumo para marcas próprias é algo difícil pelo fato de que a maioria dos varejistas gerencia uma infinidade de marcas próprias, em vez de ter uma única marca de loja, como Staples ou Walgreens. Considere, por exemplo, o Wal-Mart oferecendo uma marca premium Sam's Choice e uma mais barata, Great Value, de biscoito com gotas de chocolate, além de muitas outras marcas próprias, como medicamentos Equate OTC (de balcão, sem prescrição) e ração para cães Ol' Roy. Com tantas ofertas, os varejistas precisam criar uma razão para cada uma de suas marcas próprias existir. Para cada marca própria, os varejistas precisam tomar decisões sobre a estratégia geral, a proposição de consumo e os objetivos. Uma vez que estejam articulados, seguem-se as decisões mais táticas sobre determinação da marca, de preço, cobertura da categoria, qualidade, desenvolvimento de produto, embalagem, disposição na prateleira, propaganda e promoção.

Geralmente, as marcas de loja do varejista individual têm uma de quatro proposições gerais de consumo, com a qual compete contra marcas de fábrica e outras marcas de varejo. Referimo-nos a elas como genéricas, imitações, marcas de loja premium e inovadoras de valor. A Tabela I-1 apresenta as diferenças entre os quatro tipos de marcas de varejo em várias dimensões táticas e estratégicas. Evidentemente, dentro desses quatro tipos há, com o tempo, variações e evolução. E entre os quatro tipos, nos extremos, há sobreposições. No entanto, trata-se de um esquema útil para entender estratégias de marca individuais de varejistas. As duas estratégias tradicionais de varejo, frente a marcas próprias, têm sido genéricas e imitações. Por outro lado, as marcas premium de lojas e marcas próprias inovadoras de valor são abordagens relativamente novas adotadas pelos varejistas. Os papéis separados e conjuntos desses quatro tipos de marcas próprias, nas estratégias de varejo, são discutidos nos Capítulos 2 a 5.

No final das contas, as marcas próprias são "meras" ferramentas para os varejistas atingirem seus objetivos estratégicos: participação de mercado e, finalmente, mais lu-

22 Estratégia de Marcas Próprias

cratividade. Como discutimos no Capítulo 6, construir participação de mercado para marcas próprias envolve muito mais do que apenas preço. O Capítulo 7 destaca o fato de que o papel das marcas próprias, para estimular a lucratividade do varejista é, na verdade, muito mais complexo que o simples estratagema de aumentar o máximo possível a participação da marca própria na seleção de alguém — embora essa seja uma estratégia seguida por muitos varejistas. A partir de dados reais e novas idéias, mostramos que a ênfase excessiva nas marcas próprias pode, na verdade, diminuir a lucratividade do varejista.

TABELA I-1

Quatro tipos de marcas próprias

	Marcas próprias genéricas	Marcas de imitação	Marcas de loja premium	Inovadoras de valor
Exemplos	Pacotes sem nome, em branco e preto, onde está escrito sabão, xampu, pão	• Xampu Walgreens • Vitaminas Osco • Produtos Quill para escritório	• President's Choice • Body Shop • Tesco Finest	• Aldi • H&M • IKEA
Estratégia	A mais barata — indiferenciada	"Eu-de-novo" a um preço mais barato	Valor agregado	Melhor relação desempenho-preço
Objetivos	• Fornece ao cliente uma opção de preço baixo • Expande a base de clientes	• Aumentar o poder de negociação com o fabricante • Aumentar a participação do varejista nos lucros da categoria	• Fornecer produtos de valor agregado • Diferenciar loja • Aumentar as vendas da categoria • Aumentar margens	• Fornecer o melhor valor • Construir a fidelidade do cliente com a loja • Gerar comentários
Formação da marca	Sem nome de marca, ou identificado como rótulo de primeiro preço	Marca de loja guarda-chuva ou as próprias marcas de categoria específica	Marca da loja com submarca ou a marca própria	Marcas próprias sem importância para demonstrar variedade
Determinação de preços (Precificar)	Grande desconto, 20%–50% abaixo do líder da marca	Desconto moderado, 5%–25% abaixo do líder da marca	Perto de ou mais alto que a marca líder	Grande desconto, 20%–50% abaixo da marca líder
Cobertura da categoria	Categorias de produto funcional básico	Origina-se em grandes categorias com forte líder de marca	Categorias que formam a imagem, freqüentemente produtos novos	Todas as categorias

(*continua*)

TABELA I-1 (*continuação*)

Quatro tipos de marcas próprias

	Marcas próprias genéricas	Marcas de imitação	Marcas de loja premium	Inovadoras de valor
Qualidade comparativa com a marca líder	Fraca qualidade	Qualidade próxima dos fabricantes de marca	Qualidade comparável, ou melhor, anunciada como melhor	Qualidade funcional comparável com a marca líder, mas com a remoção de características e imagem do produto que "não agregam valor"
Desenvolvimento de produto	Nenhum; produto oferecido a fabricantes com tecnologia ultrapassada	Engenharia inversa usando fabricantes com tecnologia similar	Esforço considerável para desenvolver os melhores produtos com tecnologia similar ou melhor	Esforço e inovação consideráveis em termos de análise custo-benefício
Embalagem	Barata e mínima	A mais próxima possível da marca líder	Exclusiva e fonte de diferenciação	Exclusiva e eficiente em termos de custo
Disposição nas prateleiras	Fraca; menos prateleiras visíveis	Ao lado da marca líder	Posições de destaque que chamam a atenção	Normal, como em toda loja
Propaganda/promoção	Nenhuma	Freqüentes promoções de preço	Aparecem em propagandas, mas com promoções de preço limitadas	Propaganda da loja e não do próprio rótulo, programação normal de promoção
Proposição do cliente	Vendida como produto mais barato	Vendida como a mesma qualidade, mas a um preço mais baixo	Vendida como os melhores produtos do mercado	Vendida como o melhor valor — preço de genéricos, mas qualidade objetiva comparável com as marcas líderes

DOIS

Competindo em Preço com Marcas Próprias Tradicionais

*Porcentagem de todas as marcas próprias
que são imitações: 50%*

APESAR DE TODO O BURBURINHO em torno de novos desenvolvimentos no cenário de marcas próprias, como as marcas de loja premium, não podemos nos esquecer de que as marcas próprias tradicionais — genéricas e imitações — ainda são as marcas de loja dominantes no mundo. E os varejistas que se aventuram nas marcas próprias costumam começar por elas. Por isso, é apropriado iniciar esta discussão de estratégias de varejo frente às marcas próprias com esses tipos onipresentes de marcas de loja.

Marcas Próprias Genéricas

As marcas próprias, principalmente nos Estados Unidos, começaram como produtos baratos, inferiores. Historicamente, elas nem levavam o nome da loja e, portanto, eram consideradas genéricas. Geralmente, o pacote com letras pretas, em fundo branco, simplesmente identificava o produto, como toalhas de papel ou ração para cachorros. A maioria dos consumidores as via pelo que eram — indiferenciadas, com exceção de sua fraca qualidade, mas a um preço muito baixo. Esses produtos baratos e de pouca qualidade, entretanto, eram uma opção de compra para os clientes de renda mais baixa, sensíveis aos preços. Como resultado, permitiam ao varejista expandir sua base de clientes. Os genéricos tinham o preço mais baixo possível.

Em termos da cadeia de suprimentos, os genéricos não adicionavam muita complexidade ao varejista. Eles só apareciam nas categorias básicas, funcionais, de baixo envolvimento, como os itens de papel e enlatados. E, dentro de cada categoria, geralmente eram oferecidos em tamanho único e com uma variante apenas, respondendo, assim, por relativamente poucas unidades adicionais de manutenção de estoque (SKUs) para o varejista. Os varejistas raramente faziam promoções de genéricos. Geralmente os colocavam como oferta dos fabricantes, e aqueles que eram especializados em marcas próprias, ou fabricantes de marca, vendiam seus excedentes.

A Queda e o Ressurgimento dos Genéricos

Geralmente os genéricos não representavam uma grande proporção do volume de vendas do varejista, e como resultado não eram estrategicamente importantes. Os genéricos sofriam com a disposição descuidada na prateleira, e normalmente ficavam nas prateleiras menos visíveis, perto do chão. Com o tempo, perderam espaço e importância, nas prateleiras, para as marcas de imitação, as marcas de loja premium, e as marcas próprias inovadoras de valor, como é mostrado na Figura 2-1.

Entretanto, tem havido um ressurgimento na oferta de genéricos ao consumidor na Europa, embora não como os antigos produtos em "preto e branco". Muitos varejistas europeus, com avançados programas de marca própria, estão convertendo o que costumava ser genérico em um elemento importante no rol de marcas que oferecem. Para reagir à intensa pressão dos preços com descontos agressivos praticados por empresas

FIGURA 2-1

Evolução da marca própria

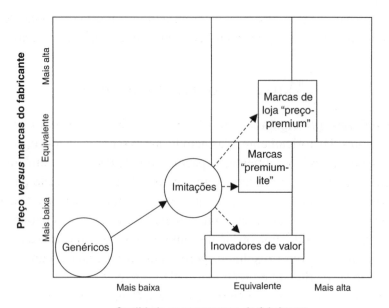

Qualidade *versus* marcas do fabricante

como Aldi, Lidl e Netto, os principais varejistas foram forçados a desenvolver uma marca própria capaz de competir com o menor preço de um produto disponível na loja. Com uma linha de marca própria de primeiro preço, varejistas tradicionais como Albert Heijn, Carrefour, Delhaize e Sainsbury podem mostrar que têm um conjunto competitivo para fazer frente aos estabelecimentos com descontos agressivos.

Três Estratégias de Branding para Genéricos

As marcas próprias que lutam por preços podem ser uma marca de loja com uma submarca, uma marca própria independente ou uma marca consórcio. Por exemplo, a Tesco e a Sainsbury usaram a marca de *loja com abordagem de submarca* para antecipar e limitar o início dos descontos agressivos promovidos no Reino Unido. A Tesco tem uma linha Value (Valor), enquanto a faixa de economia Low Price (Preço Baixo) da Sainsbury (veja a Figura 2-2) abrange mais de 300 produtos alimentícios e domésticos.

A Pick 'n Pay, da África do Sul, uma das maiores redes de supermercado do continente, com mais de 300 supermercados e 14 hipermercados no sul da África, desenvolveu a linha No Name (Sem Nome) para combater a supereficiente Shoprite. Para afastar as preocupações com a qualidade, freqüentemente associadas aos genéricos, há uma garantia de devolução de dinheiro na embalagem da No Name, declarando que se

FIGURA 2-2

Rótulos brancos baratos da Sainsbury

Fonte: Jan-Willem Grievink, "Retailers and Their Private Label Policy" (apresentação feita no 4th AIM Workshop, 29 de junho de 2004). Reproduzido com autorização.

28 Estratégia de Marcas Próprias

o cliente não estiver satisfeito, "teremos satisfação em lhe DEVOLVER O DOBRO" (com letras maiúsculas). Para dar mais credibilidade a essa garantia, ela é assinada pelo famoso fundador da Pick 'n Pay, o CEO Raymond Ackerman.

Em 2003, finalmente o Carrefour foi forçado a introduzir uma linha de itens de marca própria de baixo preço com o *nome de marca independente* "1", depois de perder significativa participação de mercado, na França, para lojas de descontos agressivos. A variedade sob a marca "1" agora tem mais de 2 mil produtos e gera US$ 1,6 bilhão em vendas anuais para o Carrefour. A marca tenta ser de 6% a 7% mais barata que as encontradas nas lojas de descontos agressivos e adota a estratégia de preços baixos todo dia (EDLP). Mas duvida-se que gere lucro significativo para o Carrefour.

Para alavancar economias terceirizadas e também aquelas que poderiam estar disponíveis para um único varejista, Ahold e mais oito varejistas europeus formaram uma aliança que negocia duramente, com os fabricantes de marcas próprias, centenas de produtos de todas as categorias, que passam a ser vendidos com a *marca* consórcio Euroshopper.[1]

Tais genéricos, ou uma linha de produtos de primeiro preço, ajudam o varejista a atender consumidores sensíveis a preço e a limitar o aparecimento de concorrentes orientados por preço. Entretanto, não está totalmente claro se esses genéricos geram a lucratividade exigida para justificar seu espaço na prateleira. Além disso, eles podem canibalizar marcas próprias com preços mais altos. A esperança, para os varejistas, é que essa linha de produtos atraia clientes atentos ao preço, cujas compras acabem misturando genéricos de baixa margem com alguns produtos não genéricos de margem mais alta. Assim, embora a gama de primeiro preço talvez não seja muito lucrativa, ela pode atrair compradores lucrativos.

Marcas de Loja de Imitação

Os genéricos, principalmente nos Estados Unidos, perderam seu pequeno espaço na prateleira para marcas próprias de varejo que freqüentemente levam o nome do varejista como marca. São as marcas de loja, na verdade uma imitação das marcas de fabricantes líderes na categoria. Por exemplo, a marca de creme dental Equate, do Wal-Mart, tem a frente da embalagem muito parecida com a de sua concorrente, a Plax. Da mesma forma, o creme dental da Target faz referência explícita a uma marca fabricante líder, a Wintergreen Listerine. As redes de farmácia CVS e Walgreens também têm imitações similares de um higienizador bucal, com a marca da loja.

Estratégia de Imitações da Marca de Loja

Em geral as imitações de marcas de loja são constrangedoramente próximas, em termos de embalagem, como demonstram os exemplos da Cif (Unilever) e do Nescafé (Nestlé) na Figura 2-3. O posicionamento dessas marcas de loja parecidas, perto da marca líder, incentiva a comparação e gera a confusão nos compradores.

FIGURA 2-3

Marcas de imitação do varejista

Fonte: Fotos de Jean-Noel Kapferer, 2006. Reproduzido com autorização.

Os varejistas promovem marcas de imitação agressivamente, usando promoções de preço e mensagens comparativas. Por exemplo, em agosto de 2003, a Quill, varejista de material para escritório, em uma propaganda on-line, promoveu 14 produtos da marca Quill por US$ 29,99 contra os itens da marca de fábrica comparável, que estavam por US$ 141. Não é de admirar que as marcas próprias Quill respondam por um terço de seus negócios.[2]

Para garantir a qualidade, os varejistas analisam os conteúdos de uma marca de fábrica líder e então recriam o produto etapa por etapa, um processo chamado engenharia inversa. Assim, eles pegam carona na inovação, na pesquisa, no desenvolvimento de produto do fabricante e nos esforços de construção de imagem. Como há pouca despesa para o varejista, seja com pesquisa e desenvolvimento, seja com vendas e marketing, e os produtos são terceirizados para fabricação a baixo custo, o preço de tais produtos, que imitam a marca da loja, pode ser consideravelmente mais baixo do que o do fabricante, que ainda tem de oferecer altas margens ao varejista, pelo menos em termos percentuais. Por exemplo, o Vanish, da Reckitt Benckiser, é vendido nos Países Baixos a US$ 11,50 o quilo, contra US$ 6,34 do Kruidvat, que é a imitação com marca de loja.

Imitações Dirigem os Lucros dos Fabricantes para os Varejistas

As imitações de marcas de loja, feitas pelos varejistas, não enfrentam os riscos associados à introdução de novos produtos, pois eles só lançam imitações de marcas depois

30   Estratégia de Marcas Próprias

que o novo produto do fabricante se tornou um sucesso. Por exemplo, só recentemente os varejistas começaram a lançar águas de cheiro com marca de loja. Em categorias em que novos produtos são o sangue vital do setor, esta pode ser uma vantagem considerável, já que novos produtos estão fadados ao sucesso ou ao fracasso. Ao adotar apenas os sucessos, os varejistas de imitações não precisam absorver os custos dos fracassos.

Portanto, não é surpreendente que o setor de brinquedos, nos Estados Unidos, esteja com problemas. Os brinquedos que fazem sucesso são poucos e demoram para acontecer. Então, rapidamente passam a ser copiados por fabricantes que conseguem custos muito baixos na China e trabalham para o Wal-Mart e outros varejistas.[3] A promessa das marcas próprias de imitação é que elas têm a mesma qualidade que a líder de marca, mas com um preço muito mais baixo.

Ao introduzir essas marcas próprias de imitações em grandes categorias que têm um forte líder de marca, o varejista cria efetivamente uma concorrência para o líder da marca. Isso aumenta o poder de negociação do varejista com a marca líder, e também com outras marcas de fábrica na mesma categoria. Como resultado, o varejista gera os maiores lucros da categoria, tanto pelas margens mais altas de sua marca própria quanto pelas margens mais altas que os fabricantes são obrigados a adotar para não favorecer a marca da loja. As marcas de imitação dirigem as receitas e os lucros das marcas de fábrica para os varejistas. Agora vamos descrever dois varejistas — Walgreens e Zara — de diferentes continentes, que operam em categorias distintas e empregam com sucesso uma estratégia de imitação.

Imitações da Marca Walgreens

Com uma média de 3,6 milhões de clientes que visitam a loja diariamente, a Walgreens é a maior drogaria dos Estados Unidos. Ela teve a idéia de transformar uma drogaria em um local de conveniência. Assim, de suas quase 5.000 lojas, cerca de 1.200 ficam abertas 24 horas por dia. E como todas elas se comunicam via satélite, todas as prescrições podem ser rapidamente atendidas a qualquer hora do dia. O sistema drive-through foi implantado em cerca de quatro de cada cinco lojas.[4]

Na Walgreens, os medicamentos com prescrição compõem aproximadamente 63% dos US$ 42 bilhões de vendas em 2005, enquanto a mercadoria geral foi responsável por 25% por cento, e os medicamentos sem prescrição responderam por 12%. As marcas próprias são importantes na indústria farmacêutica e representam quase a metade das vendas de vitaminas, um terço de suplementos minerais e um quarto de polivitamínicos. As marcas próprias também perfazem uma parte significativa das vendas de analgésicos e anti-sépticos orais. A Walgreens é a marca própria líder entre as farmácias, com 12% de vendas de marcas próprias, contra 7% a 8% na CVS, Rite-Aid e Brooks.

Comparações Agressivas de Preço

O preço é fundamental na estratégia de marca própria da Walgreens. Por meio de displays eletrônicos bem posicionados na prateleira, ela encoraja agressivamente os clientes a fazerem comparações de preços entre as marcas de fábricas e seus próprios produtos equivalentes. Os displays também comunicam as promoções da semana aos compradores. Seus bens de marca própria são intensamente promovidos não só pelos displays, mas também por meio de folhetos distribuídos dentro da loja, e por outros meios eletrônicos que incluem um programa de televisão semanal de trinta minutos sobre temas de saúde, chamado "Walgreens Health Corner" (Cantinho da Saúde na Walgreens).

Seus informativos dão aos clientes instruções sobre cuidados com diabetes e comparam seus monitores de glicose de marca própria com a marca nacional. Por exemplo, o Logic Blood Glucose Monitor, da Becton Dickinson, custa US$ 74,99, comparado a US$ 17,99 da marca Walgreen. Em higiene bucal, a Fresh Breath Supreme Toothbrush, da Walgreens, é vendida por apenas US$ 1,99, comparada com a Indicator Toothbrush, da Oral-B, com preço de US$ 2,99. A linha de marcas próprias da Walgreens transmite a mensagem de que o dinheiro deve ser valorizado. Suas ofertas "Compare and Save" (Compare e Economize) comparam produtos da Walgreens com marcas de fábrica — por exemplo, seu creme dental branqueador (US$ 1,99) *versus* o creme dental branqueador Crest, da P&G. Na prateleira, uma placa reforça a mensagem – "Você Economiza US$ 1,00".

Além das marcas de loja orientadas para preço, a Walgreens tem algumas outras marcas em diferentes categorias. Em 2003, ela introduziu uma câmera digital de US$ 9,99 com o nome Studio 35, e por US$ 9,99 adicionais os compradores podem fazer impressões durante uma hora. Ela vende chocolates estilo belga com o nome Truffelinos. A Walgreens também é a distribuidora exclusiva, nos Estados Unidos, da sofisticada marca sueca de produtos de beleza IsaDora. Apesar dessas exceções, o forte do programa de marca própria da Walgreens são as imitações das marcas de loja.

Zara — A Imitação da Marca Fashion

Zara, a bem-sucedida rede espanhola de roupas, faz imitação da alta moda e a torna acessível em todo o mundo.[5] Em 2006, contava 885 imensas lojas em 62 países. Com vendas de US$ 5,3 bilhões em 2005, tornou-se a marca fashion mais conhecida da Espanha e a marca mais importante do grupo Inditex, de US$ 8,1 bilhões. A Zara ganha uma margem líquida (antes dos juros e dos impostos) de 16%, e o crescimento anual de suas vendas está próximo de 20%. A posição do Inditex, no mercado de ações em 2001, transformou o fundador da Zara, Amâncio Ortega, na 23ª pessoa mais rica do mundo, com uma fortuna pessoal que a revista *Forbes* estimou em US$ 12,6 bilhões.

Moda Rápida

A Zara se esforça para entregar aos jovens roupas da moda, geralmente cópias não autorizadas de estilistas famosos, a custos razoáveis. Para isso, conta com uma equipe de 200 designers talentosos, embora desconhecidos, geralmente recém-formados das escolas de moda, que recriam a última moda das passarelas e de outros lugares onde a moda é cultuada, traduzindo-a para o mercado de massa.

A Zara é mestre em captar as últimas tendências e produzi-las em série para as lojas do mundo todo, em questão de semanas. Depois do primeiro concerto de Madonna na Espanha, durante uma turnê recente, sua roupa foi rapidamente copiada pela Zara. Na apresentação do último show da temporada espanhola, algumas garotas do público usavam uma roupa igual a sua. Em 2003, quando o príncipe da Espanha anunciou que estava noivo de Letizia Ortiz Rocasolano, ela usava pantalonas brancas. Em poucas semanas, cópias perfeitas daquelas pantalonas brancas estavam nas araras da Zara de toda a Europa, sendo rapidamente consumidas por aqueles que se importam com a moda.

Os estilistas da casa apresentam novas peças de roupas aos clientes duas vezes por semana, em resposta às tendências de vendas e da moda. Assim, a mercadoria de qualquer loja é sempre nova e limitada. Uma produção tão rápida exige que a Zara mantenha uma cadeia de suprimentos integrada verticalmente, para distribuir roupas a partir de um moderníssimo centro de distribuição. Ao contrário de seus concorrentes, que terceirizam a maior parte de sua produção em países de baixo custo como a China, mais de 50% das peças da Zara são fabricadas na Europa. A velocidade com que ela consegue copiar itens significa que às vezes a Zara vende imitações de modelos antes que os estilistas famosos tenham suas roupas expostas nas lojas dos varejistas tradicionais.

Gestão da Marca Zara

Zara é um formato de loja com marca própria exclusiva. Ela tende a não reforçar a marca Zara em suas roupas, pois isso dá mais flexibilidade ao consumidor. O consumidor pode falar de roupas, como um comprador informado, ou combinar peças de vários designers e projetar a imagem de quem gastou muito dinheiro. O sucesso da Zara levou os desfiles de moda, de Milão a Paris, a mudarem as regras e a restringirem o público presente, para negar ao pessoal da Zara a oportunidade de ver e imitar os modelos originais.

A Zara gasta apenas 0,3% das vendas em propaganda, geralmente para enfatizar sua estratégia de imitar. Em contrapartida, seus concorrentes, como a H&M, gastam de 3% a 5% das vendas em propaganda. As economias resultantes são reinvestidas, pela Zara, para mostrar sua mercadoria nos melhores e mais privilegiados locais de importantes cidades, como Regent Street, em Londres, Rue Rivoli, em Paris, Fifth Avenue, em Nova York, ou Avenida das Américas, no Rio de Janeiro. Para a Zara, a vitrine de uma loja é o principal veículo de propaganda para o consumidor. Suas vitrines, renovadas a cada duas semanas, são grandes e chamativas, e mostram a mercadoria como se fosse uma grande estrela.

Para Guardar do Capítulo

Genéricos de Sucesso

- Respondem por uma pequena porcentagem do total de vendas de um varejista, pois têm margens pequenas.

- Dão uma opção a compradores extremamente sensíveis ao preço, mas insensíveis à qualidade.

- Atraem clientes lucrativos, apesar de ter lucratividade inadequada para o nível do produto, apostando na venda cruzada de produtos com margem mais alta.

- Ajudam a combater a ameaça das lojas de descontos agressivos que se concentram em marcas próprias, como a Aldi.

Imitações Bem-sucedidas de Marcas Próprias

- Pegam carona nos investimentos que o fabricante da marca faz em pesquisa, desenvolvimento de produto e propaganda, a fim de oferecer um produto comparável, mas com preço mais baixo.

- Investem agressivamente contra as marcas de fábrica fazendo comparações de preço nas prateleiras e nas propagandas.

- Aumentam o poder de negociação com os fabricantes de marca, principalmente em categorias com marcas de fábrica dominantes.

- Operam em categorias que dependem de um fluxo constante de novos produtos, em que o varejista imitador não precisa absorver o custo dos fracassos.

TRÊS

Competindo em Qualidade com Marcas de Loja Premium

*Preço premium para o chocolate Tesco Finest,
na Cadbury: 65%*

EM VEZ DE SE RESTRINGIREM a genéricos tradicionais e a imitações das marcas de loja descritas no capítulo anterior, os varejistas agora estão ficando mais espertos. Eles começam a reconhecer que, embora a estratégia clássica de imitação da marca facilite, como uma ferramenta, o combate às marcas de fábrica, não ajuda a diferenciar a loja dos outros varejistas. Não dá, ao consumidor, uma razão para comprar deste ou daquele varejista, já que todo varejista importante tem uma marca própria equivalente (como foi demonstrado no exemplo do anti-séptico bucal, no capítulo anterior). De modo geral, a única coisa que diferencia uma marca de loja varejista da outra é o nome no rótulo.[1] Para escapar dessa commoditização, os varejistas estão investindo em marcas de loja premium.

O aparecimento da marca própria "premium" é uma das tendências mais notáveis no varejo. Embora esse fenômeno de marca própria premium tenha atraído atenção considerável, tanto da imprensa quanto do meio acadêmico, a expressão não tem sido definida adequadamente em termos de premium *em quê*, e em comparação com *o quê*. É uma qualidade premium, ou preço premium, ou ambos? E é premium em comparação às marcas de fábrica líderes ou às tradicionais imitações das marcas de varejo?

Dois Tipos de Marcas de Loja Premium

Historicamente, o "premium" das marcas próprias premium parece referir-se principalmente ao contraste com as marcas de imitação de varejo, e não com as principais marcas de fábrica. As marcas de loja premium são superiores em preço e qualidade, em relação às marcas tradicionais de imitação. Entretanto, em comparação com as marcas de fábrica líderes, elas aparecem com preço mais baixo, mas são anunciadas como tendo qualidade superior.

Em termos de qualidade objetiva, a aspiração é ser de melhor qualidade que as marcas de fábrica. Mas mesmo a qualidade objetiva é relativamente subjetiva em várias categorias. O que vem a ser qualidade superior? Uma característica singular ou a embalagem que lhe dá um aspecto de qualidade superior? Para a maioria delas, pode-se concluir que essas marcas de loja premium são, em média, equivalentes às marcas de fábrica, com relação à qualidade, e, às vezes, até melhores. Quer um exemplo? Treze dos produtos Private Selection, marca própria premium da Krogger, ganharam o Selo de Aprovação Good Housekeeping, enquanto a Albertsons, uma das maiores rivais da Krogger, ganhou prêmios no setor com seu conhaque Origine, com marca de loja.[2]

A importante distinção entre as marcas de loja premium e as marcas tradicionais de imitação decorrem da necessidade que o varejista tem de se diferenciar frente às principais marcas de fábrica sem precisar imitar a embalagem dessas concorrentes. Os varejistas só querem diferenciar, de forma clara, suas marcas de loja premium das outras marcas de fábrica e de varejo.

Existem dois tipos de marcas de loja premium:

- Marcas de loja "premium-lite", mostradas na Figura 2-1, são aquelas que adotam a proposição "melhor e mais barato". Para o consumidor, essa proposição deve corresponder a ser igual ou melhor, em qualidade, que as principais marcas de fábrica, mesmo sendo vendidas com desconto.
- Marcas de loja "preço-premium" são aquelas marcas de varejo que têm tanto preço alto quanto qualidade superior, comparadas às principais marcas de fábrica. Para o consumidor, essa proposição deve soar como a melhor que o dinheiro pode comprar.

Como demonstra a discussão a seguir, as marcas de loja com preço premium ainda são poucas e demoram a aparecer, enquanto as marcas premium-lite estão se tornando muito populares.

Marcas de Loja Premium-Lite — Melhores e Mais Baratas

A marca de loja premium-lite começa imitando o padrão das principais marcas de fábrica e tenta fazer um produto superior com um preço mais baixo. Se os varejistas conseguem se sair bem, ao desenvolver o produto, e por meio de um trabalho de

36 Estratégia de Marcas Próprias

marketing convencem os clientes de que esse produto tem um bom desempenho, então a vida pode se tornar insuportável para as marcas de fábrica. É o santo graal da estratégia de marca própria do varejista. E a grande ambição dos varejistas de todo o mundo, independentemente do tipo ou do tamanho do varejo, como os exemplos a seguir demonstram.

Considere a Staples, que vende material e equipamento para escritório nos Estados Unidos. São mais de mil produtos com a marca Staples, como blocos de notas amarelos, tesouras de aço inoxidável e cartuchos de tinta para impressoras a laser. Seu vice-presidente executivo, da gestão da cadeia de suprimentos, observou: "Nossa estratégia é desenvolver a marca Staples, e não apenas oferecer itens de marca própria aos consumidores. Estamos colocando o lotogipo da Staples e nossa marca nos produtos, e difundindo a idéia de que eles têm melhor qualidade do que as marcas nacionais, além de serem vendidos a um preço com desconto".[3] Como resultado, a Staples está investindo em desenvolvimento de produto. Em 2004, registrou mais de 25 patentes e contratou Michael Kent, ex-guru de design de embalagem e produto na BIC.

Nos Supermercados Ukrop's, uma rede com sede na Virginia, Richmond, Estados Unidos, o vice-presidente de gestão da categoria observou que a Ukrop's "quer oferecer um produto que tenha qualidade igual ou superior à marca nacional líder, a um preço mais baixo".[4] Da mesma forma, a Costco alega que não desenvolverá um produto Kirkland Signature, que é sua marca própria, a não ser que possa torná-lo melhor e mais barato que a principal marca de fabricante.[5]

Na Europa, onde essa tendência de marca de loja premium-lite se originou, Ahold, o dono dos supermercados Albert Heijn, alega que não quer posicionar sua marca própria como marca de desconto, mas em um equilíbrio entre preço, qualidade e exclusividade. Albert Heijn quer que suas marcas próprias sejam mais baratas que as marcas de fábrica. Além disso, deseja posicionar as marcas de loja na receita exclusiva do produto e de sua qualidade.[6]

Da mesma forma, a Woolworths, da Austrália, vende uma marca própria premium-lite chamada Select, que pretende oferecer a melhor qualidade da categoria e uma vantagem de preço significativa, em relação a marcas de fábrica de qualidade comparável.[7] (Note que a Woolworths está presente em vários países como Estados Unidos, Reino Unido, África do Sul e Austrália, mas como empresas separadas, com variedades e posicionamento muito diferentes.)

President's Choice, de Loblaws — Estratégia Premium-Lite

A varejista canadense Loblaws tem mais de 1.050 lojas, e 500 outras associadas, onde oferece 5.000 produtos de marca própria. As marcas próprias compõem 30% do total de vendas. Sua marca Premium President's Choice inclui produtos de mercearia, serviços financeiros e até de telefonia celular. A marca President's Choice gerou uma impressionante fidelização do cliente.

A President's Choice visa competir diretamente com as principais marcas de fábrica. Em seu marketing, em vez de focar no preço, a President's Choice enfatiza a qualidade dos ingredientes e o cuidado com o qual os produtos são preparados.[8] Ela alega, por exemplo, que o azeite President's Choice "se origina de árvores plantadas há mais de 80 anos e é produzido na primeira pressão a frio de azeitonas amadurecidas ao sol". E como a Kellogg tem duas colheres de passas em seu cereal, o cereal President's Choice tem o dobro e ainda consegue ser mais barato.[9]

Para desenvolver produtos que possam competir com as marcas de fábrica em qualidade e características exclusivas, a Loblaws investe em pesquisa de mercado e no relacionamento com fornecedores de marcas próprias. Por exemplo, a pesquisa de mercado da Loblaws indicou que os clientes queriam um cookie mais saboroso do que aquele fornecido pela líder de mercado, o Chips Ahoy! da Nabisco. O cookie com gotas de chocolate Decadent da marca President's Choice, portanto, saiu com 39% de gotas de chocolate, contra 19% do Chips Ahoy!. Além disso, a manteiga pura substituiu a gordura de coco hidrogenada, e o chocolate de qualidade substituiu gotas de chocolate artificiais.[10] O produto Decadent resultante tornou-se líder de mercado de cookies com gotas de chocolate, no Canadá, apesar de ser vendido somente nos 20% do mercado mantido pela Loblaws.[11]

A Loblaws introduziu inicialmente a linha President's Choice como uma maneira de se diferenciar das mercearias rivais. Mas, à medida que a linha se tornou muito popular, a rede começou a licenciá-la para seus varejistas espalhados pelos Estados Unidos, onde a Loblaws não tinha loja própria.[12] O sucesso da President's Choice inspirou o Wal-Mart a lançar sua marca própria premium-lite chamada Sam's Choice.

Marcas de Loja Preço-Premium — O Melhor Que Você Pode Comprar

Embora a maioria das marcas de loja premium ainda seja um pouco mais barata que as principais marcas de fábrica, começam a aparecer algumas marcas próprias premium mais caras que as marcas de fábrica. Em vez de percebê-las como uma prima pobre das marcas de fábrica, muitos consumidores, principalmente da Europa, se dispõem a pagar mais pelas marcas próprias de melhor qualidade, em detrimento das marcas de fábrica.[13]

As marcas de loja de preço-premium foram pioneiras na Europa, principalmente no Reino Unido, lançadas por varejistas como Marks & Spencer, Sainsbury e Tesco. A Sainsbury tem uma extensão de marca própria premium chamada Taste the Difference, que compete diretamente com as marcas de fábrica e com outros varejistas em qualidade, e não em preço. O desafio está embutido no nome da marca! Ela abriga 800 produtos e faturou mais de US$ 800 milhões em 2005.

38 Estratégia de Marcas Próprias

A Marks & Spencer (M&S), da Grã-Bretanha, é uma varejista de artigos domésticos, comida e roupas, com foco exclusivo em marcas próprias. Os clientes consideram a comida da Marks & Spencer no padrão dos restaurantes de qualidade; portanto, a Marks & Spencer é capaz de atrair um preço premium. Sua roupa íntima Per Una Due e as marcas de roupas St. Michael também são muito procuradas. As marcas de loja Marks & Spencer são percebidas como de qualidade premium, e 70% dos compradores do Reino Unido acreditam que elas oferecem melhor qualidade que outras redes de departamento e de supermercado.[14]

Woolworths, da África do Sul, segue a mesma estratégia de marca de loja com preço premium. Tem um forte foco na marca própria e vende quase todos os seus alimentos e produtos em geral, com o nome Woolworths, a preços premium. Com essa estratégia, a Woolworths atrai um público de alta renda na África do Sul.

Nos Estados Unidos, a Victoria's Secret tem sido capaz de desenvolver várias marcas próprias, para suas lingeries, com preço premium que compete com marcas importantes, embora sejam mais baratas do que as marcas de estilistas famosos, para os quais o céu pode ser o limite. Propriedade da The Limited, as Coleções Victoria's Secret, de roupas íntimas, produtos de beleza, roupas para dormir, meias e moda, abrangem muitas marcas próprias, como Body by Victoria, para peças em microfibra ou algodão sem costura, Very Sexy, para lingerie sensual, e Signature Cotton, para o conforto em algodão, no dia-a-dia. Em roupas íntimas, a Victoria's Secret é a marca número cinco nos Estados Unidos, e 9% dos entrevistados declararam que é a marca de sua preferência.[15] Isso tem ajudado a empresa a gerar vendas de US$ 3 bilhões com suas mil lojas.

Tesco Finest: Marca Própria de Preço Premium

Para entender as marcas de loja de preço premium, examinamos a estratégia de preços de algumas categorias relacionadas à linha Tesco Finest (ver Figura 3-1). Por exemplo, o suco de laranja Minute Maid, assim como o Tropicana, tinham preços menores do que a marca de loja premium da Tesco, a Tesco Finest! Não havia marca de fabricante com preço acima da Tesco Finest.

Na categoria de pães integrais, a Tesco Finest vendia a 82 P (pence), enquanto a marca de fabricante Kingsmill vendia a 78 P. Entretanto, era menos que o pão premium Kingsmill Gold, vendido a 98 P no varejo. A Kingsmill conseguiu esticar sua marca e diferenciar, da linha padrão, uma linha Gold.

Em barras de chocolate ao leite, a Tesco Finest, a 89 P, 100 gramas, tinha o preço acima da líder da categoria, a Cadbury, a 54 P, mas significativamente abaixo das marcas de especialidades como Lindt, a £ 1,29. Da mesma forma, para o queijo cheddar, a Tesco Finest, a £ 9,29 o quilo, é capaz de conseguir um preço premium acima da Colliers e da Pilgrims Choice, mas não acima da Cracker Barrel, que vende o quilo a £ 9,90.

FIGURA 3-1

Posicionamento de preços da marca Tesco

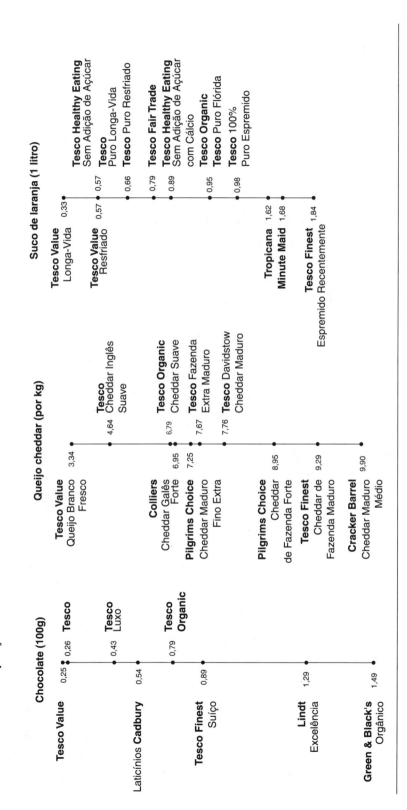

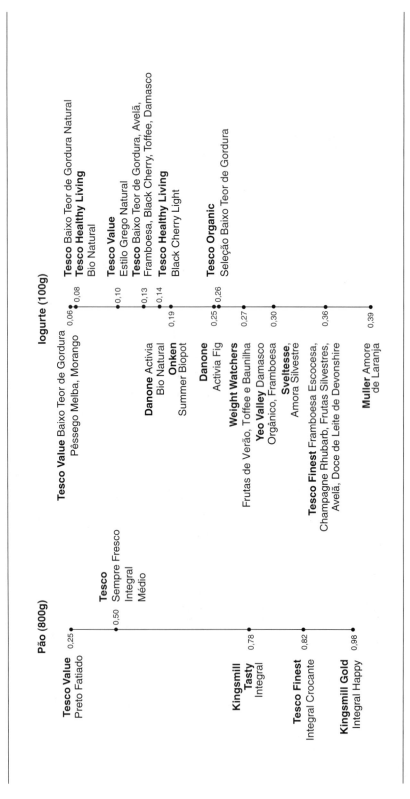

Geralmente há marcas de loja com preço premium em alimentos frescos e preparados. Nessas categorias, as marcas de varejo são capazes de extrair um premium acima das marcas de fabricante, porque podem prometer um valor adicional real. Por exemplo, em suco de laranja, a Tesco promete o sumo espremido fresco, o que não pode ser facilmente imitado pelas marcas de fábrica, que têm um ciclo de logística mais longo.

Para ser uma marca de loja com preço premium, a marca própria deve ser capaz de ter preço acima de algumas das marcas de fábrica líderes na categoria. Entretanto, haverá marcas de nicho e de especialidades com preços mais altos que as marcas de varejo com preço premium, pois a maioria dos varejistas tem uma estratégia de mercado de massa. O ponto é que a marca de loja com preço premium às vezes será a que tem preço mais alto na categoria, mas sempre haverá algumas marcas de fábrica vendendo a um premium ainda mais alto.

A Tesco usou a força de sua marca premium com rótulo Finest, para estendê-la a categorias de não alimentos, como produtos para banho e corpo e toalhas. Um exemplo impressionante é o cartão de crédito Tesco Finest Platinum.

Gerenciando uma Marca de Loja Premium

Muitos varejistas estão oferecendo uma gama sofisticada de marcas próprias, que são de qualidade igual ou superior à da marca líder. Sem considerar se essas marcas de loja premium têm preço premium, comparadas às marcas de fábrica, para apoiar essas marcas de loja premium os varejistas precisarão se concentrar no aprimoramento do produto e terão de investir na competência de marketing.

Aprimoramento do Produto

Em princípio, uma marca própria premium deve oferecer alta qualidade e representar produtos exclusivos. Muitas vezes, a marca de loja premium tem produtos especiais de marca própria contendo ingredientes únicos, que não são encontrados em outros. Por exemplo, os sandwich cookies de chocolate da Trader Joe, uma concorrente da Oreos, são feitos com ingredientes de qualidade superior. O cookie da Trader Joe não contém gordura trans, que é o resultado da adição de hidrogênio ao óleo vegetal, para aumentar a vida dos alimentos e a estabilidade do seu sabor, mas que aumenta o risco de doença coronariana.

Da mesma forma, as marcas próprias premium podem oferecer sabores únicos. Em iogurtes (ver a Figura 3-1), a Tesco Finest vende 100 gramas a 36 centavos (libras), em sabores como Framboesa Escocesa, Doce de Leite Devonshire, Frutas Silvestres e Champagne Rhubarb. Por outro lado, o Danone Activia Bio Natural é vendido a 19 centavos, enquanto o Danone Activia Fig custa 25 centavos. Em outras marcas de fábrica, os Vigilantes do Peso custam 27 centavos, enquanto Yeo Valley e Sveltesse

42   Estratégia de Marcas Próprias

custam 30 centavos. Somente uma marca da Tesco, a Laranja Espanhola Muller Amore, que custa 39 centavos, tinha preço acima da Tesco Finest.

Essas marcas de loja premium têm embalagem exclusiva, muito distante dos genéricos e das embalagens do passado, que faziam imitações. Não há nenhuma tentativa de confundir os clientes e de fazê-los pensar que são marcas de fábrica, como é o caso das marcas de loja imitação. A estratégia é desenvolver um posicionamento único para o varejista.

Desenvolver produtos, sabores e embalagens requer que os varejistas façam parceria com os melhores fabricantes disponíveis e que os fabricantes de marcas próprias invistam tempo no desenvolvimento conjunto e reúnam esforços para desenvolver produtos únicos e exclusivos para os varejistas. Os fabricantes de marcas próprias somente serão motivados a isso se o seu relacionamento com os varejistas se basear na confiança e no compromisso, ou for protegido por garantias contratuais. Portanto, os varejistas que querem seguir uma estratégia de marca de loja premium precisam amadurecer a idéia, muito mais do que simplesmente terceirizar a produção de marca própria com base no preço mais baixo.

Investindo em Competência de Marketing

Como os varejistas conseguiram fabricar produtos melhores? O mais importante é que tem havido uma grande mudança na atitude dos varejistas e na forma como eles vêem suas marcas próprias. A maioria dos varejistas de marca própria agora assume um papel ativo no posicionamento e nas especificações de fabricação do produto. Já não se trata mais de colocar o logotipo naquilo que sai da linha de montagem.[16] Há investimentos cuidadosos no desenvolvimento de produto, na pesquisa de mercado, na propaganda e na promoção, assim como no design de embalagem, e assim por diante. Para obter o melhor resultado, os varejistas de marca própria têm feito aprimoramentos em sua competência de marketing. A Tesco, por exemplo, recrutou muitos profissionais de marketing de empresas de bens de consumo como a Unilever.

A loja de departamento americana JCPenney mostra muito bem os investimentos que têm sido feitos pelos varejistas em marcas próprias. Com 40% das vendas, ela tem o nível mais alto de penetração de marca própria, quando comparada aos seus concorrentes. A marca própria mais importante da JCPenney, Arizona, estava enfraquecendo. A empresa contratou Jeff Bergus, que já havia trabalhado com design na Geoffrey Beene and Izod, para alavancar a marca. Ele pesquisou e descobriu que o cliente médio da Arizona tinha 45 anos, e não estava na faixa de 17 a 20 anos, como a JCPenney imaginava.

Para deixar a marca Arizona mais jovem foi preciso enviar designers aos concertos de Avril Lavigne, para observar o público e se inspirar nele. A nova campanha publicitária de televisão, para a Arizona, passou a apresentar modelos jovens usando jeans e blusas desabotoadas. Essa abordagem não parece diferente da melhor prática para marcas de fábrica, normalmente consideradas de ponta com respeito ao marketing. A Arizona é atualmente uma marca de bilhões de dólares para a JCPenney, e foi um fator importante para a sua guinada.

Estratégias de Formação da Marca de Loja Premium

Os varejistas seguem diferentes abordagens de formação de marca premium para que os consumidores possam identificar facilmente os produtos que são a melhor qualidade do varejista. Muitos varejistas adotam uma *submarca*, com identificação clara de loja, para sua extensão premium, como AH (para a rede de varejo holandesa Albert Heijn) Select ou Safeway Select (com a chamada "tire férias das coisas comuns", para comunicar que é a parte superior da extensão de sua marca própria). Da mesma forma, a Saks Fifth Avenue tem uma linha Platinum, que dizem ser produzida na mesma fábrica italiana de onde saem as roupas Armani.[17]

Outros varejistas desenvolvem uma *marca premium separada*. Essa estratégia é prevalente no Wal-Mart com a Sam's Choice, na A&P com a Master Choice, na Loblaws com a President's Choice e na Kroger com a Private Selection (com a chamada "vá em frente e mime-se"). Ela ajuda a distinguir a linha premium da linha padrão. A marca Signature, da Shaw, por exemplo, lançada em 2001, inclui 300 itens de mercearia, laticínios, padaria e carnes. Apesar de utilizar ingredientes premium, a marca Signature representa economia de pelo menos 5% em relação às marcas de fábrica. Enquanto isso, os produtos de marca própria padrão, da Shaw, oferecem uma economia de 10% a 20%.[18]

Como a loja pode ter limitações com relação à sua capacidade de atingir um posicionamento premium com os consumidores, alguns varejistas adotam uma estratégia compartilhada com um fabricante de marca proeminente. Vários produtos Kirkland Signature, da Costco, por exemplo, são compartilhados com nomes famosos, como Starbucks na mistura de café da casa Kirkland Signature, como Hershey e Nestlé em chocolates, Quaker em cereais e Whirlpool em eletrodomésticos.[19] Da mesma forma, o sorvete premier, da varejista de supermercado norte-americana Publix, está empatado com a Butterfinger. Isso permite que a marca de loja premium atinja um posicionamento de nível mais alto na categoria. A desvantagem é que as margens têm de ser divididas com o dono da outra marca.

Uma abordagem alternativa é *dissociar* a linha premium da marca da loja. O varejista identifica seus produtos premium com rótulos, sem mencionar a marca da loja. Essa estratégia permite um posicionamento melhor da marca premium e dá mais flexibilidade à determinação de seu preço, já que ela não precisa partilhar a imagem geral da loja. Por exemplo, para sua linha premium de saúde e beleza, a Duane Reade tem Apt.5, a Fred Meyer tem Curfew Colors, a Albertsons tem Identity, enquanto a CVS

44 Estratégia de Marcas Próprias

tem Essence of Beauty. A gigante Eagle lançou uma marca própria premium de massa e produtos relacionados, chamada Laurenti, para capitalizar a demanda do cliente por produtos de alta qualidade. A linha contém 30 produtos e é em torno de 33% mais cara que a marca intermediária do varejista, mas mais barata que as marcas de fábrica concorrentes.

A desvantagem da estratégia de marca premium isolada é que ela não eleva a imagem da loja do varejista tanto quanto a abordagem de marca premium intimamente ligada a ela. Os compradores percebem essas marcas próprias premium isoladas em seu próprio direito, e nem sempre notam que elas se originam do varejista. É o caso da linha de roupas Style&co, da Macy's, que é vendida junto com marcas da moda. Considere a experiência de uma compradora, Bárbara Harkleroad, narrada no *Miami Herald*.[20] Diz o relato que ela costumava comprar marcas de designers como Liz Claiborne e Jones New York, até descobrir a Style&co. Para fazer economias significativas, descobriu que podia ter uma T-shirt ou pólo por um preço menor e um padrão de qualidade equivalente. Mas, quando lhe perguntaram, ela confessou não ter idéia de que a Style&co era marca própria da Macy's.

Linha Exclusiva como Marca de Loja Premium

Às vezes a marca única pode ser exclusiva do varejista, mas criada por um designer, como as roupas de cama, banho e mesa de Martha Stewart, na Kmart, ou as roupas de Cheryl Tiegs, na Sears. A Kohl's costuma assinar contratos de exclusividade, ou de licença, por um ano, para ter direitos exclusivos sobre a linha de roupas esportivas Quicksilver, que sai com a marca Tony Hawk, e também com a Pólo Ralph Lauren, para a linha masculina da Chaps. A rigor, elas não podem ser consideradas marcas próprias de varejo, por serem propriedade de designers, e não dos varejistas. Entretanto, em termos de estratégia de varejo, seu papel é parecido com o das marcas próprias premium.

A Target, dos Estados Unidos, tem usado uma estratégia de marca de designer exclusiva com muito sucesso, para competir com o Wal-Mart e ao mesmo tempo se diferenciar. Mossimo, da Target, foi uma marca de moda masculina e feminina para loja de departamento. Agora, é vendida exclusivamente nas lojas Target e se tornou muito popular entre os consumidores, assim como a linha de utensílios domésticos de Michael Graves, também da Target. Outras marcas da Target incluem linha de maquiagem de Sonia Kashuk, linha de roupas informais Cherokee (licenciada exclusivamente para venda nos Estados Unidos), linha de roupas Xhilaration, a Kitchen Essentials de Calphalon, acessórios para casa Waverly e coleção de roupas de cama da Woolrich. Ela tem um contrato de exclusividade com Hilary Duff (atriz e cantora americana), para seus produtos de estilo de vida. Suas sofisticadas ofertas de designers incluem as linhas Target exclusivas de Isaac Mizrahi e Liz Lange.

Hoje, a Target é a segunda maior varejista de massa dos Estados Unidos, depois do Wal-Mart. A marca se diferencia de seu principal concorrente por oferecer mercadoria refinada, em sintonia com a moda, enquanto mantém preços baixos. Ela encoraja os clientes: "Espere mais. Pague menos". Procura manter preços condizentes com sua mercadoria e investe em displays e decoração dentro da loja. O resultado dessas marcas próprias premium fica evidente na capacidade que a Target tem de atrair uma clientela jovem, urbana, refinada, preocupada com moda. Assim, se diferencia do Wal-Mart, e vai além da simples competição em preço, que daria vantagens ao concorrente.

Prós e Contras das Marcas Próprias Premium

As marcas próprias de varejo mudaram muito. Acabe com a velha imagem de papel higiênico barato, de baixa qualidade, ou de latas de feijão com embalagem em branco e preto. Hoje, a maioria das marcas de varejo se esforça em valorizar a compra e oferece qualidade, imagem e melhor preço. Às vezes, como acontece com a extensão da Tesco Finest, as marcas de varejo podem ser mais caras do que as marcas de fábrica famosas e com longas histórias, como Cadbury, Danone e Tropicana.

Os Benefícios de Marcas de Loja Premium

Se os custos de desenvolvimento e de lançamento de produto são mantidos sob controle, e o varejista é capaz de convencer o cliente de que está oferecendo qualidade superior, então as marcas de loja premium passam a ser altamente lucrativas para os lojistas. Como demonstra a Figura 3-1, os altos preços que esses produtos alcançam, comparados às marcas de fábrica, significam que, teoricamente, as margens sobre esses produtos, para os varejistas, deveriam ser bem grandes. Em relação às marcas de fábrica, o varejista não precisa gastar para anunciar suas marcas de loja premium, nem realizar promoções de varejo ou manter uma força de vendas.

Marcas premium como a Tesco Finest, AH Excellent, Arizona e President's Choice conseguem a fidelização dos clientes, que são capazes de ir a uma de suas lojas especialmente para comprar um item. O medicamento para diabetes da marca ReliOn, vendido no Wal-Mart, atrai a alta fidelidade do consumidor e faz do Wal-Mart o destino dos clientes que buscam a marca ReliOn.

As marcas de loja premium também ajudam a elevar a imagem de toda a oferta de marcas próprias de um varejista. Investimentos na qualidade da marca própria são compensadores. A renomada revista independente *Consumer Reports* tem classificado muitos produtos de marca própria premium do Wal-Mart, Safeway, Winn-Dixie Stores, Albertsons e The Kroger Company entre as dez melhores marcas de muitas categorias, inclusive pasta de amendoim crocante, atum, cereal com passas, sorvete e iogurte de morango.[21]

46 Estratégia de Marcas Próprias

Um estudo da McKinsey revelou que desenvolver uma marca forte no setor de varejo resulta em benefícios financeiros reais.[22] Foi examinada a força da marca (índice de qualidade, distinção e consistência) de quatro tipos de varejistas dos Estados Unidos: superlojas (Kmart, Target, Wal-Mart), lojas de departamento (Bloomingdale's, Saks, Neiman Marcus), lojas de mercadoria em geral (JCPenney, Sears) e grandes varejistas de eletrodomésticos (Circuit City, Best Buy). Para cada tipo de varejista, a marca de maior força resultou em maiores vendas.

Os Custos de Marcas de Loja Premium

À medida que os varejistas aprimoram suas marcas próprias, para que se tornem mais parecidas com as marcas, eles passam a enfrentar certos problemas relacionados a custos e riscos, que são típicos das marcas de fábrica. A Saks Fifth Avenue, por exemplo, lançou três novas marcas próprias em 2004, mas nenhuma obteve os resultados esperados. O inadequado trabalho de previsão de vendas, realizado pela Saks, forçou remarcações maiores e repercutiu em margens mais baixas.

Em 2005, promotores, compradores, designers e especialistas em embalagens da America's Staples se reuniram para introduzir de 600 a 700 novos designs de embalagem.[23] A Supervalu introduziu a Carlita, uma tentativa de criar uma marca que atraísse os americanos de origem hispânica. A empresa levou mais de um ano só em pesquisa de mercado, além de contratar consultores de marca e proporcionar a seus executivos aulas de espanhol.[24] Os custos de lançamento de uma marca premium, como os fabricantes de marca já sabem, podem ser bem altos para o varejista. E, ao contrário dos fabricantes de marca, os varejistas têm uma capacidade mais limitada de recuperar esses investimentos em novos produtos, pois as marcas de loja vendem apenas em determinadas lojas do varejo. Até os varejistas mais globais tendem a permanecer no máximo em 30 países. Por outro lado, as maiores marcas de fabricante são vendidas a todos os varejistas e alcançam o mundo todo.

Em muitas categorias de produto, fica difícil atingir uma posição premium sem imbuir a marca de imagens intangíveis. A embalagem e a comunicação dentro da loja, geralmente feita com displays, têm sido usadas com sucesso pelos donos de marcas de loja premium. Entretanto, a propaganda de massa ainda é uma ferramenta importante, se não indispensável, para criar imagens da marca. Também é muito cara, e a base de vendas pode não ser grande o suficiente para amortizar tais investimentos.

À medida que os varejistas desenvolvem novos produtos e marcas, não devem se esquecer de que os fabricantes de marca têm anos de experiência em criação, desenvolvimento, marketing e venda de novos produtos e marcas. No entanto, a maioria desses novos produtos e marcas fracassa. Para resumir, à medida que as marcas de varejo imitam as marcas de fábrica no desenvolvimento e no marketing de produto, elas começam a perder sua vantagem original de custos mais baixos.

Escolhendo Seletivamente para Competir com Marcas de Loja Premium

Apesar de todas as alegações dos varejistas, que dizem estar desenvolvendo algo mais que simples imitações de marcas de varejo, ainda permanece a verdade de que se trata apenas de ambição. Sabemos que os varejistas de hoje estão desenvolvendo embalagens que ajudam a posicionar a loja, em vez de apenas tentar imitar as marcas de fábrica. Há também casos em que a marca de varejo tem características especiais ou mais qualidade que as marcas de fábrica. Mas tudo isso é mais uma exceção do que uma regra. A proposição da marca própria do varejista continua, na maior parte das vezes, a ser próxima da qualidade das marcas de fábrica e, portanto, de qualidade aceitável, enquanto é mais barata.

Os varejistas precisam ser seletivos ao escolher suas batalhas, contra as marcas de fábrica, por um espaço para as marcas próprias premium. Os varejistas que conseguem construir fortes marcas de loja atacam categorias que dão oportunidades para a diferenciação da própria marca. O produto de marca própria preenche uma necessidade baseada em um desejo e supre a ausência de outros produtos dentro de uma categoria, como de alimentos étnicos, por exemplo, de dieta e de comidas fairtrade.[25]

As marcas próprias com preço premium são viáveis no ramo de alimentação, pois é possível agregar um valor, já que os consumidores procuram esses itens cada vez mais e estão dispostos a pagar pela conveniência. Em 1996, ingredientes básicos como alface e tomate respondiam por 65% das vendas de alimentos frescos do varejista e em 2006 essa porcentagem caiu para 37%. Por outro lado, produtos prontos e semiprontos, como abacaxi cortado, refeições congeladas e massa semicozida, tiveram suas vendas aumentadas de 35% para 63%, apresentando, em média, um crescimento superior a 15% ao ano.[26]

Para Guardar do Capítulo

Marcas de Loja Premium de Sucesso

- Diferenciam o varejista de outros varejistas e, assim, geram fidelidade à loja.
- Superam as marcas de fábrica pela qualidade objetiva.
- Oferecem produtos, ingredientes e sabores exclusivos.
- Têm embalagem distinta, que enfatiza as diferenças com as marcas de fábrica, em vez de adotar a estratégia da imitação.

48 Estratégia de Marcas Próprias

- Buscam um preço equivalente ao das principais marcas de fábrica e comandam um preço premium.

- Assumem o desafio explícito da qualidade em sua proposição de venda.

- Contêm imagens de marca.

Varejistas com Marcas de Loja Premium de Sucesso

- Investem em pesquisa de mercado para conhecer as necessidades do consumidor que não são atendidas pelas marcas de fábrica.

- Buscam fabricantes de qualidade, em vez de simplesmente subcontratar o fabricante que oferece custo mais baixo.

- Marcam a linha premium por meio:

  - Do uso de uma marca de loja com uma submarca (por exemplo, Tesco Finest), para construir uma imagem consistente com um posicionamento premium; ou

  - Fazem a separação entre a loja e a marca premium posicionada, que fica sozinha (por exemplo, o jeans The Limited Seven7); ou

  - Buscam um parceiro com status mais alto (por exemplo, Cheryl Tiegs, na Sears) para a marca compartilhada da linha premium.

- Criam imagens de marca para a linha premium, usando comunicação interna de loja e propaganda de mídia de massa.

- Conduzem uma análise rigorosa de investimento, levando em conta que o varejista não só obtém margens mais altas, mas também arca com os custos de desenvolvimento de produto e de marketing e com os riscos de fracasso e remarcações.

- Perseguem oportunidades para vender a marca da loja (por exemplo, President's Choice) a varejistas que não estão competindo, para atingir um retorno suficiente sobre o investimento.

QUATRO

Competindo pelo Consumidor Racional com Marcas Próprias Inovadoras de Valor

Marcas próprias como porcentagem dos US$ 43 bilhões em vendas da Aldi: 95%

À MEDIDA QUE OS VAREJISTAS começaram a analisar os conteúdos das principais marcas e, a partir de suas conclusões, passaram a recriá-las, para produzir marcas de loja premium, e imitações, descobriram que havia oportunidades além de simplesmente copiar o produto de marca. De fato, ao confrontar brutalmente cada elemento de custo de produto com o valor agregado objetivo ao consumidor, eles poderiam criar um produto de boa qualidade, ou até melhor, a preços bastante baixos. Isso incluía tirar, se não todos, a maioria dos elementos que compõem a imagem, como embalagens atrativas e características "supérfluas".

Os defensores desse tipo de marca de varejo de valor inovador têm sido as redes de descontos agressivos como Aldi, Lidl e Netto, na Europa. Fora do setor de bens de consumo embalados, as redes suecas H&M, de roupas, e a de móveis e mobília para casa, IKEA, têm perseguido essa estratégia com enorme sucesso. Nos Estados Unidos, o Wal-Mart e a Costco também têm adotado com sucesso essa abordagem em algumas categorias de produto. Entretanto, a pioneira nessa estratégia, e a maior história do varejo europeu nas duas últimas décadas, tem sido a Aldi.

Aldi — O Fenômeno Alemão em Descontos Agressivos

A Aldi, loja pioneira de descontos, é um pequeno outlet de mais ou menos 1.000 a 1.500 metros quadrados. Ela mantém apenas 700 linhas em estoque, contra os 100.000 itens de um grande Supercenter Wal-Mart ou os 25.000 de um supermercado comum.

50 Estratégia de Marcas Próprias

A Aldi tem uma marca própria focada e entre 90% e 95% de seus próprios produtos. Suas mais de 7.400 lojas ao redor do mundo geram US$ 43 bilhões em vendas. A Aldi tem uma participação de mercado próxima a 20% na Alemanha. Nos Estados Unidos, são 740 lojas, além da rede Trader Joe.

Sortimento Limitado É a Chave

O sortimento limitado, de 700 SKUs, é a chave da estratégia da Aldi. A empresa alega que focalizar os itens usados mais freqüentemente e oferecê-los como marcas Aldi tornam as compras na Aldi tanto simples quanto de grande valor. Os clientes não ficam confusos em meio a fileiras e fileiras de produtos diferenciados apenas pelo nome da marca. Embora a Aldi venda carnes e comidas semiprontas e embaladas, suas lojas não oferecem carnes frescas, peixe ou pães, mas têm um sortimento limitado de hortifruti-granjeiros. Por isso, os clientes geralmente precisam complementar suas compras em supermercados tradicionais.

Sua política de marca própria é usar marcas diferentes (marcas simplesmente inventadas) em diferentes categorias, de modo que pareça que o cliente tem escolha, apesar do foco em marcas próprias. Em vez de Coca-Cola, a Aldi tem Bueler Cola, e no lugar de lenços de papel Kleenex, há o Royal Avenue. Cereais Millville para o café da manhã, tortillas e molhos refrigerados da Casa Mamita, crackers Snack Rite, sorvete de chocolate Havana Lane, sabão em pó D-san, embalagem plástica Goliath, café Beaumont, removedor de manchas Oxi-fix, detergentes para louça Alio, frango Kirkwood — e a lista continua. É a estratégia de uma casa de marcas (multimarcas) e não a estratégia de marca da casa, seguida pela maioria dos varejistas como Whole Foods, Safeway e Tesco.

Para tornar a experiência de compras agradável, apesar da oferta limitada, a Aldi oferece uma interessante seleção de itens não comestíveis conhecidos como "Surprise Buys". Eles são trocados toda quinta-feira e ficam disponíveis enquanto durarem os estoques. Como exemplos, podemos citar o computador pessoal Medion, marca própria Aldi, por menos de US$ 500 no Reino Unido e um notebook por menos de US$ 1.000 na Alemanha. Com promoções anunciadas intensamente na própria loja, a Surprise Buys ajuda a dirigir o tráfego da loja, pois esses produtos geralmente são vendidos em alguns dias, e muitas vezes em algumas horas.

Alta Qualidade a Preços Baixos

A proposta da Aldi é oferecer produtos de alta qualidade a preços incrivelmente baixos. A empresa consegue isso focalizando estritamente o essencial, e nunca pára de procurar meios de cortar ainda mais os preços. Todos os produtos são desenvolvidos em conjunto com os principais fornecedores e obedecendo aos padrões da mais alta qualidade. A única exceção é o café, processado nas fábricas da Aldi. De um modo geral, os fornecedores são importantes empresas de bens embalados, que vendem o excesso de sua capacidade. Constantemente, a Aldi faz um teste interno para avaliar a qualidade dos produtos, e ainda conta com a análise de um laboratório independente. O compromisso com a qualidade é reforçado pela garantia que a loja dá a todos os produtos.

A maioria das comparações de preços entre as lojas de varejo tem indicado a Aldi como vencedora. Na Austrália, a embalagem plástica Aldi Goliath, contendo um rolo de 60 metros, é vendida a A\$ 1,29 (dólares australianos), enquanto a concorrente Glad custa A\$ 3,71. Nos Estados Unidos, a Costco vende dois pacotes com seis unidades de bagels por US\$ 3,45, ao passo que a Aldi oferece um pacote com seis bagels por US\$ 0,99. A Costco tem embalagens grandes de iogurte por cerca de US\$ 0,50 cada uma, enquanto as da Aldi custam US\$ 0,29 e podem ser compradas individualmente. Na Alemanha, a embalagem do sabão Ariel, da P&G, com 30 tabletes, é vendido a € 4,65 na rede de supermercados Edeka, e o Persil, da Henkel, também com 30 tabletes, está por € 5,79 na Metro. Ambos se comparam desfavoravelmente à marca Tandil, da Aldi, vendida a € 2,99 e contendo 36 tabletes.[1] Uma cesta de produtos Aldi é 50% mais barata que a mesma cesta contendo artigos de marca.

Evidentemente, as comparações baseadas em preço não informam diferenças de qualidade. E é justamente aí que a Aldi tem sido especialmente bem-sucedida. Ela promove agressivamente as avaliações de qualidade de seus produtos feitas por fontes independentes. Seu Web site do Reino Unido, por exemplo, tem uma página especial dedicada aos comentários que as publicações inglesas fazem sobre produtos da marca Aldi (ver Tabela 4-1).[2] Na Alemanha, seus produtos têm conseguido vencer vários testes independentes, de qualidade e sabor. Como resultado, a Aldi é a terceira marca corporativa mais respeitada da Alemanha, ficando atrás apenas da Siemens e da BMW e, surpreendentemente, à frente da DaimlerChrysler.[3] É notável que 89% das famílias alemãs compraram pelo menos uma vez na Aldi, em 2006. Da mesma forma, é admirável que Klaus Jacobs (Jacobs Coffee, agora parte da Kraft) tenha dito a uma revista de negócios alemã: "Nosso concorrente número um é claramente a Aldi".[4]

Custos Mais Baixos de Sistema

Como a Aldi se concentra em 700 SKUs, seu volume de negócios por SKU é muito mais alto que o de qualquer outro varejista, o que dá maior poder de negociação contra seus fornecedores. Esse foco permite que a empresa trabalhe seus fornecedores para ter a relação certa entre preço e qualidade. Mas a vantagem de preço da Aldi não se baseia no preço mais baixo pago aos fornecedores, e sim na diferença dos custos de processamento que ela obtém em relação a outros varejistas. Em outras palavras, a Aldi é mais eficiente na tarefa de obter os produtos do fornecedor e levá-los ao consumidor.

52 Estratégia de Marcas Próprias

TABELA 4-1

Kudos para produtos com marca Aldi

Medion Titanium MD8385 Base Station £ 499,99 cada	Guia *Buy It*, Computer *Active* "Outra oferta inegavelmente boa da Aldi/Medion e bem recomendada, se você está no mercado com um novo ou um segundo PC." Geral ★ ★ ★ ★ ★
Soupreme Tomato Soup 27 centavos, 400g	*Take a Break* "Tem um sabor extremamente forte e uma textura boa e suave. Adoro. Mais prazer!"
Temptations Puff Pastry Twists 79 centavos, 150g	*Woman's Own* "Massa deliciosamente crocante e dourada, com um rico sabor de queijo gruiere". Vencedor do Teste de Sabor da Cheese Straws
Premium Gravad Salmon £ 1,99, 200g	*Family Circle* "É um salmão defumado escocês de boa qualidade... delicioso, e com um preço excelente."
Ameristar Premium Lemonade 39 centavos, 2 litros	*Chat* "Você sente o cheiro do limão antes de começar a beber. E, quando bebe, é delicioso." — VENCEDOR
Centanni Olive Oil £ 1,85, 750 ml	*House Beautiful* "Aproveite o azeite de boa qualidade a um preço acessível."
Bramwells Flame Roasted Tomato and Red Pepper Chutney 69 centavos, 200g	*Good Food* "Uma cor bem vermelha, com excelente sabor."
Fletcher's Cream Sherry £ 3,29, 75cl	Malcolm Gluck, Superplonk column, *The Guardian* "Notável sugestão de toffee e crême brûlée."
Chateau Selection Claret £ 2,99, 75cl	International Wine Challenge 2003 & Robert Joseph's *Good Wine Guide 2004* "Agradável e maduro, com tanino suave."
Wordlwide Spicy Tomato Salsa 69 centavos, 300g	Best Best Test Winner
Ransome's Vale Shiraz Petit Verdot £ 3,99, 75 cl	Oz Clarke © Brides/The Condé Nast Publications Ltd. "Duas das variedades de uva mais carnudas do mundo criam esse sabor de fruta, rico, intenso e perfumado, apreciado em festas."

Fonte: Página "What the Papers Say" do Web site da Aldi (http://uk.aldi.com).

Na Aldi, os custos totais, adicionados a seu preço de compra de fornecedores, é cerca de 13% a 14% (2% para logística, aluguel, despesas gerais e marketing, mais cerca de 5% para funcionários). Em contraste, os supermercados tradicionais, inclusive o poderoso Wal-Mart, são duas vezes mais caros em cada um dos componentes de custo, e portanto precisam adicionar o dobro dessa quantia (28% a 30%) a seus preços de aquisição.

Para obter seu posicionamento de grandes descontos, a Aldi compra terrenos baratos, em geral na periferia das cidades ou em ruas de menor movimento, constrói armazéns de baixo custo, emprega o mínimo de pessoal e exibe os produtos em pallets, no lugar de prateleiras. Ao contrário da determinação de preços por local, empregada pela maioria dos varejistas, todas as lojas do país têm exatamente os mesmos preços. A Aldi reforça tal atitude com a crença de que os consumidores deveriam pagar sempre a mesma quantia pelos gêneros alimentícios que consomem, independentemente do lugar onde vivam. Isso ajuda a reforçar a imagem de defesa do consumidor da Aldi.

Os caixas são espaçosos e a passagem pela leitora eletrônica é rapidíssima, de modo que mesmo a maior lista de compras pode ser cuidada com rapidez e sem frustração. Os compradores precisam trazer suas próprias sacolas para a loja ou comprar uma por um preço baixo. Eles devem pagar um depósito que é devolvido pelo carrinho de compras; isso elimina a necessidade de fazer os funcionários os recolherem por todo o estacionamento.

A Aldi sozinha responde pela metade das vendas de marcas próprias na Alemanha. Quando o CEO de uma das maiores empresas de CPG visitou a sede européia de sua empresa, o presidente da Europa queria mostrar a seu chefe o concorrente que mais o preocupava. Ele levou o chefe a uma loja Aldi!

Imitadores da Aldi

O sucesso da Aldi a levou a ser constantemente imitada. Seu imitador de maior sucesso tem sido a Lidl & Schwarz, da Alemanha, com 5.000 lojas de descontos, sem luxo, em toda a Europa, com cerca de 800 itens diferentes. A Lidl concentra-se menos na marca própria que a Aldi, tendo cerca de 65% de marcas próprias, contra 95% da Aldi. Entretanto, seu total de vendas está no mesmo patamar. Imitando os métodos de operação com baixo custo da Aldi, a Lidl está desafiando e até passando sua rival para trás em alguns mercados, principalmente na França, na Grã-Bretanha e, ultimamente, até mesmo na Alemanha.[5] O grande número de Mercedes e BMWs nos estacionamentos da Aldi e da Lidl reforça o velho adágio de que os pobres precisam de preços baixos, enquanto os ricos adoram preços baixos.

Nos Estados Unidos, os que dão descontos agressivos, e que às vezes são referidos como "lojas de dólar", têm crescido de 14% a 17% ao ano. Esse setor é responsável pelo conceito que mais cresce no Canadá e nos Estados Unidos. Na América do Norte, os participantes líderes desse setor são a Dollar General com 7.320 lojas, a Family Dollar com 5.466 lojas, a Dollar Tree com 2.735 lojas, a Supervalu com 1.287 lojas e a Aldi com 780 lojas. O mercado central para lojas de dólar, nos Estados Unidos, é formado por famílias com uma renda anual inferior a US$ 30.000, mas um quarto dos americanos com renda acima de US$ 100.000 comprou nessas lojas pelo menos uma vez nos últimos seis meses.[6]

54   Estratégia de Marcas Próprias

A Save-A-Lot, uma das varejistas com crescimento mais rápido nos Estados Unidos, está com vendas superiores a US$ 4 bilhões em mais de 1.200 lojas. Direcionada para os pobres, ela normalmente fica localizada em cidades do interior, e quase sempre é ignorada pelos grandes supermercados e negociantes voltados para o grande público. A empresa tem preços extremamente baixos. Um estudo na área de Memphis constatou que os preços da Save-A-Lot eram 11% mais baixos que os do Wal-Mart, para produtos similares com a marca da loja.[7] Meio quilo de bananas, por exemplo, custa US$ 0,29 na Save-A-Lot, comparado a US$ 0,48 em um Wal-Mart Supercenter próximo. A concorrência levou Lee Scott, CEO do Wal-Mart, a comentar com os investidores: "Vocês certamente não vão subestimar os concorrentes que dão descontos agressivos".[8]

Como todas as lojas de dólar dos Estados Unidos, a Save-A-Lot tende a ter muito mais marcas de fabricante, em comparação com estabelecimentos europeus semelhantes. Mas ela tem apenas 1.250 itens e só mistura, em cada categoria, as marcas de loja com as marcas de fabricante que mais vende. Combinando seus próprios centros distribuidores com outros que vendem bem, ela consegue manter estoques extremamente baixos e um alto giro de mercadorias. As margens e os custos operacionais são mantidos baixos, cortando-se o luxo — produtos são exibidos em caixas de papelão, e os clientes precisam pagar pelas sacolas. O alto giro de estoque permite retorno aceitável sobre os ativos, apesar de margens relativamente baixas.

Nos Estados Unidos, os irmãos Albrecht (donos da Aldi) adquiriram a Trader Joe's, em 1979, e desde então a transformaram em um sucesso, usando uma fórmula ligeiramente modificada da Aldi. As lojas oferecem comidas e vinhos, estilo gourmet, a preços de barganha. Ela agora é uma rede de mais de 250 lojas, com as vendas crescendo a uma média de 23% ao ano, desde 1990. São cerca de 15 a 20 lojas a mais por ano, a maioria evitando as atividades promocionais. Seu formato é 80% de marca própria, com uma estratégia vantajosa de sortimento. Os gerentes de compra da Trader Joe's procuram oportunidades no mundo todo e só adquirem um produto se ele realmente representar um grande negócio. Assim, há uma grande variedade de produtos em constante mudança, e os clientes sempre passam na loja para dar uma olhada. Como a Aldi, a empresa conta com um rigoroso controle de custos e busca os menores preços.

H&M — O Valor Inovador da Marca da Moda

A rede sueca de roupas H&M foi fundada em 1947.[9] Em 2006, tinha perto de 50.000 funcionários e aproximadamente 1.200 lojas em 22 países. Suas vendas, em 2005, foram de US$ 7,5 bilhões, que renderam um lucro de US$ 1,7 bilhão. O conceito de negócio da H&M é oferecer moda pelo melhor preço. A fim de oferecer a última moda, a H&M tem seu próprio departamento de compra e design. E com o objetivo de oferecer o preço mais barato, ela terceiriza 60% da fabricação de suas roupas com empresas da Ásia e de outras regiões que produzem a baixo custo. Ela obtém o melhor preço:

- Tendo poucos intermediários
- Comprando grandes volumes
- Tendo um conhecimento amplo e profundo de design, moda e têxteis
- Comprando os produtos certos do mercado certo
- Sendo consciente dos custos em cada etapa
- Tendo distribuição eficiente

Branding da H&M

As linhas de roupas da H&M, masculinas, femininas e infantis, assim como seus cosméticos, são direcionados a compradores conscientes de custo. Apesar de ser uma marca totalmente própria, a H&M emprega uma mistura de marcas próprias e submarcas, para criar uma sensação de escolha de marca. Por exemplo, as roupas femininas da H&M apresentam diferentes submarcas como Hennes (para mulheres entre 25 e 35 anos), L.O.G.G. (moda esportiva), Impuls (para tendências de mulheres jovens), BiB (tamanhos grandes), Woman (clássica), Clothes (tendências atuais), MAMA (maternidade) e Rocky (moda jovem). Da mesma forma, há submarcas diferentes nas linhas direcionadas a homens e crianças.

Ao contrário da Aldi, que se concentra em produtos utilitários e é dirigida a famílias, a H&M é um tipo diferente de marca própria inovadora de valor. Uma vez que a H&M está no setor de roupas e é direcionada aos jovens, ela não pode se dissociar da imagem e da emoção geradas por seu *branding*. Portanto, a H&M dedica 5% de suas receitas à propaganda. Suas campanhas publicitárias, altamente chamativas, já incluíram celebridades como Pamela Anderson, Claudia Schiffer, Johnny Depp, Naomi Campbell, Jerry Hall e Madonna usando roupas de baixo custo. Inicialmente, sua campanha publicitária foi um choque para o setor, porque usou celebridades que antes eram vistas usando apenas alta costura, mas que de repente apareceram nas propagandas da H&M. Nessas propagandas, as celebridades sempre enfatizaram o preço baixo das roupas, como o famoso outdoor de Naomi Campbell em que ela está usando um maiô de US$ 10 da H&M! Quando os adolescentes começaram a roubar os anúncios de outdoors da H&M, a empresa começou a oferecê-los de graça. Mais recentemente, coleções bem-cuidadas de designers famosos como Karl Lagerfeld e Stella McCartney continuaram a gerar comentários entre seus clientes.

Gerenciando uma Marca Própria Inovadora de Valor Estilo IKEA

A IKEA, varejista de mobiliário doméstico, opera em 33 países e gera um volume de vendas superior a US$ 18 bilhões. A combinação de baixa produção e baixos custos

56   Estratégia de Marcas Próprias

de processo permite que a IKEA ofereça mobília de estilo a preços incrivelmente baixos. Como a Aldi e a H&M, a IKEA reforça as duas lições para as bem-sucedidas marcas próprias inovadoras de valor.

Busca Contínua pelo Custo Mais Baixo

As marcas de varejo inovadoras de valor, como a IKEA, a Aldi e a H&M, além de começar com preços baixos, lutam continuamente para reduzir ao máximo seus custos. O processo de dirigir os custos de produção para baixo começa no momento em que um novo item é concebido. Esse objetivo passa então a ser perseguido incansavelmente, durante todo o ciclo de vida do produto. No caso de produtos novos, com o tempo os cortes de preço podem ser substanciais, à medida que as empresas aprendem a reduzir os custos, com a aplicação de métodos mais eficientes de produção, e começam a substituir materiais caros por outros mais baratos. Na IKEA, por exemplo, o preço de uma cadeira Pöang básica caiu de US$ 149,00 em 2000 para US$ 99,00 em 2001 e para US$ 79,00 em 2002.[10]

Na IKEA, os preços caem continuamente, em vez de subir. Embora normalmente eles sejam de 30% a 50% abaixo daqueles praticados pelos concorrentes, o catálogo de 2005 apresentava um corte médio de preço de 2%, comparado ao ano anterior.

Economias Relacionadas a Processo São Fundamentais

Em troca de preços baixos, a IKEA exige que seus clientes se engajem no auto-atendimento, no transporte e na montagem das compras. Isso ajuda a empresa a obter custos mais baixos em todo o sistema, em comparação ao tradicional varejista de móveis.[11]

As tradicionais lojas de móveis são limitadas por designers independentes que cobram muito caro, pelo grande estoque de peças em processo de fabricação, pelo excessivo trabalho manual, pelo transporte e estocagem de bens acabados, pelo marketing fragmentado, pelas onerosas locações de varejo, pelos displays muito elaborados e pela cara entrega ao consumidor. Como revela a Figura 4-1, a IKEA usa peças intercambiáveis, produz o design internamente, fabrica grandes quantidades de componentes, faz o estoque de peças e não de produtos acabados, tem uma logística informatizada, explora a imagem escandinava, procura locais relativamente baratos na periferia, usa displays simples, deixa o transporte final e a montagem por conta do consumidor.

Avaliação do Modelo de Valor Inovador

A força central do modelo de valor inovador é entregar produtos de boa qualidade a preços imbatíveis. Os preços significativamente mais baixos, comparados àqueles da concorrência, não são apenas resultado das economias relacionadas ao produto.

FIGURA 4-1

Rede de valor único da IKEA

	Design	**Peças**	**Montagem**	**Logística**	**Marketing**	**Serviço**
Lojas tradicionais de móveis	• Designers independentes • Designs sofisticados, complexos	• Grande estoque de peças em processo de fabricação • Fabricação artesanal, sob medida	• Mão-de-obra intensiva • Feito sob encomenda	• Transporte oneroso, produto acabado pesado	• Fragmentado • Vitrine cara, das melhores lojas	• Serviço completo • Entrega de pequeno lote aos clientes
IKEA	• Designers internos • Design simples	• Peças modulares, intercambiáveis • Produção de massa • Matérias-primas novas, mais baratas	• Pelo cliente	• Informatizada • Transporte modular	• Alavancagem da imagem escandinava • Display barato, fora da cidade	• Auto-atendimento • O cliente leva para casa

Fonte: Nirmalya Kumar, *Marketing as Strategy* (Boston: Harvard Business School Press, 2004), 183.

58 Estratégia de Marcas Próprias

Os varejistas de valor inovador geram economias significativas relacionadas ao processo, enquanto o varejista tradicional vende basicamente marcas de fabricantes. Assim, a qualidade do produto não precisa ser comprometida.

Os custos mais baixos de produto e de processo permitem que os inovadores de valor valorizem ainda mais o dinheiro, desde que esse procedimento não afete sua lucratividade. Em contraste, duvida-se que os varejistas tradicionais tenham lucratividade adequada em sua extensão de marcas próprias de primeiro preço (ver genéricos no Capítulo 2). Entretanto, os varejistas de valor inovador estão entre os que mais lucram no mundo. Por exemplo, o LAJIDA (lucro antes dos juros, impostos, depreciação e amortização) da Aldi, de mais de 6% de vendas, é mais alto que o LAJIDA ganho por varejistas como Carrefour e Ahold. As fortunas pessoais de fundadores do valor inovador, como Ingvar Kamprad, da IKEA, (US$ 23 bilhões), Karl e Theo Albrecht, da Aldi, (US$ 18,5 bilhões e US$ 15,5 bilhões, respectivamente), e de Stefan Persson, da H&M, (US$ 11 bilhões), atestam a lucratividade desse modelo de varejo.

Posicionamento Direcionado

No entanto, os fatores-chave de sucesso que há por trás do modelo de valor inovador também são seus principais desafios. Um fator-chave de sucesso é o posicionamento direcionado com exatidão, que permite eficiências enormes em logística e outras etapas na cadeia que agrega valor. Em vez de ser tudo para todos, esses varejistas concentram-se em um segmento de consumidor bem definido. Entretanto, quanto mais o varejista se torna um inovador de valor bem-sucedido, menos espaço encontra para crescer, uma vez que as pessoas do segmento-alvo, em sua maioria, já se tornaram clientes. Há um segmento limitado — embora, como é provado pela Aldi, seja bastante grande na Alemanha, para bens embalados — que pode ser atendido efetivamente.

Para manter o crescimento, o inovador de valor precisa (1) visar novos segmentos ou (2) expandir-se internacionalmente, desenvolvendo seu conceito no âmbito global. Se fizer a primeira opção, arrisca-se a perder seu posicionamento-alvo. Qualquer um que não pertença ao segmento-alvo da H&M pode querer estar longe dela, pelo volume alto da música provocativa e pelas lojas abarrotadas de gente, como atesta um dos autores deste livro, cuja filha sempre o arrasta para a H&M local.

A expansão internacional é a segunda opção. Como a IKEA demonstrou convincentemente, existia um segmento-alvo similar em outros mercados fora de seu mercado doméstico sueco, mesmo em um setor tão "local" quanto móveis residenciais. Entretanto, a expansão internacional é repleta de riscos e pode adicionar ao sistema despesas gerais, de logística e outros custos. O próprio fato de a IKEA ter levado décadas para se tornar lucrativa nos Estados Unidos é um lembrete muito sério de que mesmo os mais sofisticados inovadores de valor do mundo podem tropeçar.

Custo de Fazer Compras

Os custos de fazer compras — diferentes dos custos de comprar — são mais altos para os clientes de varejistas inovadores de valor. Como os inovadores de valor precisam reduzir os custos de processo, eles passam muitas funções ao consumidor, e também lhe pedem certos sacrifícios. Por exemplo, em função do limitado sortimento da Aldi, seus clientes precisam ir a outras lojas para comprar as marcas de fabricantes que valorizam — posso querer comprar massas Aldi, mas não refrigerante à base de cola — e produtos que a Aldi não vende (peixe fresco, por exemplo). Ir a várias lojas custa caro, tanto em termos de tempo quanto de esforço, o que aumenta os custos da pesquisa de compras.

Imagine uma cena na IKEA. Depois de passar pelas intermináveis filas do caixa, os clientes precisam transportar o móvel para casa. Como se não bastasse, depois acabam perdendo muito tempo e ficando frustrados até que consigam entender as instruções incompreensíveis de montagem, que requerem o encaixe das peças.

Os inovadores de valor podem tentar reduzir os custos da pesquisa de compras — por exemplo, expandindo seu sortimento tanto em extensão (mais categorias) quanto em profundidade (mais SKUs, inclusive marcas de fabricante). Como resultado do maior sucesso da Lidl em alguns mercados, a Aldi começou as negociações com importantes fabricantes de marca para acrescentar seus produtos ao sortimento. Entretanto, a iniciativa ameaça minar a própria base de seu sucesso.

Para Guardar do Capítulo

Marcas Próprias Inovadoras de Valor Bem-sucedidas

- Tenha em mente a qualidade objetiva do produto, comparável a marcas de fabricantes, e a preços imbatíveis, buscando constantemente diminuir os preços.

- Chegue aos menores preços por meio de um sistema rigoroso de processamento de economias de custo (por exemplo, despesas gerais baixas, sortimento limitado, displays mínimos, poucos funcionários, logística eficiente), em vez de comprometer a qualidade do produto.

- Evite fatores de imagem, como embalagem cara.

- Encoraje avaliações de qualidade que sejam independentes.

- Crie rótulos variados e vistosos, para dar a sensação de escolha em um ambiente predominantemente de marca própria.

60 Estratégia de Marcas Próprias

- Compense as margens de lucro mais baixas com o giro mais alto do ativo e o potencial de crescimento, o que ajuda a criar riqueza significativa para os proprietários.

- Transfira muitas funções de compra para o consumidor.

- Focalize um segmento-alvo não atendido.

- Não se desvie muito desse segmento-alvo, para evitar o risco de perder a vantagem de custo competitiva.

CINCO

Cercando as Marcas de Fabricante com Portfólios de Marca de Varejo

Vendas anuais do conjunto de marcas próprias do Wal-Mart:
US$ 115 bilhões

EMBORA A MARCA PRÓPRIA INDIVIDUAL siga uma das quatro proposições: genérico, imitação, premium e inovadora de valor, a maioria dos varejistas gerencia um portfólio de marca que incorpora vários tipos de marcas de loja. Tendo um portfólio de marcas próprias, o varejista pode penetrar em vários segmentos diferentes ao mesmo tempo. Tradicionalmente, a segmentação inteligente do mercado total era um domínio no qual os fabricantes de bens de marca se destacavam. Hoje, porém, os varejistas implementam um mix sofisticado de estratégias de segmentação, para construir portfólios de suas marcas.

Estratégias de Segmentação de Portfólio

De forma ampla, podemos distinguir três estratégias de segmentação de portfólio, com base em preço, categoria e benefício.

Segmentação Baseada em Preço

Uma abordagem de segmentação baseada em preço, para um portfólio de marca, requer pelo menos duas, muitas vezes três, marcas de loja que ajudem a atrair diferentes segmentos de preço. Os varejistas europeus, principalmente supermercados, implementam uma estratégia de marca própria de três níveis: uma oferta barata, uma padrão ou média e uma marca de loja premium. Por exemplo, a Sainsbury, no Reino Unido, tem a linha de preços baixos chamada Basics, a linha Sainsbury padrão e a linha de produtos premium Taste the Difference. A segmentação de preço em três níveis permite que os principais supermercados lutem contra seus dois inimigos: as lojas de grandes descontos e as marcas de fabricante. O Carrefour da Espanha comunica isso de uma maneira extremamente poderosa. Na frente de cada loja são mostradas três cestas de produtos com a nota do caixa e a indicação do valor total. Uma delas está cheia de marcas de fabricante (preço total: € 72,67), a outra, com sua própria marca de imitação "Carrefour" (€ 45,47) e uma terceira com sua marca de valor "1" (€ 29,06). Isso equivale a dizer aos compradores: "Podemos competir com a Aldi, se o preço for importante para você, e com as marcas de fabricantes, se a qualidade for importante para você.

Segmentação Baseada em Categoria

As marcas próprias baseadas em categoria reúnem vários produtos diferentes, mas dentro de uma categoria específica de mercadoria. Normalmente é esta a estratégia de marcas de loja da casa — ou seja, marcas independentes, que não são relacionadas umas às outras, ou ao varejista, são vendidas no mesmo espaço. Como estão em categorias distintas, não concorrem entre si. A marca que abarca uma categoria pode ajudar a comunicar as associações de marca originais e os benefícios que são importantes para a categoria em questão. Isso também pode ser vantajoso, quando não há conexão óbvia entre o varejista e a categoria, ou quando existem associações conflitantes entre categorias (por exemplo, produtos de limpeza são vendidos com base em seu desempenho funcional, enquanto os produtos de beleza se baseiam na imagem).

A Intersport, maior varejista de equipamentos esportivos do mundo, com 4.700 lojas em 25 países, não tem outra identidade além de se posicionar quanto à escolha.[1] Portanto, desenvolve marcas de categoria, como Etirel para roupas, Techno Pro para tênis, Nakamura para bicicletas e McKinley para esportes de inverno. Assim, comunica a imagem de marca necessária para cada categoria.

Um benefício adicional dessa abordagem de categoria vai para os varejistas que têm um grande número de marcas próprias, como Aldi, IKEA e Gap. Apesar de não terem marcas, eles podem usar a abordagem de marcas de loja da casa para criar no consumidor a sensação de escolha. Foi o que fez o varejista francês Intermarché com 240 marcas próprias, incluindo Paturages em laticínios, Paquito em bebidas não alcoólicas, May e Apta em saúde e beleza. Os consumidores geralmente entendem que são marcas nacionais secundárias selecionadas pela Intermarché por sua qualidade e pelo preço mais acessível.[2]

A Whole Foods, dos Estados Unidos, tem uma série de marcas próprias. A Organic Everyday Value é direcionada aos clientes que consideram o preço, enquanto a Authentic Food Artisans foi desenvolvida para consumidores mais exigentes, que conhecem os alimentos. Mas suas outras marcas são baseadas na categoria, como a Whole

Kitchen (congelados), a Whole Treat (sobremesas), a Whole Catch (peixe), a Whole Ranch (carne), a Whole Kids Organic (alimento para bebês) e Allegro (café).

Segmentação Baseada em Benefício

Uma estratégia de segmentação baseada em benefício constrói marcas de loja individuais a partir das necessidades específicas de um cliente, sem levar em conta o preço ou a categoria. Os varejistas sabem as mudanças que ocorrem nos estilos de vida e necessidades do consumidor. Por exemplo, a tomada de consciência do público em relação a segurança e saúde significa que as linhas de orgânicos e de pratos considerados saudáveis começam a ser mais procurados. Em resposta, a Kroger lançou recentemente a Naturally Preferred, sua marca própria de produtos orgânicos e naturais de alta qualidade.

Outras tendências, como dietas com menos carboidrato, ou motivadas pelo aumento de alergias a certos alimentos, assim como a popularidade crescente do vegetarianismo, têm mudado os padrões de consumo. Períodos de trabalho mais longos e a maior ocorrência de mulheres que trabalham fora têm contribuído para a crescente demanda de alimentos de conveniência, com variados níveis de preparação, de saladas pré-lavadas a refeições prontas. Criar linhas de marca própria em torno das necessidades do cliente, como orgânicos, vida saudável, produtos isentos de determinados componentes, fairtrade e baixo teor de gordura, permite ao varejista atender a diferentes estilos de vida do consumidor.

A Sainsbury, por exemplo, tem duas marcas de loja baseadas em benefício: Be Good to Yourself e Blue Parrot Café. Lançada em 1999, a linha Be Good to Yourself contém mais de 200 produtos "desenvolvidos especialmente para ajudá-lo a manter um estilo de vida mais saudável, oferecendo alimentos com menos caloria e gordura, e muito saborosos." A promessa da marca é ter baixo teor de gordura, reduzir o sal, manter os níveis de açúcar iguais ou inferiores aos produtos padrões, utilizar apenas os corantes permitidos pelo Hyperactive Children's Support Group e restringir o uso de aditivos. A embalagem do produto tem rótulos claros, para permitir a fácil identificação do conteúdo nutricional, inclusive do conteúdo de gordura.

A marca Be Good to Yourself foi desenvolvida para facilitar aos consumidores a compra de produtos com baixo teor de gordura e em reconhecimento ao fato de que esses clientes são muito valiosos para a Sainsbury. Os cartões de fidelidade do cliente atestam esse acerto. A embalagem consistente, entre categorias de produto e promoções dentro da loja, ajudaram a aumentar a visibilidade da linha. Acrescente-se que a marca procura contrariar a idéia de que produtos com baixo teor de gordura têm menos sabor. Ela é direcionada às mulheres, principalmente mães, cientes dos benefícios de uma dieta com baixo teor de gordura, mas que não estão dispostas a abrir mão do prazer de comer e da conveniência. A marca tem alcançado enorme sucesso e foi identificada como uma das 25 marcas do Reino Unido, em 1999.[3]

64 Estratégia de Marcas Próprias

O Blue Parrot Café, da Sainsbury, inclui 250 produtos. Iniciada em 2000, essa marca é dirigida aos pais preocupados com a qualidade nutricional dos alimentos consumidos pelos filhos. A linha foi desenvolvida também em reconhecimento ao fato de que os filhos influenciam as decisões de compra da metade das famílias pesquisadas ("poder de incomodar"). Os produtos prometem excelente sabor, com qualidade nutricional aprimorada e destinam-se a crianças de cinco a 11 anos. O "Beady Eye Promise", da Blue Parrot, fornece alimentos com corantes e conservantes restritos, usa somente aromatizantes naturais, controla os níveis de gordura e de sal, não adiciona aromatizantes e dá a opção de produtos adoçados com açúcar ou com adoçantes artificiais. Um sistema de semáforo, na embalagem, indica o perfil nutricional do produto e a qualidade dos ingredientes.

O Carrefour da França ilustra de outra forma a segmentação baseada em benefícios. Sua linha valor ("1") e sua marca de loja padrão são complementadas por diversas marcas próprias sofisticadas, que atraem segmentos específicos de benefício. Reflets de France, para quem procura autenticidade. Carrefour Bio, para consumidores preocupados com o meio ambiente. Escapades Gourmandes, para quem deseja dar umas escapadas e consumir pratos que são especialidades de gourmets. J'aime, para produtos que são sinônimos de saúde e boa forma física. E Destination Saveurs, para produtos internacionais que preenchem a necessidade de experiências estrangeiras, inovadoras, inesperadas.

Complexos Portfólios de Marca de Loja

Os principais varejistas de marca própria, principalmente comerciantes voltados para o grande público e para supermercados, estão combinando os três tipos de marcas de loja — genérica, imitação e premium — com os três tipos de segmentação — baseada em preço, em categoria e em benefício — para criar complexos portfólios de marca própria (ver Tabela 5-1). Wal-Mart e Tesco são dois exemplos excelentes da melhor forma de gerenciar portfólios multimarcas.

Wal-Mart

Com US$ 316 bilhões em vendas e US$ 11 bilhões em renda líquida, em 2005, o Wal-Mart é a segunda maior corporação do mundo. Orgulha-se de oferecer o melhor valor para seus clientes, como expressa em seu lema "Sempre Preços Baixos". Atrai 100 milhões de clientes por semana a suas 5.000 lojas em dez países. O Wal-Mart tornou seu fundador, Sam Walton, o americano mais rico, condição que manteve até por ocasião de sua morte, em 1992. Em 2005, cinco das 15 pessoas mais ricas do mundo eram sua viúva e seus quatro filhos.

Cercando as Marcas de Fabricante com Portfólios de Marca de Varejo 65

TABELA 5-1

Portfólios de marca de varejo

Varejista	Exemplos de algumas marcas próprias vendidas pelo varejista
Macy's (departamento)	I-N-C (moda jovem), Charter Club (roupas para mulheres), Tasso Elba (roupas masculinas), Style 2 (roupas masculinas), Club Room (roupas masculinas), American Bag (roupas masculinas), Hotel Collection (cama), Alfani (ternos), Tools of the Trade (artigos para cozinha), The Cellar (mesa), Greendog (moda infantil), First Impressions (roupas para bebês)
Kohl's (departamento)	Sonoma (cama, mesa e banho decoração, cozinha, roupas), Croft & Barrow (roupas femininas), apt. 9 (roupas fashion)
Walgreens (farmácia)	Deerfield Farms (cereais, frutas secas, barras de chocolate, salgadinhos), Secrets of Paradise (linha banho), Land Before Time (vitaminas para crianças, fraldas), Walgreens (farmácia, pessoal)
Home Depot (DIY)	Hampton Bay (ventiladores de teto, luminárias, móveis para áreas externas), Behr (tintas), Mills Pride (gabinetes), Glacier Bay (cozinha e banheiro), Ryobi (ferramentas elétricas), Ridgid (ferramentas elétricas), Toro (área externa)
7-Eleven (conveniência)	Big Eats (doces e assados), Slurpee (bebidas), Big Gulp (bebida), Quality Classic Selection Spring Water, Santiago Cerveza de Oro (cerveja), Big Brew (café), Big Bite (cachorro-quente), 7-Eleven Speak Out Wireless Services (celular)
Office Depot (material e equipamento para escritório)	Office Depot (material para escritório, impressora e fax, planos de proteção de mobília para escritório, cartões de crédito), Viking (produtos para escritório), Nice Day
Toys "R" Us (brinquedos)	Animal Alley (pelúcia), Fast Lane (carros e caminhões de brinquedo), Fun Years (brinquedos musicais), Especially for Baby (móveis e acessórios para bebês), Dream Dazzlers (fantasias)
Rite-Aid (drogaria)	Pure Spring (banho e corpo), Soaked in Tickles (linha infantil), Salon Plus and Style Masters (cuidados de beleza), Umberto Giannini (linha para cabelos)
Limited Brands (roupas, cuidados de beleza e pessoais)	The Limited (roupas), Express (roupas), Victoria's Secret (lingerie), Bath & Body Works (cuidados pessoais), Henri Bendel (lingerie), PINK (lingerie), C.O. Bigelow (cuidados pessoais)
Decathlon (esportes)	Decathlon Cycle (bicicletas), Domyos (equipamentos para musculação e roupas), Inesis (esportes de raquetes e golfe), Tribord (esportes aquáticos), Quechua (esportes montanhosos), Kipsta (esportes de equipe)

Sam Walton abriu, em 1962, sua primeira loja Wal-Mart Discount City no formato de loja de descontos sem perecíveis. Em 1998, seguindo o modelo do Carrefour da França, começou a abrir supercentros, que são um misto de supermercado e loja de descontos. Os supercentros abrigam lojas de especialidades e têm o objetivo de proporcionar às famílias o conforto de fazerem suas compras em um único lugar. Logo, muitas das lojas de descontos Wal-Mart foram transformadas em supercentros. Mais recentemente, passaram a ser testados os mercados de bairro, que são menores e loca-

66 Estratégia de Marcas Próprias

lizados em centros urbanos. Finalmente, há o Sam's Club, um armazém voltado para um número limitado de grandes SKUs, mas operando com um preço extremamente baixo.

O foco original do Wal-Mart era nas marcas de fabricante, mas agora estima-se que venda quase 40% de marcas próprias. Em 1992, a linha Great Value, de produtos de mercearia de marca própria, foi lançada com 350 itens. Embora tenha começado como um equivalente de valor "me-too", a linha logo se tornou conhecida como inovadora, com muitos itens lançados pela primeira vez no mercado, como leite em pó sem lactose, suco de laranja sem adição de açúcar (para aqueles que fazem dieta de baixa caloria) e molho de peru para microondas. Também introduziu, para segmentos específicos de clientes, produtos direcionados como néctares de fruta para a comunidade hispânica e itens regionais, como o jambalaia, prato da culinária da Louisiana, ou o red beans e o arroz no Sul.[4] Com mais de US$ 5 bilhões em vendas e 1.300 produtos, em 2005, a Great Value foi uma das marcas mais vendidas no mercado de comestíveis norte-americano. Para penetrar no segmento consciente de qualidade, no final da década de 90, a Sam's Choice foi lançada como a linha premium de itens comestíveis.

Além da abordagem de segmentação baseada em preço, o Wal-Mart também implementou com sucesso um portfólio de marcas de loja específicas para a categoria. Uma de suas categorias de maior sucesso é a ração para cães Ol'Roy. Com o nome do cão de caça predileto de Sam Walton, a linha Ol'Roy tem cinco formulações secas, para diferentes fases da vida de um cachorro, como também alimento úmido e produtos especiais, como o biscoito para cães Moist & Meat. Em 2004, Ol'Roy foi a ração para cães mais vendida nos Estados Unidos. Nutricionalmente igual às marcas nacionais, a Ol'Roy custa significativamente menos.

Entre as linhas de roupas do Wal-Mart estão a moderna George e a clássica Faded Glory. George foi desenvolvida pelas lojas Asda, do Wal-Mart do Reino Unido, e foi aclamada internacionalmente como tendo a melhor relação preço-qualidade em roupas masculinas. A Faded Glory é uma marca de US$ 3 bilhões e foi reconhecida pela *Consumer Reports* como o jeans que veste melhor. A Levi-Strauss — que não havia permitido que o Wal-Mart vendesse sua marca — relatou uma queda de US$ 7 bilhões para US$ 4 bilhões em suas vendas de jeans.[5]

Os produtos de cuidados com a saúde Equate incluem creme de barbear, produtos para o cabelo, sabonete, medicamentos de balcão e testes de gravidez. O Wal-Mart também tem a clássica marca de eletrônicos Durabrand, com televisores, CD players, sistemas de som e produtos afins.

A participação da marca própria do Wal-Mart é a melhor da classe em 16 categorias — mais do que qualquer outro varejista dos Estados Unidos.[6] Mas penetrou em certas categorias com mais sucesso do que em outras. Em categorias como carnes, produtos para o café da manhã, sacos de lixo, frutos do mar congelados e sorvete, o Wal-Mart conseguiu atingir uma participação de marca própria média ou abaixo da média.

Tesco

A Tesco foi fundada em Londres, em 1924, por Jack Cohen, que adotou a abordagem "empilhe alto, venda barato". Em meados de 1990, tornou-se o maior supermercado da Inglaterra, e seu volume de negócios, em 2005, foi de US$ 71 bilhões, com lucros superiores a US$ 3 bilhões, incluindo os impostos. Embora seu negócio seja dominado pela venda de alimentos, outros tipos de produtos como roupas, entretenimento, papelaria, notícias, revistas, saúde e beleza acumulam US$ 11 bilhões. Além disso, Cohen atua no ramo de serviços de varejo, incluindo compras on-line, finanças pessoais e telecomunicações.

Presente em 13 países, a Tesco tem 2.365 lojas e 350.000 funcionários. No Reino Unido, opera quatro formatos de loja diferentes: a Tesco Express, que são lojas de conveniência espalhadas pelos bairros, a Tesco Metro, que atua perto dos locais de trabalho no centro das cidades, a Tesco Superstore, para quem gosta de fazer compras semanais, e as lojas Tesco Extra, que são hipermercados instalados em locais afastados da cidade e que trabalham também com itens não comestíveis.

São essenciais para o sucesso da Tesco as suas 20 mil linhas de produtos de marca própria, que respondem por mais da metade das receitas da empresa, em comparação aos 27% de dez anos atrás. A Tesco usa todas as três formas de segmentação — preço, categoria e benefícios — para criar seu portfólio de marcas e aprofundar sua penetração no mercado do Reino Unido. A arquitetura da marca Tesco aparece na Figura 5-1.

A Tesco tem uma oferta brilhante, segmentada por preço, que atrai todos aqueles que procuram valor, sejam clientes com orçamento apertado ou simplesmente consumidores preocupados com preço.[7] São três faixas de preço de marcas próprias: Tesco Value (preço baixo), Tesco (qualidade média ou padrão) e Tesco Finest (Premium). Como demonstra a Figura 3-1, as três faixas controlam as marcas de fabricante de modo a vencê-las nas duas extremidades de preço, mais baixo ou mais alto.

Tesco Value. A variedade Value, da Tesco, lançada em 1993 em resposta ao ingresso da Aldi no Reino Unido, era composta por 41 mercadorias ou selos de alimentos para a família média. Desde então, cresceu para mais de 2 mil produtos. A linha Value foi lançada para tirar vantagem da pressão existente e baixar os preços praticados no Reino Unido. Os varejistas lutavam entre si para superar os cortes de preço uns dos outros. Entre abril de 2004 e 2005, a Tesco investiu mais de US$ 500 milhões em cortes de preço, e planejou investir mais US$ 120 milhões. O custo dos 41 produtos originais da linha Value caiu cerca de um terço. Tim Mason, diretor de marketing da Tesco, declarou: "A mídia tem falado em 'barganhar a Bretanha' nas últimas semanas. Acho que a [linha] Tesco Value tem sido uma força propulsora para baixar os preços. É por isso que hoje vendemos um ferro Value por menos de 5 libras, calças jeans por 3 libras e um quilo de batatas por 40 centavos".[8]

68 Estratégia de Marcas Próprias

FIGURA 5-1

Arquitetura da marca Tesco

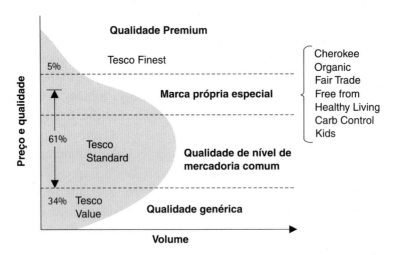

Fonte: Adaptado de Jan-Willem Grievink, "Retailers and Their Private Label Policy" (apresentação dada no 4th AIM Workshop, 29 de junho de 2004).

Tesco Standard e Finest. Sua marca Tesco padrão se propõe a oferecer produtos de boa qualidade a um preço mais baixo que o praticado pela marca do fabricante. No extremo superior, a linha Finest fornece refeições prontas e alimentos resfriados, entregues em embalagem premium, prometendo qualidade superior para o consumidor exigente. Não denota mau gosto chegar em uma festa com uma caixa Tesco de chocolates belgas Finest. E o que é notável na linha Finest é o fato de ser uma marca de loja com preço premium. As variedades Value e Finest são extremamente populares — e é interessante que não se excluam, quando se trata de atrair clientes, pois 77% dos consumidores compram ambas as linhas. A Tesco conseguiu manter distinções claras entre suas várias ofertas de marca própria.

Submarcas Tesco Baseadas em Benefício. Na importante categoria de refeições preparadas e outros alimentos, a Tesco criou as seguintes extensões de benefícios da linha Tesco padrão:

1. *Tesco Carb Control*. Uma linha de produtos de padaria e de refeições prontas e congeladas, ou versões do produto padrão, todas com menos carboidratos. Direcionada aos consumidores que fazem dieta e querem restringir o consumo de carboidrato.
2. *Tesco Free From*. Uma variedade de 125 produtos para pessoas com alergias ou intolerância a alimentos. Os produtos não contêm glúten nem aveia, e muitos também não contêm leite, soja, ovos, maisena, levedura ou aditivos artificiais.

3. *Tesco Healthy Eating*. Metade da gordura e menos calorias que os produtos correspondentes, indicados para aqueles que desejam controlar a quantidade de gordura e as calorias de sua dieta.
4. *Tesco Organic*. Uma linha de produtos orgânicos para consumidores preocupados com os resíduos de pesticidas nos alimentos, ou com o impacto ambiental da agricultura sobre o meio ambiente.
5. *Tesco Serves One*. Comida preparada para uma pessoa, direcionada para quem mora sozinho.
6. *Tesco Simple Solutions*. Comida de conveniência previamente preparada, que requer a mínima intervenção do consumidor.
7. *Tesco Fair Trade*. Uma variedade de itens comprados de produtores dos países em desenvolvimento, que recebem preços acima do mercado, para consumidores que se preocupam com a ética.

Marcas de Loja de Categoria. Em roupas, as marcas de categoria são ainda mais subsegmentadas por benefícios:

1. Cherokee, para jovens de ambos os sexos que gostam de roupas da moda, de alta qualidade e baixo custo.
2. Back to School, uniformes duráveis e de bom valor, para crianças e adolescentes
3. Florence & Fred, roupas femininas da moda, de baixo custo, para trabalho ou para a noite
4. F&F, roupas masculinas da moda, de baixo custo, para o trabalho e esportivas.

Além disso, há a Tesco Kids, uma variedade de produtos que inclui refeições prontas, produtos de higiene e outros itens destinados a ser atraentes e benéficos para as crianças e seus pais.

A história da Testco tem sido surpreendente nas duas últimas décadas. Transformou-se na líder dominante, depois de começar como uma seguidora do setor, com uma imagem barata. Seu portfólio de marca própria tem sido fundamental em sua marcha para a posição de liderança. A variedade de suas marcas próprias tem dado à Tesco a capacidade de atender a quase todos os segmentos, dentro de uma única loja, a ponto de se tornar o supermercado do Reino Unido. Em sua propaganda, sabe comunicar essa mensagem efetivamente. Com o tempo, conseguiu aprimorar muito a sua imagem, tanto que a linha Tesco Finest, em certas categorias, pode comandar um preço premium em relação às marcas de fabricante.

Gerenciando Portfólios de Marca da Loja

À medida que os varejistas se movem de uma única marca de loja para o gerenciamento ativo de portfólios com uma variedade de marcas próprias, ficam capacitados a en-

70   Estratégia de Marcas Próprias

frentar desafios adicionais. Os três tipos de marcas de loja, combinados com três tipos de segmentação, podem, finalmente, levar a portfólios muito complexos. Se as próprias marcas dos varejistas não forem diferenciadas com inteligência, podem acabar roubando as vendas umas das outras, assim como aconteceu com a Old Navy, que fez as vendas da Gap serem tragadas pelo ralo ao oferecer mercadoria similar a preços mais baixos.[9]

Proliferação da Marca de Loja

Encantados com os complexos portfólios de marcas próprias, alguns varejistas têm ido longe demais com a proliferação da marca de loja, o que obriga depois a programas de racionalização de marca. Por exemplo, a Winn-Dixie substituiu seis marcas próprias por sua marca de loja. O Carrefour também descobriu que deixar em exposição as três cestas descritas anteriormente levou alguns consumidores a compararem a linha de valor "1" com a linha padrão do Carrefour, em vez de fazer uma comparação com as lojas de descontos, como a Aldi. Como resultado, começaram a observar que a linha padrão Carrefour estava com os preços altos em relação à linha "1".

Canibalização

Marcas de loja que se superpõem podem levar à canibalização. Para evitar essa ocorrência, a Target tem refletido consideravelmente ao posicionar suas duas marcas próprias em comestíveis. A Archer Farms é qualidade premium. Todos os produtos Archer Farms são criados com os melhores ingredientes, para que os consumidores "possam esperar o melhor sabor em cada mordida". A Market Pantry se posiciona no preço. Nas prateleiras, a Target posiciona os produtos Archer Farms perto das marcas premium, enquanto os itens de marca Market Pantry ficam próximos das marcas de preços mais baixos. A localização na prateleira é importante, porque a Target busca conscientemente evitar que o consumidor faça comparações diretas de preço entre suas duas marcas.

Riscos de Fracasso

Ao impulsionar suas marcas próprias, os varejistas devem ter cuidado com as significativas conseqüências negativas de marcas próprias mal gerenciadas.[10] Um fracasso em um único produto da linha de marca própria pode afetar toda a imagem do varejista. O cliente pode começar a acreditar que, se os biscoitos do varejista não são bons, talvez seu pão também não seja. Será que o cliente faz um esforço suficiente para processar as diferenças entre a linha de valor e a linha premium, de modo a separar o fracasso na linha de valor da qualidade na linha premium?

Redução de Variedade

Um portfólio de marca de loja que cresce exige que todas as marcas encontrem espaço adequado na prateleira. A tentação para o varejista pode ser reservar um espaço maior para suas marcas, à custa das marcas do fabricante. Talvez algumas marcas de fabricantes precisem até ser retiradas, para ceder espaço às novas marcas próprias. Por exemplo, a categoria de suco de laranja da Tesco, mostrada na Figura 3-1, tem várias marcas Tesco. Como resultado, tem sido difícil para os compradores encontrar suco de laranja com marca do fabricante nas lojas Tesco. Isso pode afastar um grande segmento de clientes que acham que sua opção está sendo restringida pelo varejista. Mesmo a varejista suíça Migros, que historicamente tem sido contra as marcas de fabricante, agora está acrescentando produtos Nestlé, Ferrero e L'Oréal, para dar opção aos consumidores.

A nova realidade de marcas próprias exige que sejam abandonadas muitas suposições predominantes no setor a respeito de qualidade e preço. Além disso, acreditava-se que varejistas com focos definidos, como Aldi, Victoria's Secret, Whole Foods e Zara, poderiam criar com mais facilidade marcas capazes de despertar paixão nos clientes. O resultado é que grandes varejistas, de várias categorias, estão em dificuldades porque tentam ser todas as coisas para todas as pessoas. Entretanto, como demonstram a Target e a Tesco, uma caixa grande não precisa ser apenas uma caixa grande, mas uma marca intensa pela qual os consumidores se apaixonam.

O desafio que se apresenta para os varejistas, à medida que eles constroem suas marcas de marca própria, é desenvolver, de algum modo, um relacionamento com seus clientes que esteja acima e além das simples considerações de preço. A questão essencial é: se o preço fosse o mesmo, os clientes comprariam a marca de loja ou a marca do fabricante? Até a presente data, poucos varejistas podem responder sim a essa pergunta, e, mesmo assim, apenas em um número limitado de categorias.

Para Guardar do Capítulo

Portfólio de Marca do Varejista Bem-sucedido

- Adote um conjunto sofisticado de estratégias formado por segmentação baseada em preço, segmentação baseada em categoria e segmentação baseada em benefício, para poder aprofundar sua penetração em todos os segmentos de consumo.

- Use segmentação baseada em preço, para criar pelo menos duas marcas próprias ("valor" e "padrão"), mas cada vez mais adote um terceiro nível de

72 Estratégia de Marcas Próprias

preço ("premium") para atacar os inimigos inovadores de valor e as marcas de fabricante.

- Empregue segmentação baseada em categoria, para dar aos compradores a idéia de opção e para que seja mais fácil imbuir as marcas próprias específicas de uma categoria com associações originais e relevantes de marca.

- Explore a segmentação baseada em benefício, que dá ao varejista flexibilidade para aderir a mudanças nos estilos de vida e necessidades do consumidor, construindo marcas de loja individuais em torno de necessidades específicas.

- Limite a proliferação de marcas de loja, a canibalização, os efeitos de transbordamento dos fracassos de produto e a redução percebida da variedade para os consumidores, a fim de evitar a falta de complexos portfólios de marca de loja.

- Gerencie os custos de um portfólio complexo de marca de varejo, para diminuir a vantagem final sobre a qual se baseia grande parte dos atrativos das marcas de loja — melhor valor para o dinheiro em cada nível de preço.

S E I S

Criar Marcas Próprias de Sucesso Envolve Mais do que Preço

*Preço premium das marcas de fábrica, se a qualidade
está à altura das marcas próprias: 37%*

COMO DEMONSTRAM OS CAPÍTULOS ANTERIORES, há uma variedade considerável nas marcas próprias. Entretanto, com exceção de poucas marcas próprias com "preço premium", a maior parte delas, na categoria de alimentos, ainda são vendidas com desconto, se comparadas a importantes marcas de fábrica. Assim, o consenso no setor é que as marcas próprias são vendidas a um preço justo.

É inegável que comprar marcas próprias ajuda os consumidores a economizarem. Uma busca na Internet por "é econômico comprar marcas próprias" foi reveladora: rendeu 13,9 milhões de acessos![1] Isso levou os gerentes, tanto do varejo quanto de organizações do fabricante, a acreditarem que, quanto maior a diferença de preço entre as marcas próprias e as marcas de fábrica, maior o sucesso das marcas próprias. Porém, é mais do que óbvio que as marcas próprias de sucesso têm preços mais baixos em relação às marcas de fábrica.

A Figura 6-1 mostra a participação global de marcas próprias e a defasagem de preço entre as marcas próprias e as marcas de fábrica para 14 categorias de Bens de Consumo Embalados (CPG).[2] Vemos que em algumas categorias, nas quais a defasagem de preço é *grande* — produtos de limpeza, bebidas não alcoólicas e cuidados pessoais — a participação da marca própria é *baixa*. Por outro lado, as marcas próprias comandam uma *alta* participação, enquanto o diferencial de preço é *pequeno* para ali-

FIGURA 6-1

Participação da marca própria global e defasagem de preço

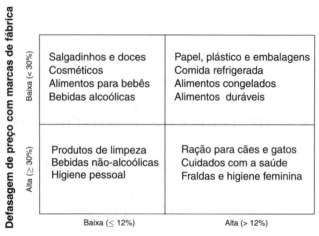

Fonte: Derivado de ACNielsen, *The Power of Private Label 2005* (ACNielsen Global Services, 2005).

mentos refrigerados, congelados e alimentos duráveis, assim como para plástico, papel e embalagens. Como se pode observar, a realidade é mais complexa e sutil do que simplesmente recomendar que os varejistas baixem seus preços de marca própria para impulsionar a participação.

Qualidade Percebida *Versus* Preço Como Propulsor do Sucesso da Marca Própria

Como as marcas próprias podem obter sucesso, sem contar com essa arma que são os preços? A teoria econômica sustenta que o preço desejado pelos consumidores depende da utilidade derivada do consumo do produto. Uma fonte importante de utilidade é a qualidade percebida do produto. A qualidade percebida é definida como o grau de excelência do desempenho do produto.[3] Como a marca desempenha suas funções aos olhos do consumidor?

Considere o que um consumidor norte-americano pensa do creme dental Crest: "Eu sabia, por experiência própria, que a Crest era mais efetiva no caso das enzimas presentes em minha boca. O que eu quero dizer é que, sendo preocupado com os dentes, como sou, sei que a saliva de cada pessoa é diferente, e também a maneira como combina com a pasta de dente, para combater as cáries. Crest é a pasta certa para mim e para o tipo de saliva que eu tenho."[4]

A Qualidade Percebida, e Não o Preço, Impulsiona o Sucesso da Marca Própria

Uma boa ilustração para a importância da qualidade é o desempenho da marca própria que guia a rede de varejo holandesa Albert Heijn, uma subsidiária da Royal Ahold. Estudamos o desempenho da AH, a marca de loja de imitação da Albert Heijn, entre 19 categorias de CPG.[5] Em quatro delas (incluindo leite condensado e café), ela obtém muito sucesso comandando, em média, uma participação nacional de 15%, enquanto a defasagem de preço em relação às principais marcas de fábrica é de apenas 12%. Isso é mais impressionante quando se percebe que a marca AH é vendida apenas na Albert Heijn, que comanda uma participação de mercado de 25%. Por outro lado, nas outras 15 categorias (que incluem margarina, cerveja, sucrilhos e absorvente), a AH tem, consideravelmente, menos sucesso. Comanda uma participação de mercado muito mais baixa (em média 7%), enquanto é 21% mais barata que as principais marcas de fabricante.

À primeira vista, os resultados parecem ser uma anomalia. Uma pequena defasagem de preço em relação às principais marcas de fábrica é associada a uma grande participação de mercado para a AH, e uma grande defasagem de preço com uma pequena participação de mercado. Como isso é possível? Nas categorias em que a AH faz sucesso, os consumidores acreditam que ela tenha qualidade consideravelmente mais alta. De fato, a classificação média da qualidade percebida (em uma escala de 7 pontos) para as quatro melhores categorias é 5,3 *versus* 4,6 nas outras categorias.

Mas como isso leva ao sucesso de mercado da AH? Para entender, vamos considerar a sensibilidade dos consumidores ao preço e a diferença na qualidade percebida entre as principais marcas de fabricante e a AH. Quando combinamos essas duas dimensões, o resultado é uma matriz de dois por dois (ver a Figura 6-2) com quatro células: compradores eventuais, compradores de marca, compradores de marca própria e compradores oportunistas.

- Os compradores eventuais não são particularmente sensíveis ao preço e vêem pouca diferença na qualidade.
- Os compradores de marca são pouco sensíveis ao preço e percebem uma grande diferença de qualidade entre as principais marcas de fabricante e as marcas de loja. Eles comprarão uma marca de fabricante.
- Os compradores de marca própria são sensíveis ao preço e percebem uma pequena diferença na qualidade entre as principais marcas de fábrica e a marca da loja. Eles comprarão a marca de loja.
- Os compradores oportunistas são aqueles altamente sensíveis ao preço e que percebem grandes diferenças de qualidade entre as principais marcas de fabricante e a marca de loja.

A principal disputa será pelos compradores eventuais e pelos oportunistas. Entretanto, a estratégia para induzi-los a comprar marcas próprias é bem diferente. Os com-

FIGURA 6-2

Quatro tipos de compradores

pradores eventuais podem ser atraídos para a marca própria pelos estímulos utilizados dentro da loja, e que guiam o comprador para a marca própria, como visibilidade na prateleira, adesivos nas gôndolas e displays no final do corredor. Os oportunistas, que fazem compras de ocasião, geralmente compram uma marca de fabricante, pois para a maioria dos consumidores a qualidade é mais importante que o preço.[6] Isso acontece especialmente se a marca de fabricante faz promoções de preço regularmente, o que repercutirá na alta sensibilidade ao preço que caracteriza os compradores oportunistas.

As marcas próprias só podem converter os compradores eventuais em compradores de marcas próprias se conseguirem convencê-los de que a qualidade das marcas próprias é pelo menos comparável, se não melhor que a qualidade das marcas de fabricante. E é exatamente isso que a Albert Heijn consegue fazer em suas quatro categorias de sucesso. Ela eliminou a defasagem percebida na qualidade, em comparação com as principais marcas de fábrica. Conseqüentemente, muitos consumidores eventuais se tornaram compradores da AH. Some-se a isso o segmento formado pelos compradores de marcas próprias, e uma imensa participação dos compradores eventuais (graças à maior visibilidade na prateleira), e podemos observar sua grande participação de mercado nessas categorias. Nas outras, a AH tem tido menos sucesso ao tentar fechar a defasagem da qualidade percebida. Assim, só atrai consumidores com alta sensibilidade ao preço (por exemplo, compradores de marca própria) cobrando um preço muito mais baixo que as marcas de fábrica.

A Defasagem na Qualidade Percebida Varia entre as Categorias

O caso da Albert Heijn ilustra que a qualidade percebida da marca de imitação AH varia entre as categorias. Entretanto, ela diz respeito a uma marca de loja específica. A Tabela 6-1 dá um passo além, examinando a defasagem da qualidade percebida entre

TABELA 6-1

Defasagem percebida na qualidade entre marcas de fábrica e marcas de loja

Marca de Loja Melhor (2%)	Qualidade Equivalente (9%)	Pequena Defasagem na Qualidade (44%)	Grande Defasagem (40%)	Defasagem Muito Grande de Qualidade (5%)
Lâmpadas elétricas	Água sanitária	Alimento para bebês	Produtos antitabagismo	Cerveja
	Peixe congelado	Café em grãos e moído	Baterias	Barras de chocolate
	Vegetais congelados	Cereais matinais	Sopa enlatada	Fraldas
	Carne congelada	Manteiga	Refrigerantes	
	Queijo fresco	Frutas em conserva	Biscoitos	
	Vitaminas, minerais e suplementos	Ração para gatos	Desodorantes	
		Crackers	Ração para cães	
		Dentifrício/creme dental	Lenço de papel facial	
		Detergente para louças	Tinturas para cabelo	
		Amaciante de roupas	Cremes para as mãos	
		Limpeza de pisos	Detergente para limpeza pesada	
		Pizza congelada	Limpeza geral	
		Jantares congelados/entradas	Sorvete	
		Frango congelado	Maionese	
		Condicionador para cabelo	Mostarda e catchup	
		Sprays para cabelo	Toalhas de papel	
		Queijo curado	Pasta de amendoim	
		Geléia	Lâminas de barbear	
		Margarina e requeijão, patês	Salgadinhos	
		Água mineral	Absorventes/tampões	
		Higiene oral (fio dental e antisépticos bucais)	Xampu	
		Pasta	Molho para massas	
		Queijo processado	Bebidas alcoólicas	
		Suco de frutas puro	Vinho de mesa	
		Espumas para barbear e sabonetes	Papel higiênico	
		Aditivos para banho (chuveiro e banheira)	Escova de dentes/ acessórios dentais	
		Chá		
		Sabonete		
		Iogurte		

Fonte: AiMark, 2006; http://www.aimark.org/. Reproduzido com autorização.

78   Estratégia de Marcas Próprias

marcas de fabricante em geral. As conclusões se baseiam em 66 categorias de CPG, conforme percebidas pelos consumidores norte-americanos.[7]

A Tabela 6-1 mostra que:

1. Considerando a categoria, a qualidade percebida ainda pode variar significativamente entre as marcas de fabricante e de loja.
2. Em 89% das categorias, as marcas de fabricante são percebidas como de melhor qualidade que as marcas de loja.
3. Em 45% das categorias, a defasagem da qualidade percebida é significativa, do ponto de vista gerencial (ou seja, defasagem de qualidade grande ou muito grande).

Esse último resultado indica que ainda há oportunidade para que as melhores marcas de fábrica se diferenciem como "simplesmente melhores".[8] No entanto, o fato de ser pequena a defasagem de qualidade em mais de 50% das categorias implica que os fabricantes de CPG estão com o destino selado — aprimorar a qualidade ou sofrer as conseqüências.

Preço Premium Irracional das Marcas de Fabricante

Os consumidores estão dispostos a pagar mais pela melhor qualidade? É bom que eles valorizem a qualidade, mas os produtos de melhor qualidade costumam ter produção mais cara, o que se traduz em preços mais altos. Assim, a questão é saber se os produtos que têm qualidade percebida como mais alta também comandam um preço mais alto no mercado.

A notícia é encorajadora para os fabricantes. Os consumidores, de um modo geral, estão dispostos a pagar um preço premium pela melhor qualidade, que costuma pesar mais do que o preço nas decisões de compra.[9] Examinamos a relação entre a defasagem percebida de qualidade e o preço premium comandado pelas marcas de fábrica sobre as marcas próprias para CPGs na França, um dos mercados mais importantes do mundo e um dos mercados mais competitivos de marcas próprias. A análise se baseou em 75 categorias de CPG.[10] Veja o que descobrimos:

- Nas categorias onde a qualidade percebida das marcas de fabricante é superior à qualidade das marcas de loja, o preço premium médio das marcas de fábrica é de 56%.
- Nas categorias de qualidade equivalente (i.e., categorias em que os consumidores não percebem diferença na qualidade entre as marcas de fábrica e de loja), o preço premium comandado pelas marcas de fábrica é de 37%.
- Finalmente, em categorias em que a qualidade percebida das marcas de loja excede a qualidade das marcas de fábrica, o preço premium para as marcas de fábrica é de 21%.

As conclusões francesas são consistentes em relação às evidências dos Estados Unidos:[11]

- Um estudo recente (usando qualidade "objetiva", conforme relatada pela *Consumer Reports*) constata que uma defasagem de qualidade de 1% entre as marcas de fabricante e de loja é associada a uma defasagem de preço de 5%.
- O preço premium que as marcas de fabricante comandam em mercados de qualidade equivalente é o mesmo que na França, ou seja, 37%.
- Em 33% dos casos, os consumidores percebem que as marcas de fábrica e de loja têm qualidade equivalente. Entretanto, estão dispostos a pagar o mesmo preço em apenas 5% dos casos.

O que isso tudo significa?

1. A defasagem percebida na qualidade entre marcas de fábrica e de loja é um fator importante que impulsiona a defasagem de preço no mercado.
2. A qualidade não é tudo. Existe uma defasagem de preço "residual" que não pode ser explicada pelas percepções de qualidade. Lembre-se de que descobrimos que em categorias nas quais os consumidores *não percebem* diferença na qualidade, entre marcas de fábrica e de loja, o preço premium comandado pelas marcas de fábrica ainda é de 37%, uma porcentagem substancial. Os consumidores não estão dispostos a pagar preços equivalentes para as marcas de loja, mesmo que as percebam como tendo qualidade equivalente.

Esse último resultado é bastante desanimador para os varejistas. Por que os consumidores estão dispostos a pagar um preço premium pelas marcas de fábrica, mesmo quando não percebem diferença na qualidade entre marcas de fábrica e de loja? A razão é que as marcas de fábrica têm uma vantagem clara representada pela imagem de marca.

Imagem da Marca e Defasagem de Preço

As marcas de fábrica oferecem algo intangível, que a maioria das marcas próprias não oferece (ainda). Elas permitem que os consumidores se identifiquem com os valores embutidos na marca, e os ajudam a revelar quem são e como essas marcas se encaixam em seu estilo de vida e autoconceito. A produção da imagem da marca se refere ao vínculo socioemocional personalizado que o consumidor tem com a marca. O que a marca representa, e qual o seu apelo para mim? Os consumidores não apresentam dificuldade em atribuir características de personalidade às marcas, quando pensam nelas como se fossem animadas, humanizadas e personalizadas.[12] Por exemplo, marcas como Marlboro, Harley-Davidson, Jack Daniels e Levi's exaltam os ideais do Oeste americano, força e masculinidade, enquanto marcas sofisticadas como Gucci, Chivas Regal,

80 Estratégia de Marcas Próprias

Revlon e Mercedes estão associadas a uma imagem representativa de classe alta, glamour e apelo sexual.[13]

Esses componentes de imagem, independentemente das qualidades funcionais do produto, podem ser extremamente importantes para as pessoas. Duas marcas podem ter qualidade equivalente, mas se uma delas tiver uma imagem mais forte, gerará utilidade mais alta no segmento-alvo. Os consumidores estão dispostos a pagar um preço premium pela utilidade da imagem.

Usando os dados de CPG francês mencionados anteriormente, constatamos:

- O preço premium médio comandado pelas marcas de fabricante em categorias que têm uma imagem fraca (limpeza de pisos, papel de cozinha, vagem enlatada) é de 38%.
- O preço premium médio comandado pelas marcas de fabricante em categorias que têm uma imagem forte (desodorantes, tintura para cabelo, uísque) é de 61%.[14]

Assim, o preço premium associado à imagem é, em média, 23%. A imagem da marca contribui significativamente para a defasagem de preço, mesmo em categorias tão "mundanas" quanto os CPGs.

A Importância da Imagem de Marca Varia Entre os Consumidores

O peso da imagem de marca, em qualquer categoria, difere entre os consumidores. Para alguns, a marca de café, caneta tinteiro, terno, ou mesmo pneu de carro, é um aspecto importante de seu autoconceito, embora para outros não tenha o menor significado. Em um estudo interessante, a professora Susan Fournier explora os vínculos emocionais que três mulheres norte-americanas têm com certas marcas.[15]

Jean (casada, 59 anos) tem fortes ligações emocionais com marcas nas categorias de alimentos e que estão ligadas à sua identidade essencial como esposa e mãe americana, de origem italiana. Ela tem fortes vínculos emocionais com tomates (Pastene), azeite (Bertolli), massa de tomate (Contadina), farinha de rosca (Progresso), e até com a panela onde prepara o molho do espaguete (Revere Ware).

Kay (recentemente divorciada, 39 anos) mostra poucos vínculos emocionais, mas as marcas de cuidados pessoais representam certa carga emocional para ela. Em termos mais específicos, Mary Kay e Dove são fundamentais para a necessidade que ela tem de manter a aparência jovem. Por outro lado, lhe oferece a oportunidade única de exercer alguma independência, pois essas marcas foram rejeitadas por outros membros da família. Ela também gosta de Gatorade, Coca-Cola Classic e tênis Reebok. Devido à sua história pessoal, o tênis Reebok, que ela usa para correr, tornou-se um símbolo de vitalidade, independência e auto-suficiência.

Vicky (solteira, 23 anos) é a mais envolvida com marcas e a mais fiel, emocionalmente, a marcas específicas, que vão de perfumes (Opium, como sedutor para usar à noite, e Intimate Musk, como companheiro de todos os dias), maquiagem, lingerie, até sorvete e feijão cozido. Sendo fiel a suas marcas, mantém intacta sua auto-imagem fundamental. O que realmente importa para ela é que no bairro onde mora não é vendido o feijão cozido B&M Baked Beans.

Esse estudo revela que a produção da imagem não é inerente a categorias específicas, mas pode ser criada em qualquer categoria, por meio de um marketing inteligente. Se alguém pode sentir falta de feijão cozido, pode sentir falta de qualquer coisa. Trabalhando com uma das maiores empresas de CPG do mundo, aprendemos isso. Queríamos saber como poderia haver utilidade associada a papel higiênico. Em resposta, a presidente da unidade global de papel daquela empresa declarou que foi capaz de conseguir exatamente isso nos Estados Unidos, e admitiu que não havia tentado fazer isso na Europa. Como resultado, a empresa tem um preço premium muito mais alto, e uma participação de mercado maior nos Estados Unidos do que na Europa. Se uma marca de fabricante ou de loja tem utilidade de imagem, isso depende não só do consumidor individual, mas também da estratégia de marketing da empresa.

Algumas Generalizações Entre Consumidores

Embora a importância da produção de imagem varie entre os consumidores, algumas generalizações ainda surgem:[16]

- Consumidores mais jovens dão mais importância à imagem da marca devido a seu maior desejo de aceitação social, além de serem mais preocupados com a imagem em geral (isto é consistente no caso do maior envolvimento de Vicky com as marcas).
- Pessoas solteiras e casais dão mais importância à utilidade da imagem do que famílias maiores.
- Consumidores mais pobres dão mais peso à imagem da marca. Parece paradoxal, quando eles afirmam que ganham mais ao comprar marcas de loja com preços mais baixos. Entretanto, é uma forma de mostrar ao mundo que também são consumidores "sofisticados". Assim, os pobres compram marcas próprias com maior freqüência que os ricos, mas porque precisam, e não porque querem.

Implicações para os Varejistas

Aprendemos que há muito mais fatores determinantes do sucesso das marcas próprias, além do preço. Podemos formalizar essas idéias com base na teoria econômica. Os consumidores comprarão uma marca própria, se o preço premium para a marca de fabricante for superior à utilidade que o consumidor tem do adicional representado pela qualidade e pela imagem (se houver) percebidas, geradas pelas marcas de fabricante. Se o preço premium for menor que a defasagem na qualidade e na utilidade da produção da imagem, o consumidor escolherá a marca de fabricante.

Assim, as marcas próprias não têm de competir apenas com preço. Além de gerenciar a defasagem de preço, elas também podem competir em duas outras estratégias. Elas serão discutidas antes de voltarmos para o gerenciamento da defasagem de preço.

Diminuir a Defasagem da Qualidade Percebida

Uma forma de diminuir a defasagem da qualidade percebida, em relação às marcas de fábrica, é aumentar a *qualidade objetiva (real)* da marca própria, usando matérias-primas melhores, comprando de melhores fornecedores, e assim por diante. A qualidade objetiva, por sua vez, está positivamente correlacionada com a qualidade percebida, embora a correlação esteja longe de ser perfeita.

Um segundo caminho para diminuir a defasagem de qualidade é adotar uma estratégia de imitação. O varejista introduz uma marca própria como um produto de *imitação* muito parecido com uma (importante) marca de fabricante (ver também o Capítulo 2). A estratégia de imitação responde por mais de 50% das introduções de marcas de loja no setor de CPG.[17] A estratégia da Dominick, uma rede de mercearias norte-americana, do mercado de cereais prontos para consumo, ilustra esse ponto. Sua marca de loja imita as marcas de fábrica que lideram as vendas em seus respectivos segmentos e estão entre as maiores marcas no mercado geral de cereais: Cheerios, Frosted Flakes, Rice Krispies, Corn Flakes, Raisin Bran e Froot Loops.[18]

A imitação é uma efetiva estratégia de varejo para diminuir o preço premium comandado pelas marcas de fábrica. Na França, a defasagem de preço entre as marcas de fabricantes e as marcas próprias, em categorias em que as últimas implementaram com sucesso uma estratégia de imitação, é, em média, de 30%, enquanto a defasagem de preço é de 69% em categorias em que o grau de similaridade (embalagem) entre as marcas do fabricante e de loja é baixo.[19]

Diminuir a Defasagem de Imagem

Outra forma de evitar o jogo de preço é embutir a marca de loja na imagem. Tradicionalmente, em comparação com as marcas de fabricante, as marcas próprias têm conseguido menos sucesso na produção da imagem da marca do que na qualidade percebida (muito menos na qualidade objetiva). Mas como discutimos no Capítulo 3, há cada vez mais exemplos de marcas próprias que estreitam a defasagem da marca também. Pense na linha Foodhall da Pick 'n Pay (África do Sul), President's Choice da Loblaws (Canadá) e The Cellar (louças) da Macy (Estados Unidos).

Os varejistas também estão começando a anunciar sua marca de loja na mídia. Brian Sharoff, presidente da Private Label Manufacturers Association, observa: "Dez anos atrás, os varejistas se concentravam nas melhores marcas nacionais que apareciam em propagandas na televisão. Hoje, Kroger, A&P e Safeway estão fazendo anúncios incríveis que informam os compradores. 'Este é o único lugar onde você pode encontrar nossa marca'".[20] A Tesco da Inglaterra e a Albert Heijn dos Países Baixos estão entre os maiores anunciantes em seus países.

Diminuindo a qualidade percebida e/ou a defasagem da imagem da marca em relação às marcas de fábrica, o varejista aumenta a atração de sua marca própria. Isso permite que ele aumente o preço de sua marca própria e, então, passe o problema de preço para a concorrência.

Aumentando a Defasagem de Preço Entre Marcas de Fabricante e Marcas de Loja

O varejista também pode participar do clássico jogo de preço. Nesse caso, ele tenta aumentar a defasagem de preço entre sua marca de loja e a marca de fabricante, para assegurar que o preço premium comandado pela marca de fabricante exceda a defasagem na qualidade percebida e na utilidade de imagem, em comparação com a marca de loja.

Uma forma de aumentar a atração de sua marca própria é elevar o preço das marcas de fábrica. Em geral, essa é uma estratégia arriscada, pois os preços de marcas de fábrica são facilmente comparáveis entre redes de varejo. Os consumidores usam os preços das marcas de fabricante, cobrados por diferentes varejistas, para formar uma impressão da imagem de preço geral do varejista. Entretanto, às vezes os varejistas desfavorecem as marcas de fábrica que imitam, cobrando preços mais altos, enquanto diminuem o preço das marcas de fábrica que eles não imitam.[21]

A alternativa óbvia é oferecer a marca própria a um preço baixo, de modo que a defasagem de preço entre a marca de fabricante e a marca própria do varejista se torne suficientemente grande — pelo menos para um segmento de mercado considerável — para compensar a qualidade percebida mais baixa e/ou a utilidade da imagem das marcas de loja. Isso levanta a questão: Qual é a defasagem ótima de preço entre a marca própria e as marcas de fabricante, para que o varejista maximize suas vendas em determinada categoria?

A Defasagem Ótima de Preço para o Varejista

A defasagem ótima de preço depende da sensibilidade ao preço das marcas de fábrica, da sensibilidade ao preço da marca de loja, do efeito dos preços da marca de fabricante e de loja uns em relação aos outros.[22] Uma defasagem de preço grande demais reduz

84 Estratégia de Marcas Próprias

as vendas que o varejista obtém com as marcas de fábrica. Entretanto, e contra-intuitivamente, também pode reduzir as receitas da marca própria. Por quê? Como você verá mais tarde, isso acontece porque o varejista "está deixando dinheiro na mesa".

Os professores de Wharton, Stephen Hock e Leonard Lodish, conduziram um rigoroso experimento de campo sobre a defasagem ótima de preço para analgésicos, envolvendo todas as 84 lojas de um varejista de mercearia norte-americano.[23] Três defasagens de preço (15%, 33% e 50%) foram criadas mantendo-se constantes os preços de todas as SKUs (Stock Keeping Unit / Unidades de Manutenção de Estoque) de marcas de fábrica, e elevando ou diminuindo o preço das SKUs de marcas de loja comparáveis. A defasagem de preço, antes do teste, era cerca de 33%. O experimento durou seis meses, e os resultados foram comparados com aqueles dos seis meses anteriores. Focalizamos as duas novas defasagens de preço (15% e 50%). Os resultados estão resumidos na Tabela 6-2.[24]

Os resultados apresentam um quadro consistente. Como se poderia esperar, as vendas de unidades para marcas de fabricante *diminuem* com maiores defasagens de preço (15% *versus* 50%), embora com modestos –3,5%. Há um *aumento* mais substancial de 23% na demanda de marca própria, quando a defasagem de preço se amplia de 15% para 50%. O total de vendas de *unidades* da categoria é 4,2% mais alto, com uma grande defasagem de preço. Entretanto, isso ocorre à custa de um preço médio consideravelmente mais baixo, na medida em que o preço da marca própria diminui 41% (de 85% para 50% do preço das marcas). Isto sugere uma sensibilidade bastante baixa em relação ao preço da marca própria. Um aumento de 23% nas vendas por unidade, para uma queda de 41% nos preços, indica uma elasticidade de preço de –0,56. Isso signi-

TABELA 6-2

Análise de defasagem de preço para analgésicos na rede de mercearias

	MUDANÇA PERCENTUAL EM VENDAS POR UNIDADE		
Defasagem de preço	Marcas de fabricante	Marca própria	Categoria total
15%	0	0	0
50%	–3,5%	23,0%	4,2%

	MUDANÇA PERCENTUAL NA RECEITA DE VENDAS (US$)		
Defasagem de preço	Marcas de fabricante	Marca própria	Categoria total
15%	0	0	0
50%	–3,4%	–9,2%	–3,5%

Fonte: Adaptado de Stephen J. Hoch e Leonard M. Lodish, "Store Brands and Category Management" (trabalho para discussão Wharton School, Filadélfia, PA, 1998).

fica que uma redução de 1% no preço da marca própria leva a um aumento de 0,56% nas vendas de unidades.

Quando as elasticidades de preço estão entre 0 e −1, o volume muda menos acentuadamente que o preço, ou seja, baixar os preços destrói o valor. E isso fica evidente nos números do faturamento (Tabela 6-2). O *faturamento* da categoria do varejista é 3,5% *mais alto* na condição de defasagem de preço de 15%.

O que ressalta desse importante estudo é que a demanda por marcas próprias pode não ser particularmente sensível (1) ao nível absoluto do preço da marca de loja e (2) à defasagem de preço com a marca de fabricante. As receitas da categoria varejista podem ser mais altas, se o varejista cobrar preços mais altos por sua marca própria.

Juntando Tudo

Não estamos afirmando que a concorrência em preço não seja uma estratégia viável. O gerenciamento da defasagem de preço é um componente vital de qualquer estratégia de marca própria, como é mostrado neste capítulo. Entretanto, focalizar desproporcionalmente o preço significa que o varejista passa a deixar dinheiro na mesa. Investir no aprimoramento objetivo e na qualidade percebida (ou seja, por meio da imitação de marca) e criar produção de imagem para a marca de loja são, freqüentemente, mais efetivos. Além disso, afasta os principais varejistas da competição equiparada com lojas de descontos, batalhas que eles acham cada vez mais difícil de vencer, por serem modelos de negócios radicalmente diferentes (ver o Capítulo 4).

Para Guardar do Capítulo

Estratégias Bem-sucedidas de Marcas Próprias do Varejista

- Gerencie a defasagem de preço com as marcas de fábrica variando os preços das marcas próprias, em vez de aumentar os preços das marcas de fábrica, pois elas têm um efeito prejudicial no posicionamento geral de preço do varejista.

- Entenda que há uma variação grande entre as categorias com respeito à qualidade percebida das marcas de loja frente às marcas de fábrica.

- Reconheça que muitos consumidores são mais sensíveis à qualidade do que ao preço. Isso quer dizer que uma pequena defasagem de qualidade pode importar mais que uma grande defasagem de preço.

86 Estratégia de Marcas Próprias

- Admita que mesmo em mercados de qualidade equivalente, as marcas de fábrica comandam um preço premium de 37%, e esse preço premium se deve à produção superior da imagem da marca de fábrica.

- Concorra tanto nos aspectos relacionados ao preço quanto naqueles não relacionados. Mas, devido à importância dos aspectos não relativos a preço (qualidade e produção da imagem da marca), é especialmente atraente para as marcas de loja competir pelo aprimoramento da qualidade, reduzindo as defasagens de qualidade por meio de imitações, e criar a imagem da marca.

- Mantenha uma pequena defasagem de preço entre as marcas de fábrica e a marca de loja, visto que, ao contrário do que se pode esperar, o faturamento do varejista é mais alto com menores defasagens de preço.

SETE

Maximização da Lucratividade do Varejista com o Uso de Marcas Próprias

Margens brutas do varejista em marcas próprias
versus *marcas de fabricante: 25% a 30% mais altas*

ENTRE VAREJISTAS E FABRICANTES DE MARCA há uma crença generalizada de que os varejistas obtêm lucros mais altos quando vendem marcas próprias, em vez de marcas de fabricante. Enquanto trabalhávamos com uma das maiores empresas de bens de consumo embalados, ouvíamos a alta gerência comentar que não entendia por que os varejistas vendiam suas marcas, já que as marcas de loja eram muito mais lucrativas para o varejista. Será que vender marcas próprias é verdadeiramente mais lucrativo para os varejistas? Isto é sempre verdade? Ou existem certas condições para que isso possa ou não ocorrer?

Os varejistas acreditam que os lucros mais altos gerados com a venda de marcas próprias fluem de quatro fontes:

- *Melhores margens de lucro* porque o varejista trabalha com uma margem mais alta e obtém um lucro financeiro por unidade sobre seus próprios produtos de marcas próprias
- *Maior alavancagem* porque a presença de marcas próprias em uma categoria permite ao varejista negociar uma margem melhor com as marcas de fabricante
- *Construção da fidelidade à loja* porque as marcas próprias ajudam a diferenciar o varejista, e os consumidores que compram essas marcas de lojas só podem fazê-lo com o varejista em questão, tornando-se, assim, mais fiéis à loja

88 Estratégia de Marcas Próprias

- *Maior lucratividade do cliente* porque se considera que o comprador que prefere marcas próprias dá ao varejista mais lucro (margens mais altas sobre marcas próprias e maior fidelidade à loja) do que um comprador que prefere as marcas de fabricante oferecidas pelo varejista

Discutimos cada uma delas separadamente e demonstramos que a história tem muito mais nuanças do que parece à primeira vista. No final, notamos que a discussão pertence aos varejistas principais, que têm tanto marcas de loja quanto de fabricante. O modelo de negócio para inovadores de valor como Aldi e Lidl, assim como H&M e IKEA, é completamente diferente. Eles vendem marcas próprias de baixo preço, rendendo valor imbatível para os consumidores e imensos lucros para o inovador de valor devido à organização superior e inovadora da cadeia de valor (ver Capítulo 4).

Melhores Margens de Lucro sobre Marcas Próprias

Em um levantamento feito pela *Discount Merchandiser*, os varejistas classificaram "melhores margens de lucro" como a razão mais importante para se ter marcas de loja.[1] As marcas próprias geram margens de lucro mais altas porque os fornecedores da marca de loja praticamente não têm poder de negociação. O mercado de fornecedores de marcas próprias tem todas as características do que os economistas descrevem como "concorrência perfeita".

Há muitos fabricantes de marcas próprias. Por exemplo, 1.638 empresas participaram de uma recente feira comercial de marcas próprias em Amsterdã. Existem milhares de fabricantes de calçados chineses. A participação de mercado de qualquer fornecedor de marca própria individual geralmente é baixa. A diferenciação de produto, por definição, é praticamente inexistente, e eles vendem para compradores profissionais do varejo que estão bem-informados sobre a qualidade e a disponibilidade do produto.[2] Os varejistas geralmente estabelecem especificações técnicas e pedem a vários fabricantes de marcas próprias que apresentem suas propostas.

Nesses mercados altamente competitivos, a teoria econômica padrão dita que o varejista será capaz de dirigir o preço de aquisição de sua marca própria para baixo, ao ponto em que os custos marginais de produção são iguais aos custos médios. Portanto, o varejista captará a maior parte dos lucros totais do sistema, resultando em margens brutas mais altas de varejo para as marcas próprias.

Margens Brutas São Mais Altas

Os dados comprovam claramente a teoria econômica. Em média, a margem bruta do varejista, para as marcas próprias, é de 25% a 30% mais alta do que a margem bruta que obtém com as marcas de fabricante. Para ilustrar, se a margem bruta para as marcas de fabricante for 20%, a margem bruta média para a marca da loja será de 25% a 26%. Entretanto, há variações consideráveis entre as categorias.

Na categoria de saúde, beleza e cosméticos, as marcas próprias tendem a ter margens brutas muito mais altas do que as marcas de fabricante. A categoria é caracterizada por nomes fortes de marcas de fabricante, forte propaganda de marca e alta relevância pessoal para os consumidores. Assim, os fabricantes precisam oferecer aos varejistas menores margens brutas em relação a outras categorias. O resultado é que as margens brutas para varejistas, nas marcas de loja ligadas a saúde, beleza e cosméticos, se tornam relativamente mais atraentes que as margens das marcas de fabricante.

Lucro Financeiro por Metro Quadrado É a Medida Apropriada

Até aqui, tudo bem, mas as margens brutas são apenas uma parte da história a respeito da lucratividade do varejista. A otimização do lucro requer que a lucratividade seja calculada levando em conta o recurso crítico de uma empresa. Para os varejistas do mundo real, o espaço de prateleira é o recurso crítico. Daí, é um equívoco concentrar-se simplesmente nas margens brutas da marca própria. O lucro financeiro por metro quadrado é a medida da lucratividade que os varejistas deveriam considerar. Quatro fatores intervêm entre a margem bruta e o lucro financeiro por metro quadrado do espaço de prateleira.

Primeiro, os varejistas costumam conseguir das marcas de fabricante muitos descontos adicionais e outras regalias como o pagamento de taxas para a colocação de produtos nas prateleiras, preços de lista, promoções, permissão de propaganda e merchandising e direito a devolução de mercadorias não vendidas. Tudo isso não existe no caso de marcas próprias.

Em segundo lugar, os fabricantes de marcas fornecem vários serviços "gratuitos", como transportes, mão-de-obra de armazenagem e de loja e auxílio em merchandising para varejistas. Para as marcas próprias, o varejista geralmente precisa arcar com todos os custos desses serviços. Levar os dois fatores em conta implica que a diferença entre as marcas próprias e as marcas de fabricante em margens *líquidas* é menor que nas margens *brutas*.

Terceiro, as marcas de fabricante geralmente são vendidas, no varejo, a um preço consideravelmente mais alto que as marcas próprias. Assim, mesmo quando a margem líquida, como porcentagem sobre as marcas do fabricante, é mais baixa, o lucro financeiro absoluto, por unidade vendida, pode ser mais alto para as marcas de loja (por exemplo, 20% de US$ 2,00 é mais alto que 25% de US$ 1,50).

O quarto fator é que a rotatividade do espaço de prateleira, referida como *velocidade*, é freqüentemente muito mais alta para as marcas de fabricante. Dados da Europa

90 Estratégia de Marcas Próprias

indicam que, em média, a velocidade de marcas de fabricante (líderes) é pelo menos 10% mais alta. Se o nosso trabalho com empresas puder indicar alguma coisa, é que esta é uma estimativa conservadora.

Acredita-se, no setor, que a participação mais alta de marca própria se traduz em maiores lucros financeiros. Por exemplo, de acordo com Christian Haub, CEO da rede de supermercados A&P, "A marca própria, para nós, é claramente uma oportunidade imensa... Sabemos que todo ponto percentual em aprimoramento está associado a aumentos significativos do lucro financeiro".[3] Mas isso só acontece realmente quando os quatro fatores precedentes são levados em consideração?

Estudos de Análise de Lucratividade

Um estudo patrocinado pela PepsiCo no mercado canadense mostrou que "as marcas nacionais são mais lucrativas que as marcas próprias, uma vez que todos os fatores, inclusive concessões de negócios, armazenagem, transportes e mão-de-obra na loja, foram levados em conta".[4] Um estudo similar realizado no Reino Unido, por iniciativa da Coca-Cola, revela diferenças parecidas na lucratividade das marcas de loja *versus* a Coca-Cola. Um estudo que envolvia biscoitos salgados verificou que a margem percentual é mais alta para a marca de loja, mas — devido ao preço de venda mais baixo — os lucros financeiros são realmente menores.[5] Um estudo da McKinsey que cobria 60 categorias de alimentos afirmou que "quase a metade dos produtos de marca própria produziu menos lucro por metro cúbico do que as líderes de marca correspondentes."[6]

O Boston Consulting Group estudou a economia de 50 SKUs em dois importantes varejistas dos Estados Unidos e descobriu que "em média, a marca própria e a do fabricante estavam quase equivalentes em lucros financeiros, mas diferiam amplamente por categoria e item". Por exemplo, embora a marca própria e os cereais de marca rendessem o mesmo lucro bruto, 31 centavos por item vendido, os cereais de marca própria são menos lucrativos devido à baixa velocidade. Por outro lado, o lucro financeiro em fraldas de marca própria (US$ 1,49) é tão maior que o lucro da principal marca de fabricante (43 centavos) que a velocidade 50% mais alta das fraldas de marca poderia não compensar essa diferença.[7]

A Tabela 7-1 resume os principais achados do que provavelmente seja a análise mais extensa de lucratividade até a presente data. Ela fornece resultados — agregados entre mais de duzentas categorias de produto — para marca própria *versus* marcas de fabricante, para uma importante rede de supermercado.[8] De forma ilustrativa, estipulamos o preço médio de varejo para a marca própria em US$ 1. Com base em dados de estabelecimentos europeus, estabelecemos uma rotatividade de prateleira, de marcas nacionais, em média 10% mais alta que a de marcas próprias. Como foi mencionado anteriormente, talvez seja uma suposição conservadora.[9]

TABELA 7-1

Análise de lucratividade de marcas próprias *versus* marcas de fabricante (rede de varejo de mercearias dos Estados Unidos)

	Marcas próprias	Marcas de fabricante
Margem bruta	30,1%	21,7%
Margem líquida	23,2%	15,9%
Preço*	$ 1,00	$ 1,45
Contribuição em dólar	$ 0,23	$ 0,23
Velocidade por metro quadrado (índice)	90	100
Lucratividade direta de produto	21	23

*O preço suposto de marcas próprias é US$ 1,00.

Fonte: Adaptado de Kusum L. Ailawadi e Bari A. Harlam, "An Empirical Analysis of the Determinants of Retail Margins: The Role of Store Brand Share", *Journal of Marketing* (janeiro de 2004):1 59.

A Tabela 7-1 demonstra que, em geral, não se pode supor que os varejistas tenham maior lucratividade com as marcas próprias. As margens mais altas das marcas próprias compensam seus preços mais baixos e, portanto, os lucros são os mesmos, tanto nas marcas próprias quanto nas de fabricante. De fato, muitos varejistas, como a Kroger, por exemplo, adotam a política de obter lucros idênticos em ambos os casos. No entanto, como indica a Tabela 7-1, velocidade, ou giro do espaço na prateleira, é de importância crucial. Devido à alta consciência de marca e ao apoio publicitário, as principais marcas de fabricante podem gozar de uma velocidade significativamente maior.

Maior Alavancagem de Marcas

Tirando as margens mais altas das marcas próprias, os varejistas listaram "ferramentas de barganha com fabricantes de marca" como um dos maiores benefícios de se introduzir uma marca própria na categoria.[10] A presença de marcas próprias ajuda o varejista a negociar melhores condições com os fabricantes de marca.[11] Nem as marcas mais valiosas no mundo estão imunes a essa pressão. Um ex-executivo de marketing de alto nível da Coca-Cola admitiu que a empresa baixou significativamente o preço de atacado de seus produtos em resposta à introdução e à colocação agressiva, na prateleira, de uma marca de loja premium por uma importante rede de supermercados.[12]

Impacto das Marcas Próprias nas Margens da Marca de Fabricante

As margens do varejista nas marcas de fabricante variam muito, dependendo da categoria. Em que condições um varejista é capaz de extrair margens mais altas dos fabricantes de marca? De acordo com a teoria econômica industrial, a margem assegurada por uma parte está diretamente relacionada ao seu poder de mercado. Quanto maior for o poder de sua marca de loja em uma categoria, mais margem o varejista deveria ser capaz de extrair das marcas de fabricante. A pesquisa empírica revela que essa teoria é notavelmente exata.

Em um estudo, verificou-se que a margem de varejo da Quaker Oats aumentou depois da introdução de uma marca de loja, indicando que o varejista ganhou poder.[13] Em outro importante estudo, nos Estados Unidos, Kusum Ailawadi, professor da Faculdade de Dartmouth, e o vice-presidente de inteligência de mercado da CVS, Bari Harlam, demonstraram que a margem de um varejista sobre marcas de fabricante é mais alta para categorias em que a marca própria do varejista comanda uma participação maior.[14] A rede de supermercados estudada obtinha, em média, uma margem bruta de quatro pontos percentuais acima das *marcas de fabricante* naquelas categorias em que sua marca própria tinha uma grande participação de mercado do que em categorias em que sua marca própria tinha uma pequena participação.

Apesar da tendência geral, a relação entre marca de loja e margem bruta de varejo sobre as marcas de fabricante não é linear — maior participação da marca de loja não leva necessariamente a margens mais altas sobre marcas de fabricante. Como mostra a Figura 7-1, em níveis muito baixos e muito altos de participação da marca de loja em uma categoria, desvios importantes da linearidade podem ocorrer — até mesmo o efeito inverso!

FIGURA 7-1

Participação de marca própria e poder de barganha do varejista

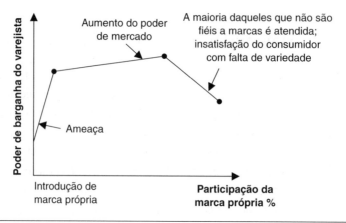

Presença de Marcas Próprias Constitui uma Ameaça Verdadeira

A mera introdução de uma marca própria em uma categoria pode afetar significativamente as condições de oferta negociadas entre o varejista e os fabricantes de artigos de marca, mesmo quando a participação de mercado da marca de loja for muito pequena.[15] A marca de loja constitui uma "ameaça verdadeira" às marcas de fabricante porque o varejista pode promover sua própria marca por meio de flyers, displays e mais espaço na prateleira à custa das marcas de fabricante. Entretanto, só se leva a sério a ameaça das marcas próprias quando uma marca de loja é realmente introduzida, já que inicialmente isso envolve custos fixos significativos para o varejista. Em outras palavras, um varejista que ameaça introduzir uma marca própria em uma categoria não é levado a sério. Somente uma introdução real passa a ser benéfica nas negociações com os fabricantes de marca por melhores condições de fornecimento.

O fenômeno da ameaça levada a sério explica a presença de marcas de loja em categorias em que elas não têm sucesso. Por exemplo, considere a categoria de margarina para uso culinário nos Países Baixos.[16] O mercado é dominado por duas marcas poderosas da Unilever: Croma e Becel. As marcas de loja de duas importantes redes de supermercado, Albert Heijn e C1000, têm poucos compradores fiéis, uma pequena capacidade de atrair compradores ocasionais e, conseqüentemente, uma participação muito baixa de mercado. Nessa categoria, os custos de estoque são muito altos, pois as unidades para reposição têm de ser armazenadas em prateleiras refrigeradas que, por sua vez, são um recurso escasso em supermercados e representam altas oportunidades de custos. Há apenas uma razão para os varejistas holandeses alocarem espaço caro, em geladeiras, para suas marcas próprias que não são sucesso — elas constituem uma ameaça real para a Unilever e a mantêm sempre "honesta".

Ênfase Exagerada nas Marcas Próprias

Os varejistas que têm, em uma mesma categoria, tanto marcas próprias quanto de fabricante, podem acabar enfatizando exageradamente suas próprias marcas. Para explorar melhor essa situação, lembre-se de que os consumidores, em determinada categoria, podem ser divididos em quatro grupos: compradores de marca, compradores de marca própria, compradores eventuais e compradores oportunistas (ver Figura 6-2).

Os compradores de marca nunca comprarão marcas próprias — a não ser que seja ultrajante a diferença de preço entre elas. Para simplificar, podemos supor que os fabricantes de marcas consigam gerenciar essa defasagem de preço. Os compradores eventuais e os oportunistas não são fiéis a nenhum produto, mas comprarão a marca própria, se a defasagem de preço entre a marca de fabricante e a marca própria exceder um limiar. Evidentemente, esse limiar difere para cada indivíduo.

94 Estratégia de Marcas Próprias

Se a marca de loja fizer muito sucesso, isso quer dizer que ela conquistou não só os compradores de marca própria, mas também um número significativo de compradores eventuais e oportunistas. Nessa situação, o fabricante de marca tem pouco incentivo para reduzir ainda mais o preço de sua marca no atacado, já que os compradores de marca a comprariam de qualquer forma. Em conseqüência, a margem de varejo para a marca do fabricante será mais baixa quando o fabricante de marca ainda estiver competindo por uma parte significativa do segmento de compradores eventuais e oportunistas.[17]

A ênfase exagerada nas marcas próprias também pode fortalecer a capacidade de negociação do fabricante de bens de marca por meio de outra dinâmica. Se o varejista dá atenção demais a suas marcas de loja — por exemplo, com espaço exagerado na prateleira — essa atitude pode causar insatisfação entre os clientes do varejista. De repente, os compradores não conseguem encontrar suas marcas preferidas e começam a sentir que sua escolha está sendo restrita. Foi essencialmente isso que aconteceu com a varejista inglesa J. Sainsbury. Ela teve de retirar a ênfase dada a suas marcas próprias, pois os consumidores se ressentiram da falta de variedade e começaram a procurar as redes concorrentes.

Marcas Próprias Constroem a Fidelidade à Loja

No início, as marcas próprias eram introduzidas principalmente como alternativa de preço. No entanto, cada vez mais, como foi mencionado no Capítulo 3, as redes de varejo passaram a aprimorar sua qualidade, para melhorar a imagem da rede. Com essa estratégia, os varejistas pretendem encorajar a fidelidade do consumidor em relação a marcas próprias e não a marcas de fabricante. Esta é a terceira razão que leva os varejistas a acreditarem que vender marcas próprias gera mais lucros do que vender marcas de fabricante.

As Marcas de Loja Ajudam a Diferenciação do Varejista

Pela perspectiva de um varejista, as marcas de fabricante são commodities disponíveis em muitas redes de varejo concorrentes. Ao introduzir marcas de loja, o varejista se diferencia das outras redes. Com isso, intensifica as barreiras psicológicas que impedem seus clientes de mudar de varejista. Eles não poderão comprar suas marcas de loja preferidas em varejistas concorrentes. Portanto, precisam passar por exigentes processos de avaliação cognitiva envolvendo outras marcas, inclusive as marcas de loja de outros varejistas.

A diferenciação da marca de loja, por sua vez, leva a uma maior fidelidade do cliente. Como diz um varejista inglês: "A fidelidade dos clientes é a razão fundamental para as marcas próprias. Se você oferece um conjunto de produtos que os clientes identificam com a imagem de qualidade, cria-se uma dinâmica inevitável". Esta é a visão de um varejista francês: "A marca própria é o que os consumidores querem. Ela os torna fiéis à rede". Mas os compradores de marca própria são mais fiéis ao varejista?

Marcas Próprias e Fidelidade à Loja

Evidências empíricas apóiam o forte relacionamento que há entre a compra de marcas próprias e a fidelidade à loja. Um estudo de famílias norte-americanas verificou que um aumento de um ponto percentual na compra de marca de loja está associado a um aumento de 0,3 ponto percentual na fidelidade à loja. Por exemplo, se determinada família aumenta a parcela de compras distribuídas à marca de loja do varejista em 10 pontos percentuais, a "participação de mercado" do varejista para aquela família aumenta em 3 pontos percentuais.[18]

Outro estudo norte-americano examinou a relação entre a fidelidade à loja e a compra de marca própria, enquanto controlava mais de dez correlatos psicográficos da fidelidade à loja (por exemplo, a consciência de preço, a consciência de qualidade, a diversão nas compras e a busca de variedade).[19] A relação positiva entre a compra de marca própria e a fidelidade à loja permaneceu, mesmo depois de controlar um conjunto de outras variáveis.

Os resultados de estudos internacionais são similares. A Figura 7-2 examina a relação entre a fidelidade à loja (parcela das despesas semanais com alimentação dos compradores no Carrefour) e a parcela de marca própria em alguns dos diferentes países nos quais a gigante francesa do varejo opera. Ela mostra uma forte correlação (r = 0,73) entre a parcela da marca própria do Carrefour no total de vendas e a fidelidade à loja. Finalmente, um estudo global com consumidores de mais de 20 países verificou que, em média, pessoas que compram marcas próprias são consideravelmente mais fiéis à loja do que os outros clientes.[20]

FIGURA 7-2

Marcas próprias constroem fidelidade à loja no Carrefour

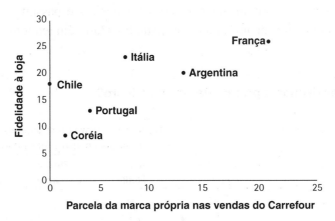

Fonte: AiMark, 2006; http://www.aimark.org/. Reproduzido com autorização.

Compradores de Marcas
Próprias Geram Mais Lucro

Embora as marcas próprias construam a fidelidade à loja, os compradores de marcas próprias também são mais lucrativos? A sabedoria sustenta que os clientes fiéis não geram mais lucro.[21] Mas isso é verdadeiro para as marcas próprias, que têm preço mais baixo e atraem compradores mais sensíveis a preço?

Porcentagem Maior de Margem Bruta

A Tabela 7-2 apresenta uma análise de lucratividade para uma grande rede de drogarias norte-americana, com base nos registros de compras de 41.335 clientes, que fizeram um total de 247.214 compras no período de seis meses.[22] Os clientes foram divididos em quatro grupos, de acordo com a quantidade de compra de marca própria: pouca (0%-10%), média (10%-20%), grande (20%-35%) e muito grande (maior que 35%).

A margem bruta, como porcentagem de vendas, é mais alta para aqueles que compram maior volume de marcas próprias. Essa consistência já foi verificada em capítulo anterior, com a evidência de que as marcas próprias comandam margens brutas mais altas. Entretanto, devido ao preço substancialmente mais baixo das marcas próprias, em comparação com as marcas de fabricante, o ganho financeiro para aqueles que compram quantidades grandes e muito grandes de marcas próprias é, realmente, inferior em relação àqueles que compram menor quantidade de marcas próprias.

A queda é mais acentuada quando se trata de uma quantidade muito grande de marcas próprias (maior que 35%). Para esse segmento do mercado, a queda no volume não é conseqüência apenas dos preços de marca própria mais baixos. Estamos falando de consumidores que costumam ter restrições financeiras e passam por várias lojas. Portanto, compram menos de um único varejista. Eles também tendem a comprar mar-

TABELA 7-2

Os compradores de marca própria geram mais lucro?

	VALOR MÉDIO GASTO NO PERÍODO DE SEIS MESES PARA CONSUMIDORES QUE:			
	0–10% Pouca	10–20% Média	20%–35% Grande	> 35% Muito grande
Total de vendas	$ 251	$ 263	$ 216	$ 219
Margens brutas	3 0,3%	3 2,1%	34,7%	36,8%
Margem bruta total em dólares	$ 77	$ 85	$ 70	$ 48

Fonte: Adaptado de Kusum L. Ailawadi e Bari A. Harlam, "An Empirical Analysis of the Determinants of Retail Margins: The Role Store Brand Share," *Journal of Marketing* (January 2004): 161.

cas de loja porque as consideram de bom valor. Assim, são fiéis à proposição de valor oferecida pelas marcas de loja em geral, em vez de serem fiéis a qualquer marca de loja e a um varejista em particular.

Menos Ganhos Financeiros em Margem Bruta

Se combinarmos informações sobre margens brutas com informações sobre ganhos financeiros, obteremos margens brutas de ganho por segmento. Como mostra a Tabela 7-2, os consumidores que se engajam na compra média de marca própria (10%-20%) são os que mais lucram. Os que compram quantidades grandes e muito grandes de marcas próprias, na verdade lucram menos que aqueles que compram poucas marcas próprias. Essas conclusões seriam ainda mais fortes se as margens líquidas e a velocidade fossem consideradas.

Conclusão: As Marcas Próprias São Mais Lucrativas para os Varejistas?

Para os varejistas, as marcas próprias são mais lucrativas que as marcas de fabricante ou não? Será mesmo verdade que "todo aumento em pontos percentuais na participação da marca própria está associado a aumentos significativos no lucro financeiro" para o varejista? Nossa discussão mostra que nem sempre tal afirmação generalizada pode ser verdadeira, e que a situação real é bem complexa. No lado afirmativo, há forte evidência de que para os varejistas:

- A introdução de marca própria em uma categoria leva a margens mais altas no varejo sobre as marcas de fabricante.
- A marca própria é um instrumento poderoso para tornar os consumidores fiéis ao varejista.

Entretanto, no lado negativo, há evidências contundentes de que para os varejistas:

- Quando comparadas com as marcas de fabricante, as marcas próprias geralmente não geram lucratividade mais alta por metro quadrado de prateleira.
- Aqueles que compram grande quantidade de marca própria podem não ter muito lucro. Os consumidores que compram algumas marcas próprias têm mais lucro que aqueles que não compram marcas próprias, mas a ênfase excessiva nas marcas próprias pode ser contraproducente.

A evidência negativa é intrigante. Se as marcas próprias não geram mais lucro para os varejistas, por que a parcela de marca própria de muitos dos maiores varejistas do mundo é tão alta e crescente (ver Tabela 1-1)? A Tabela 7-2 indica que, quando a parcela de marcas próprias excede a 20%, os lucros do varejista podem realmente cair.

98 Estratégia de Marcas Próprias

Entretanto, a parcela de marca própria para a maioria dos varejistas líderes é conside-ravelmente acima de 20%. Como podemos reconciliar esses achados conflitantes? To-dos esses varejistas estão errados? Acreditamos que uma conclusão relativa seja mais garantida.

A maior lucratividade financeira por metro quadrado das marcas de fabricante, como revela a Tabela 7-1, é dirigida por seus preços mais altos e pela rotatividade mais rápida na prateleira. O argumento de preço mais alto se aplica quando se comparam as marcas de fabricante a genéricos e a marcas de loja que são imitações, geralmente vendidas no varejo com desconto de 10% ou menos e às vezes até por um preço mais alto que as marcas de fabricante. Assim, para as marcas de loja premium, o quadro de lucratividade é radicalmente diferente. A contribuição financeira das marcas de fabri-cante seria, em nossa estimativa, 25% mais baixa que a contribuição em dólar das marcas de loja premium.

A rotatividade mais rápida das marcas de fabricante também pode ser coisa do passado. Isto ocorre principalmente quando se considera que a maioria das marcas próprias substitui as marcas de fabricante secundárias (aquelas que não são número um ou dois na categoria), que geralmente não têm apoio de propaganda maciça. Além disso, os varejistas começaram a anunciar suas marcas de loja mais agressivamente e estão se aprimorando cada vez mais no uso da comunicação dentro da loja, para influir nas escolhas do consumidor no ponto de venda. Todas essas mudanças deveriam aumentar favoravelmente a velocidade das marcas próprias frente às marcas de fabricante.

A lucratividade historicamente mais baixa do cliente com grande quantidade de compras de marcas próprias também é influenciada pelo caráter mutável das marcas de loja. A rede de drogarias na qual a análise de lucratividade se baseia (ver Tabela 7-2), embora imensa, segue uma estratégia de imitação relativamente não sofisticada. Por outro lado, como vimos no Capítulo 5, os varejistas como Tesco, Carrefour e Wal-Mart seguem uma estratégia complexa de marca própria, incluindo a introdução de marcas próprias premium. Uma vez que as marcas próprias premium competem muito menos em preço do que em qualidade superior, a compra de grande quantidade de marcas próprias não deveria levar à menor lucratividade.

Concluindo, acreditamos que os principais varejistas ainda estejam dando ênfase demasiada nas marcas próprias, o que repercute em consumidores insatisfeitos e lucra-tividade reduzida — a J. Sainsbury, da Inglaterra, pode atestar essa afirmação. Entre-tanto, para varejistas sofisticados, que seguem uma multiplicidade de estratégias, acreditamos que a parcela ótima de marca própria é consideravelmente mais alta que 20% — talvez 40% a 50%.

Para Guardar do Capítulo

Para Maximizar a Lucratividade do Varejista Usando Marcas Próprias

- Não se concentre em margens brutas de marcas de loja *versus* marcas de fabricante.

- Conduza uma análise compreensiva de lucratividade incorporando a margem bruta, o lucro financeiro e a velocidade para marcas de loja *versus* marcas de fabricante.

- Use a presença de marcas próprias em uma categoria para negociar margens brutas mais altas com as marcas de fabricante.

- Evite a ênfase exagerada nas marcas próprias em uma categoria, pois ela pode aumentar o poder de barganha das marcas de fabricante, na medida em que os clientes buscam variedade.

- Considere a compensação entre fidelidade e lucratividade. Embora aqueles que compram uma proporção maior de marcas próprias de um varejista tendam a ser mais fiéis à loja, aqueles que compram grande quantidade de marcas próprias de imitação, ou de valor, são menos lucrativos para o varejista, porque essa atitude reduz o valor financeiro das compras.

- Reconheça que as conclusões negativas sobre a lucratividade da marca própria frente a marcas do fabricante são menos prováveis se o varejista tiver uma linha extensa de marcas próprias premium.

Parte Dois

Estratégias do Fabricante Frente a Marcas Próprias

Nesta parte, voltamos à questão que tira o sono dos fabricantes de marca à noite. Como eles deveriam combater os grandes varejistas e essa nova realidade das marcas próprias? Há alguma coisa que as marcas de fabricante possam fazer para parar o massacre das marcas de loja?

Algumas empresas, ao observarem o crescimento contínuo da participação da marca própria, indagam se o seu futuro será produzir marcas próprias a fim de empregarem sua capacidade de forma lucrativa. Em vez de tentarem vencer as marcas próprias, talvez seja melhor se juntarem a elas. O Capítulo 8 examina a viabilidade dos fabricantes de marca se tornarem produtores de marcas próprias explorando duas opções (1) o modelo de "estratégia dupla" no qual o fabricante produz tanto suas próprias marcas quanto marcas próprias para os varejistas, e (2) a estratégia do fabricante de marca própria", onde este se concentra exclusivamente na produção de marcas próprias para os varejistas.

Para a maioria dos fabricantes de marcas, produzir marcas próprias é na melhor das hipóteses uma atividade periférica. Pode-se argumentar que ela só quebram o galho. Sua missão principal é vender suas marcas com lucro e aumentar sua participação de mercado. Eles querem vencer as marcas próprias com suas marcas e querem saber como fazer isso.

Vamos dar a má notícia primeiro. Nossos anos de trabalho com os melhores fabricantes de marcas no mundo todo nos ensinaram que não existe uma solução mágica. Não há uma resposta única que resolverá os problemas dos fabricantes de marcas diante das marcas próprias. Não importa o que os consultores de marketing ou os gurus digam, não existe nenhuma poção mágica. Mas através do trabalho dedicado e de esforços consistentes os fabricantes de marca podem tratar da ameaça da marca própria em condições de igualdade, perseguindo quatro ataques estratégicos: fazer parcerias efetivas, fazer inovações brilhantes, combater seletivamente, e criar proposições de valor vencedoras. Discutiremos essas quatro ações nos capítulos 9 a 12.

Elas não devem ser perseguidas isoladamente, mas como um ataque combinado, planejado e frontal — só então haverá chance de vitória. E o segredo reside em sua

104 Estratégia de Marcas Próprias

execução e não nos planos grandiosos. Mas, cuidado — não há garantias, deve-se aceitar que o varejista também tem várias cartas sob a manga. Como Edwin Artzt, ex-CEO da Procter & Gamble, teria dito: "Não estamos contando que as coisas melhorem."

Uma advertência deve ser feita de antemão. Achamos que antes de os fabricantes de marcas vencerem as marcas próprias, eles devem mudar significativamente sua mentalidade. Ao discutir marcas próprias com os fabricantes de marca, nossa maior frustração geralmente é a incapacidade de muitos executivos, especialmente aqueles dos EUA, aceitarem a nova realidade das marcas próprias. Muitos desses executivos consideram as marcas próprias como inferiores e, em vez disso, concentram-se exclusivamente nas marcas de fabricante concorrentes. Trabalhando com uma das melhores empresas dos EUA, ficamos impressionados com a quantidade de benchmarking que ela fazia da qualidade objetiva, da participação de mercado, das atitudes do consumidor e assim por diante. Entretanto, ficamos surpresos ao descobrirmos que ela tinha feito benchmark apenas de outras marcas de fabricante, e não de marcas próprias. Nunca ocorreu à empresa que ela também competia com marcas próprias!

Mas, subestimar marcas próprias não é prerrogativa apenas de executivos norte-americanos. Um de nós participou recentemente de uma sessão de estratégia de marcas com o CEO e a equipe dirigente de uma das maiores e mais admiradas empresas de bens de consumo européias. O CEO desconsiderava as marcas próprias alegando que elas tinham qualidade inferior. Ele lembrou a todos que eles tinham quinhentos cientistas trabalhando em desenvolvimento de produto, enquanto a varejista tinha apenas um. Nunca lhe ocorreu que talvez eles tivessem pesquisadores demais envolvidos.

Ou que o varejista pudesse comprar produtos de alta qualidade de concorrentes de marca ou de fornecedores exclusivos de marca própria. Os varejistas não precisam necessariamente de quinhentas pessoas em desenvolvimento de produto para produzirem marcas próprias de qualidade.

A maioria dos altos executivos começou suas carreiras quando os varejistas eram genéricos sem marca, vendidos de porta em porta, relativamente não sofisticados, e tinham um escopo local, e não global. Como resultado, aqueles que dirigiam grandes marcas de fabricante, com MBA de escolas de administração de prestígio — que para exacerbar as coisas, dificilmente dão atenção às marcas próprias — tinham uma atitude arrogante para com os varejistas. A maioria deles não considera que os varejistas, ou os executivos que trabalham neles, tivessem as mesmas condições intelectuais ou sociais. E certamente, os fabricantes não vêem as marcas próprias como concorrentes à altura de suas marcas apreciadas. Entretanto, à medida que as marcas de varejo estão se transformando, há necessidade de mudar a mentalidade do fabricante de marca.

Hoje, não deveríamos pensar naqueles que desafiam o varejo como sendo marcas próprias. Em vez disso, elas são referidas mais adequadamente como marcas de varejo ou marcas de loja, e os varejistas se comportam de acordo, comunicando isso a seus clientes. Por exemplo, o Carrefour usa tags de prateleira dizendo: "Carrefour, ces't aussi une *marque*" (Carrefour também é uma marca: ênfase n original). Mesmo um participante de mercado de massa, a preço baixo, como a Wal-Mart, também adquiriu sua própria marca de jeans índigo, chamada Faded Glory, pagando extra para reter a equipe original de design. A Faded Gloria é hoje uma marca de $3 bilhões, e testes independentes feitos pela Consumer Reports a apontaram como o jeans de melhor caimento no mercado, vencendo a Wrangler e a Liz Clairbone. A Levi Strauss, que se recusou a permitir que a Wal-Mart comercializasse sua marca, viu suas vendas de jeans cair de $7 bilhões para $4 bilhões[1]. Para combater isso, a Levi Strauss teve de celebrar seu 150 aniversário desenvolvendo e lançando uma marca da moda, mas menos cara, a "Levi Strauss Signature", exclusivamente para a Wal-Mart.

Para que os fabricantes de marca combatam as marcas próprias com sucesso, é fundamental que eles reconheçam que as marcas de varejo:

Tornaram-se uma característica permanente do cenário competitivo.

- São de boa qualidade.
- São marcas reconhecidas.

Se as estratégias de fabricante de marca não se basearem em um entendimento absolutamente honesto da realidade que enfrentam agora e da realidade que as cercará, elas fracassarão. Nas condições atuais, elas têm de lutar cara-a-cara com as marcas próprias.

O I T O

Produza Marcas Próprias
para Obter Lucros Maiores

Feira de compradores e vendedores da Associação
de Fabricantes de Marcas Próprias: 10.000

FACE À CRESCENTE PARTICIPAÇÃO da marca própria no mercado e à capacidade ociosa de suas instalações de produção, os fabricantes de marca são tentados a se tornarem produtores de marcas próprias. Há duas estratégias alternativas que eles podem perseguir com relação à produção de marca própria. Pode ser adotada uma estratégia dupla, na qual a empresa produz tanto suas marcas de fabricante quanto marcas próprias para os varejistas. Por outro lado, o fabricante pode se tornar um produtor *exclusivo* de marca própria.

Estratégia Dupla

A produção de marca própria pelos fabricantes de marca é um fenômeno generalizado. Só nos Estados Unidos, estima-se que mais da metade dos fabricantes de marca também estejam engajados na produção de marca própria. Tais fabricantes costumam manter sigilo a esse respeito, temendo reduzir o valor acionário de suas próprias marcas. No entanto, em visitas a feiras comerciais do setor, quando se verificam displays e guias de programação, é possível ter uma idéia das empresas envolvidas na produção de marca própria. Por exemplo:

- A Alcoa (que tem a folha de alumínio Reynolds Wrap) também produz folha de marca própria, embalagem, sacos plásticos e recipientes descartáveis para armazenagem.

- A Bausch & Lomb fornece produtos oftalmológicos de marca própria e descongestionantes nasais para serem vendidos sem prescrição.
- A Birds Eye fornece vegetais congelados e sopa enlatada para marcas de varejo.
- A Del Monte fabrica sopa enlatada, caldo e mingau de marca própria.
- A McCormick produz uma variedade de condimentos, além de patês para festas, como marcas próprias.
- A H.J. Heinz vende a alguns varejistas seu excesso de produção de sopa enlatada e alimentos para bebês.

Enquanto isso, outros líderes de marca juram que não se engajarão na produção de marca própria. Exemplos de empresas que fazem essa declaração constantemente incluem a Coca-Cola, Heineken, Kellogg, Procter & Gamble, Gillette e Nestlé (no café).[1]

Não é fácil para um fabricante de marca decidir se deve ou não se engajar na produção de marca própria, já que várias considerações devem ser feitas. Não é uma decisão simples, tudo ou nada, pois requer uma consideração cuidadosa dos prós e contras. Os argumentos dos fabricantes de marca que produzem marcas próprias se encaixam em duas categorias: gerar lucros adicionais e ter uma influência maior sobre a categoria.

Lucratividade

O fornecimento de marcas próprias geralmente começa com uma justificativa oportunista. O fabricante de marca apresenta certa capacidade ociosa decorrente de um desequilíbrio temporário entre oferta e demanda. Um pedido de marca própria pode preencher essa capacidade ociosa. Nesse caso, qualquer contribuição acima e além dos custos variáveis de produção é lucro incremental. A curto prazo, faz sentido.

Entretanto, o longo prazo não é nada além do acúmulo de curtos prazos sucessivos. Essa perspectiva mostra que o aumento da lucratividade normalmente é uma ilusão. Somente quando a empresa preenche a capacidade em base puramente *ad hoc*, estritamente *ocasional* e *temporária*, é prática segura de negócio considerar qualquer renda acima dos custos variáveis como contribuição aos lucros. Entretanto, o que começa como oportunidade *ad hoc* freqüentemente leva a negócios regulares. Em conseqüência, deveriam ser computados custos integrais, mas então o quadro de lucratividade pode mudar radicalmente.

A produção de marca própria consome capital e tempo valiosos de gerenciamento. Embora seja dinheiro fácil, pois o fabricante não precisa lutar pelo espaço na prateleira, esse procedimento enfraquece o foco exigido pelas suas próprias marcas. É como um narcótico. A contribuição a curto prazo, para efeito de vendas e lucro, é excitante, no entanto, a longo prazo, você não consegue mais viver sem ele, mesmo estando atormentado. Notamos que muitas vezes as empresas deixam de considerar a alternativa óbvia: alinhar a capacidade de produção ao potencial de vendas de suas marcas com o

108 Estratégia de Marcas Próprias

fechamento de fábricas ou a eliminação de algumas marcas. Isso evita que a empresa se prenda à produção de marca própria para manter as máquinas funcionando e libere capital e tempo gerencial que podem ser investidos nas marcas de sua empresa.

A Ralston Purina e a Dean Foods são duas empresas norte-americanas que reduziram sua capacidade de produção desfazendo-se das marcas próprias. Em 1994, a Ralcorp Holdings foi separada da Ralston Purina e agora é líder na produção de rações de marca própria nos Estados Unidos, com vendas de US$ 1,7 bilhão. Em 2005, a Treehouse Foods foi desmembrada da Dean Foods. Hoje, vende picles de marca própria e pó para cremes sem ingredientes derivados de leite, entre outras coisas, com vendas de cerca de US$ 700 milhões.

Dois Exemplos

Nossa experiência com uma fabricante de bebidas ilustra muito bem os problemas que chegam com o argumento da lucratividade. O vice-presidente de marketing dessa empresa alegou que a produção de marca própria era lucrativa. Entretanto, o *controller* rebateu, dizendo que isso só seria verdade se todos os custos fixos (por exemplo, depreciação, manutenção, algumas despesas de mão-de-obra) fossem alocados às marcas da empresa. Uma vez que a empresa estava engajada na produção de marca própria há vários anos, de uma perspectiva contábil isso não fazia sentido (ou de qualquer outra perspectiva de negócio). Se os custos fossem devidamente alocados, a produção de marca própria incorreria em perdas, em vez de lucros, e a empresa estaria subsidiando a marca própria por meio de suas marcas! Esta é a situação que encontramos também em outras empresas. E nem estamos levando em consideração a canibalização de vendas de marca própria.

A Figura 8-1 fornece o exemplo de uma empresa norte-americana de alimentos que fabrica tanto sua marca quanto uma marca própria.[2] Sua marca é vendida a US$ 1,59 por libra (450 g), versus US$ 1,29 por libra para o produto de marca própria. De uma perspectiva *ad hoc*, de curto prazo, a produção de marca própria fazia sentido, pois a *contribuição* de US$ 0,23 da marca própria era igual ao *lucro* obtido com a marca da empresa. Mas esse modelo de negócio só é sustentável — mesmo a curto prazo — se a empresa consegue vender o suficiente de sua marca para cobrir os custos fixos.

A situação piora quando se olha da perspectiva de longo prazo, pois os custos fixos teriam de ser incorporados para a determinação da lucratividade da marca própria. Como resultado, a empresa teria de vender quatro unidades do produto de marca própria para gerar o mesmo lucro obtido com uma unidade de sua marca. Isso é possível? Acreditamos que não seja o caso. Se as vendas de marca própria canibalizam a marca do fabricante, o quadro de lucratividade só decai.

Trabalhamos com um fabricante de alimentos cuja estrutura de custo lembra aquela mostrada na Figura 8-1. O carro-chefe da empresa é a marca que tem participação

FIGURA 8-1

**Os custos reais de produção de marca própria:
Exemplo da empresa de alimentos U.S.**

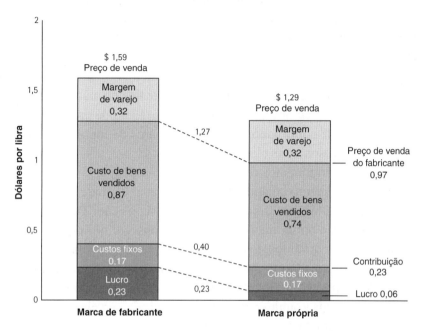

Fonte: John A. Quelch e David Harding, "Brands Versus Private Labels: Fighting to Win", *Harvard Business Review*, janeiro-fevereiro 1996, 104.

de 50% no mercado. Se a empresa incorresse na canibalização da *fair share*, perderia uma unidade de sua marca para cada duas unidades vendidas de marca própria, resultando em uma redução acentuada dos lucros líquidos. Por milhão de unidades de marca própria vendida, ela perderia US$ 110.000. A empresa só permaneceria neutra, em termos de lucro, se perdesse metade de sua participação *fair share* — ou seja, por quatro unidades de produto de marca própria vendido, ela perderia apenas uma unidade de sua marca. O vice-presidente de marketing teve de admitir que estava enganado.

Ao considerar a canibalização de uma marca, o fabricante deve considerar também a dinâmica competitiva. Se ele não se engajar na produção da marca própria, mas houver a possibilidade de seu concorrente a produzir para o varejista, então é preferível ignorar os efeitos negativos da canibalização da produção de marca própria.

Domine a Categoria

Um fabricante de marca também pode se engajar na produção de marca própria para dominar a categoria. Isso permite que a empresa fortaleça seu relacionamento com o varejista — afinal, ao fornecer produtos de marca própria, o fabricante demonstra ser

110 Estratégia de Marcas Próprias

um colaborador. Paul Luschinger, CEO da Ontario Foods, observa: "Um motivo para os fabricantes adotarem essa opção é cultivar melhores relações com os varejistas".[3]

Há uma esperança. Se o fabricante de marca também é o fornecedor da marca própria do varejista, ele será recompensado com a disposição de suas marcas em lugares mais favoráveis na prateleira, com promoções conjuntas, e assim por diante. O fabricante de marca também aprende mais sobre as necessidades e comportamentos dos compradores de marcas próprias, que, afinal, constituem um segmento importante em muitos mercados. Os proponentes da produção de marca própria também alegam que se engajar nessa atividade aumenta o controle do fabricante de marca sobre o varejista. Ele fica em uma posição melhor para gerenciar a defasagem de preço entre sua marca e a marca própria, e pode controlar a qualidade da marca de loja. Não há como negar esses argumentos poderosos. Mas eles são válidos?

Muito da força dos argumentos reside na suposição de que o varejista responderá com o mesmo comportamento colaborador do fabricante de marca. Infelizmente, não há muitas evidências contundentes que apóiem essa suposição. Trabalhando com várias empresas européias e norte-americanas, nunca conseguimos descobrir evidências objetivas de que fabricar produtos de marca própria melhore o relacionamento com o varejista e o leve a dar um suporte preferencial de merchandising às marcas do fabricante. Na verdade, contratos de marca própria podem tornar o fabricante de marca mais dependente de alguns grandes varejistas, forçando-o a revelar informações estratégicas sobre sua estrutura de custo e a partilhar sua mais recente tecnologia de produto. Isso pode resultar em uma pressão violenta, toda vez que um contrato de marca própria for renovado.[4] E o bom senso nos negócios alerta para essa possibilidade. Na maioria dos mercados, o poder de marca é igual ao poder de mercado. Com respeito às marcas próprias, o varejista tem o poder de marca. Assim, pode jogar um fornecedor de marca própria contra o outro e se apropriar da maioria, talvez de toda a lucratividade envolvida. Agindo de outra forma, o varejista não estaria valorizando seu acionista.

Mas o que dizer do argumento generalizado: "Se eu não fizer, meu concorrente fará". Talvez seja uma verdade, mas subestima a dinâmica do marketing e o sistema organizacional associado à produção da marca própria. Os gerentes de conta terão mais dificuldade para justificar um preço premium para a marca de fabricante, principalmente quando ela não tiver um desempenho superior, nem se destacar em volume de vendas. Além disso, a produção de marca própria pode levar a uma "esquizofrenia organizacional".[5] A mentalidade que envolve a marca de fabricante, de investimento a longo prazo e diferenciação (baseada na imagem), é completamente diferente da mentalidade que direciona a produção de marca própria, caracterizada pela flexibilidade a curto prazo e custos mais baixos possíveis. A esquizofrenia organizacional pode ser aliviada, em certa medida, colocando-se a marca do fabricante e a produção da marca de loja como unidades independentes, confiadas a diferentes gerentes de conta. Mesmo assim, ainda há possibilidade de competição entre elas pelas mesmas contas de varejo, pelo espaço na prateleira e por eficiência na produção reduzida.

As Sérias Lições das Experiências de Estratégia Dupla

Como a estratégia dupla de adicionar a produção de marca própria é tão sedutora para os fabricantes de marca, e empregada com tanta freqüência, exploramos três exemplos de empresas de setores diferentes. Cada uma delas empregou a estratégia dupla, mas enfrentou desafios significativos para fazê-la funcionar. Acreditamos que suas experiências sejam esclarecedoras para aqueles fabricantes de marca que estão tentados a adotar a estratégia dupla.

Campina — Refocalizando as Marcas

A cooperativa de laticínios europeus Campina (vendas em 2005 superiores a US$ 4 bilhões) parece ter reconhecido a desvantagem da fabricação de marca própria, antes que fosse tarde demais. Em março de 2005, anunciou que os lucros foram sugados pela produção de marca própria: "Laticínios básicos são produzidos para as marcas próprias ao custo mais baixo possível. Entretanto, o retorno sobre esses produtos continua a ser motivo de preocupação".[6]

Felizmente, nos anos recentes, os esforços de construção de marca foram empreendidos por meio da inovação e do marketing. Enquanto a venda de marcas próprias caía, as principais marcas de produto de consumo da Campina, inclusive Campina, Landliebe e Mona, incrementaram sua participação no faturamento total da empresa, de 21% em 2001 para 44% em 2005. Ria Feldman, porta-voz da Campina, explica: "A formação da marca (branding) está ajudando a Campina a desenvolver produtos de valor agregado que sejam mais difíceis, ou até impossíveis, de serem copiados e vendidos pelos supermercados como marca própria".[7] A experiência da Campina ressalta uma disposição para se afastar da produção de marca própria com margens apertadas, para entrar em uma área mais lucrativa de produtos de marca, com valor agregado — uma abordagem que gerou sucesso considerável para algumas empresas internacionais de laticínios, como a Fonterra, da Nova Zelândia.

United Biscuits — Reformulando Sua Capacidade

No final da década de 80, a United Biscuits (UB) foi a líder da marca no mercado de biscoitos e bolachas doces do Reino Unido.[8] Decidiu entrar na produção de marca própria como uma forma de utilizar sua capacidade de produção e manter os lucros a curto prazo. Seu foco nas marcas próprias veio à custa de suas marcas. Ela investiu

112 Estratégia de Marcas Próprias

menos do que deveria em marketing e inovação e, conseqüentemente, houve uma ero-são no seu valor de marca. Os consumidores passaram a achar, cada vez mais, que as marcas de loja ofereciam qualidade comparável e melhor valor. Não é de surpreender que a participação da marca própria continuasse a crescer na categoria de biscoitos doces, também à custa da marca da UB. A longo prazo, os efeitos dessa estratégia de curto prazo levaram certo tempo para aparecer, mas se tornaram cada vez mais evidentes. No período de 1988 a 1994, as margens operacionais caíram pela metade e, em 1995, a empresa acumulou perdas consideráveis.

Em 2000, a UB foi adquirida por três grupos privados e pela Kraft Foods. Desde sua aquisição, a UB deu uma guinada bem-sucedida em seu negócio de biscoitos. Em vez de utilizar a capacidade ociosa com a produção de marcas próprias, ela passou a reduzir sua capacidade de produção como parte de seu programa contínuo de reestruturação. Ao mesmo tempo, a marca principal McVities e outras marcas inglesas da UB divulgaram um crescimento anual de 7%, ajudadas por um aumento substancial no investimento em marketing, tanto nas marcas novas quanto nas antigas. Suas vendas de marcas, agora, constituem quase 90% do total de vendas, de mais de US$ 2 bilhões. Hoje em dia, a UB está "focada na maximização do valor do grupo por meio do crescimento de marcas lucrativas".

Apli Paper — Enfrentando um Dilema

A Apli é uma empresa espanhola familiar, com um movimento de US$ 72 milhões e vendas em mais de cem países. A empresa é uma das dez maiores produtoras de rótulos auto-adesivos da Europa e a líder absoluta na Espanha. Sua marca principal é a Apli, vendida por distribuidores.

Anos atrás, a empresa começou a fabricar marcas próprias para distribuidores amparada em quatro razões. Em primeiro lugar, ela queria utilizar sua capacidade ociosa. Em segundo, acreditava que isso a ajudaria a fortalecer relações com os principais distribuidores. O terceiro motivo alegado era: "Se não fizermos, nosso concorrente fará". Por último, ela acreditava que o volume adicional daria à empresa maior poder de compra frente a seus fornecedores.

Tanto o produto de marca quanto a marca própria são produzidos na mesma fábrica. A qualidade entre eles difere, mas não significativamente. Por isso, há uma tentativa de diferenciar o produto de marca pela embalagem e com uma linha mais extensa. Embora os mesmos gerentes sejam responsáveis pela venda de marcas próprias e marcas aos distribuidores, os incentivos se baseiam principalmente nos produtos de marca, para que o foco seja mantido neles.

Hoje, a fabricação de marcas próprias responde por cerca de um quarto do volume total. As margens operacionais para a marca Apli são de 40%, enquanto para a fabricação de marca própria gira em torno de 10%. A diferença nas margens operacionais demonstra o dilema que a Apli enfrenta. É difícil abrir mão de 25% do volume de vendas, mas as margens operacionais são baixas demais para serem satisfatórias.

Quando perguntamos ao CEO da Apli, Jaume Puigbo, se hoje ele escolheria entrar no ramo de marcas próprias, ouvimos esta resposta: "Esse costumava ser um negócio de alto volume e margem moderada. Agora, é um negócio de margem muito baixa. E quando você leva em conta o transporte e os custos de vendas, fica difícil justificar. No atual nível de margens, não entraríamos nesse mercado".

O Círculo Vicioso da Estratégia Dupla

As experiências precedentes ilustram o perigo real de os fabricantes de marca ficarem presos em um círculo vicioso de fabricação de marcas próprias (ver a Figura 8-2). Isso provavelmente reduz o foco da empresa sobre suas marcas. Grande parte do tempo terá de ser dedicado à renegociação contratual, à redução de conflitos internos entre vendedores de marcas *versus* vendedores de marcas próprias e ao gerenciamento de atritos com o varejista que exige do fabricante prioridade para a expedição de marcas próprias (menos lucrativas).

Além disso, a produção de marca própria resulta em uma redução da defasagem de qualidade entre a marca de fabricante e a marca própria, pois o varejista pressionará o fabricante a dividir a tecnologia mais recente. Alguns importantes fabricantes realmen-

FIGURA 8-2

Um círculo vicioso de fabricação de marca própria pelos fabricantes de marca

114 Estratégia de Marcas Próprias

te anunciam esse fato! Por exemplo, a SCA, gigante sueca de CPG (vendas em 2005 superiores a US$ 13 bilhões), veiculou uma propaganda na revista comercial alemã *Lebensmittelzeitung* que mostrava um gerente de contas europeu proclamando: "Damos tanta importância à qualidade de nossas marcas próprias quanto à qualidade de nossas marcas. Garantido! Eu e minha equipe defendemos isso... porque a divisão de marcas próprias lucra diretamente com as qualidades e as inovações de nossas marcas. É exatamente isso que faz a SCA, diferentemente de seus concorrentes". Embora possa ser verdade, não é tão óbvio, embora desejável. A margem operacional da SCA é menor que a metade da de seus concorrentes como a Kimberly-Clark e a Procter & Gamble. Isso é particularmente preocupante. Como vimos no Capítulo 6, uma pequena defasagem na qualidade é um dos propulsores-chaves do sucesso da marca própria.

Uma defasagem menor na qualidade se traduz em menos disposição para pagar o preço premium que as marcas de fábrica comandam no mercado. Tanto o foco reduzido nas marcas da empresa quanto a menor disposição dos consumidores de pagarem um preço premium contribuem para o sucesso da marca própria. A participação aumentada da marca própria pode prover uma "justificativa" para continuar sua produção. Afinal, é isso que o mercado quer! Dessa forma, a produção de marca própria tornou-se uma profecia auto-realizadora, criando um círculo vicioso do sucesso da marca própria.

A Estratégia Dupla Pode Representar Sucesso para as Marcas de Fábrica?

Os fabricantes de marca deveriam concluir que é sempre desaconselhável se engajar na produção de marcas próprias? Isso seria quase tão simplista quanto fornecer marcas próprias porque "caso contrário, meu concorrente fornece". A questão crucial é: em que condições a produção de marca própria faz sentido? Antes de tudo, acreditamos que a produção de marca própria não faz sentido para preencher a capacidade ociosa. A decisão compreensível e economicamente lucrativa, a curto prazo, quase sempre leva a conseqüências adversas, a longo prazo. As conseqüências negativas, a longo prazo, compensam de longe a contribuição (modesta) do curto prazo, aos lucros. A produção de marca própria é uma decisão estratégica que deveria ser tomada com base em considerações seguras, de longo prazo, e envolve avaliar a análise do custo de produção, considerações competitivas e o porte da marca.

O Papel Crucial dos Custos de Produção

Os custos de produção desempenham um papel crucial na hora da decisão quanto ao suprimento dos produtos de marca própria. Três fatores de custo e preço devem ser considerados:

- CV (empresa focal), ou os custos variáveis de se produzir marcas próprias pela "nossa empresa", e que se referem aos custos de bens vendidos, que variam com a produção
- CT (empresa focal), ou os custos totais de se produzir marcas próprias pela nossa empresa, incluindo os custos fixos e também os variáveis
- CV (empresa concorrente), ou os custos variáveis de se produzir marcas próprias para uma empresa concorrente, que poderia ser um fabricante exclusivo de marcas próprias ou outro fabricante de marca
- Preço, ou preço de custo de uma marca própria, que é o preço de varejo que o consumidor paga por uma marca própria.

Vamos supor que os concorrentes se engajem em um comportamento oportunista e passem a ter um horizonte de planejamento de curto prazo. Ou seja, eles estão dispostos a fornecer marcas próprias, se pelo menos seus custos variáveis de produção forem cobertos. Consistente com a "sabedoria" prevalente do setor (por exemplo, a Figura 8-1), eles considerarão qualquer preço que esteja acima dos custos variáveis de produção e que valha a pena simplesmente porque contribui para cobrir os custos fixos. A teoria econômica padrão nos diz que isso permitirá ao varejista dirigir seu preço de compra para baixo, ao custo de produção variável dos concorrentes: Preço = VC empresa concorrente. Podemos, portanto, distinguir entre três cenários (ver a Figura 8-3).

FIGURA 8-3

Quando os fabricantes de marca deveriam se engajar na produção de marca própria?

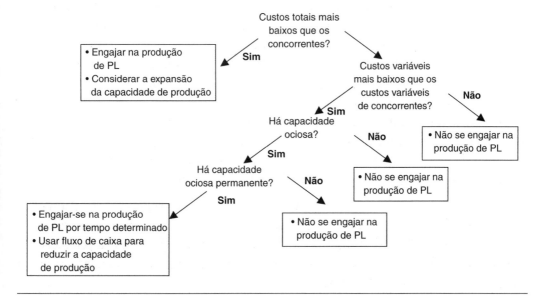

116 Estratégia de Marcas Próprias

Três Cenários

1. $CT_{empresa\ focal} < CV_{empresa\ concorrente}$: ***Forneça marcas próprias***. Neste cenário, os custos totais de nossa empresa, por unidade de marca própria, são inferiores aos custos unitários variáveis de nossos concorrentes. Neste caso, a empresa segue regras contábeis apropriadas e aloca custos fixos a diferentes produtos, inclusive marca própria, e ainda tem lucro sobre a marca própria. Neste cenário, a produção de marca própria é economicamente segura. Contribui para a lucratividade total da empresa. Ela também permite que a empresa acumule um volume de produção maior e colha os benefícios das economias de escala. Dessa forma, torna-se uma competição mais difícil. Se a capacidade de produção da empresa não é suficiente para preencher a demanda por marcas próprias, ela pode considerar expandir a capacidade de produção, contanto que o investimento atenda aos critérios do ROI (retorno sobre o investimento).

Este cenário é realista? Depende muito da capacidade de nossa empresa em perceber custos variáveis mais baixos que seus concorrentes, visto que os custos variáveis de uma empresa típica da S&P 1500 sejam 3,5 vezes maiores que os custos fixos.[9] Assim, qualquer ganho nos custos variáveis, frente aos concorrentes, está pesando bastante. A empresa pode obter custos variáveis mais baixos comprando lotes maiores (o tamanho ajuda), por meio da terceirização global e também da produção global em locais de baixo custo. Trabalhando com diferentes empresas, ficamos surpresos com seus sistemas de terceirização e produção completamente diferentes. Algumas empresas têm um escritório de compras global, integrado, e racionalizam a produção em um nível pan-regional, senão global, em uma base amplamente local. As vantagens de custo do antigo tipo de organização são substanciais. Racionalizar a produção em alguns locais de baixo custo também pode reduzir os custos *fixos*, e economias simples de escala também ajudam. Resumindo, grandes empresas, integradas globalmente, representam a melhor chance de preencher a condição na qual os custos totais são mais baixos que os custos variáveis dos concorrentes.

Neste cenário, os fabricantes de marca que fornecem marcas próprias devem ter regras estritas para assegurar que a integridade de suas marcas não seja comprometida, à medida que eles começam a fornecer marcas próprias. A produção de marca própria, pelos fabricantes de marca, nunca deveria (1) usar embalagem de imitação, (2) incorporar a qualidade premium dos produtos de marca, (3) adotar as inovações desenvolvidas pelas marcas e (4) requerer que os varejistas tenham significativo suporte de marketing, como material promocional, displays, propaganda e concessões.

2. $CV_{empresa\ focal} > CV_{empresa\ concorrente}$: ***Não forneça marcas próprias***. Este é um caso objetivo. Se os custos variáveis da produção de marca própria da empresa excedem os custos variáveis da produção de marca própria de seus concorrentes, a produção de marca própria não é recomendada. A empresa não será capaz de comandar um preço que cubra os custos de bens vendidos.

3. $CT_{\text{empresa focal}} > CV_{\text{empresa concorrente}} > CV_{\text{empresa focal}}$: **Depende**. Neste caso, nossa empresa será capaz de comandar um preço por sua marca própria que excede seus próprios custos variáveis de produção (uma vez que o preço de compra no varejo é igual aos custos variáveis do concorrente; veja argumentos anteriores). Daí, a produção de marca própria contribui com custos fixos. Entretanto, ela não atinge sua parcela justa. Se a empresa não tem capacidade ociosa, ela não deve se engajar na produção de marca própria, porque terá sua lucratividade reduzida.

Se a empresa tem capacidade ociosa de produção, ela deve avaliar se o excesso de capacidade é temporário ou estrutural. Se for temporário, aconselhamos que a empresa não se engaje na produção de marca própria, pois isso interferirá na demanda por suas marcas, quando a demanda aumentar, estabelecendo um precedente para o futuro. Se o excesso de capacidade for estrutural, a empresa deve fazer duas coisas. Primeiro, desenvolver um plano reestruturador, para que a capacidade de produção fique alinhada com a demanda prevista. Segundo, engajar-se na produção de marca própria até que o plano reestruturador seja completado e usar a contribuição gerada por essa atividade para cobrir as despesas com a reestruturação. Dessa forma, a produção de marca própria fica temporária e se encaixa na visão estratégica da empresa. Independentemente de o excesso de capacidade ser temporário ou estrutural, implementar nossas recomendações exige coragem, pois a saída fácil é simplesmente procurar ganhos a curto prazo. Para ajudar os gerentes a evitar "cair em tentação", essa política deveria ser discutida pelo conselho.

Produção de Marca Própria Como Ferramenta Competitiva

A produção de marca própria por um fabricante de marca também pode ser usada como uma ferramenta competitiva. A empresa pode tentar enfraquecer um concorrente produzindo uma marca própria, cujas características de qualidade imitem aquelas de uma marca competitiva líder. Alternativamente, a empresa pode oferecer uma marca própria de qualidade inferior. Em ambos os casos, o fabricante gerencia a qualidade da marca própria, para assegurar que ela não prejudique suas próprias marcas. Isso pode fazer sentido em termos de estratégia de negócio, mesmo que a produção da marca própria, em si, não seja lucrativa.

Somos céticos quanto à capacidade de um fabricante de marca em usar produção de marca própria como ferramenta competitiva, a não ser que a categoria não seja importante para o varejista. Nesse caso, o varejista pode simplesmente comprar pelo preço e não pelas características detalhadas de qualidade. Um exemplo é nosso trabalho com a empresa holandesa CPG. Sua marca principal é a líder de mercado na categoria. Essa categoria não é importante para os varejistas holandeses, que simplesmente compram pelo preço. Suas economias de escala lhes permitem oferecer aos varejistas um produto de pouca qualidade a preços baixíssimos. Dessa forma, a empresa alcança três propósitos:

118 Estratégia de Marcas Próprias

- Nega aos concorrentes a oportunidade de afetar sua marca principal oferecendo um produto de marca própria de alta qualidade.
- Nega aos concorrentes economias de escala na produção.
- Atrai os consumidores que nunca comprariam sua própria marca (cara), visto que eles não se importam com qualidade nessa categoria.

Marcas Secundárias

A produção de marca própria também pode fazer sentido para os participantes menores do mercado. Para empresas que não têm marcas líderes, a produção de marca própria pode ser a única forma de sobreviver. Por exemplo, as duas principais redes da Austrália, Coles Myer e Woolworths, iniciaram um esforço em 2004 e 2005 para cortar as marcas de determinada categoria de quatro ou cinco para três, sendo uma delas marca própria. Um observador do varejo comentou: "Os produtores menores, principalmente aqueles que estão para sair das prateleiras dos grandes supermercados, têm poucas escolhas. Eles podem prover produtos de marca própria para o supermercado, vendê-los em pequenas lojas no varejo ou, por meio da consolidação, juntar-se a um grupo maior do setor de alimentos, que tenha maior poder de barganha com os supermercados".[10] Com o tempo, algumas dessas empresas podem migrar de fabricantes de marcas para dedicados fornecedores de marcas próprias, aos quais voltaremos a seguir.

Fabricantes Exclusivos de Marcas Próprias

As empresas também podem decidir focar exclusivamente a produção de marcas próprias. Várias delas são encontradas na Ásia, nas Américas, na Europa e em outras partes, em diversos setores que vão desde alimentos, bebidas, produtos de limpeza, saúde e beleza, a móveis, produtos faça-você-mesmo, calçados, roupas e mercadorias em geral. Não há uma estimativa do número de fabricantes exclusivos de marcas próprias, que certamente são milhares.

Os fabricantes exclusivos de marca própria têm várias características em comum.[11] A maioria é representada por empreendimentos pequenos e médios, especializados em algumas categorias com alto volume de produção, ou seja, de baixa margem. O menor preço é uma forma de pensar: eles perseguem o volume praticamente a qualquer custo, para preencher sua capacidade. Normalmente os processos de negócio são altamente flexíveis, para que possam lidar com uma ampla variedade de produtos e prazos curtos. Fazer a categoria crescer, e criar demanda, é deixado para as marcas de fabricante. Sua própria pesquisa e desenvolvimento consistem basicamente em identificar, copiar e antecipar novas introduções de produtos pelos fabricantes de marcas, seja um produto para casa ou um novo design de moda. Eles se gabam abertamente da facilidade que têm para copiar inovações introduzidas pelas marcas de fabricante.

No entanto, desafios significativos permanecem. Um estudo recente realizado pela Associação de Fabricantes de Marca Própria (PLMA), entre os varejistas do mundo todo, identificou os seguintes problemas considerados importantes:[12]

- Falta de flexibilidade e idéias entre os fabricantes de marcas próprias
- Falta de suporte de marketing oferecido pelos fabricantes de marcas próprias
- Controle de qualidade e desenvolvimento de produtos inadequados

Evidentemente, pode-se alegar que esses problemas são inerentes ao conceito de fabricantes exclusivos de marca própria. Os varejistas querem ter o melhor de dois mundos: a capacidade inovadora e o suporte de marketing das marcas de fabricante, assim como as altas margens de varejo oferecidas pelos fabricantes de marca própria. No entanto, no mesmo estudo da PLMA, mais da metade dos varejistas disse que estava procurando ativamente fornecedores de marcas próprias que pudessem resolver esses problemas. Duas das empresas de maior sucesso nessa área são a Cott, do Canadá, e a McBride, com sede no Reino Unido.

Cott Corporation

A Cott Corporation é a maior fornecedora de refrigerantes de marca própria do mundo e a quarta maior fabricante de refrigerantes do mundo, depois da Coca-Cola, da Pepsi-Co e da Cadbury Schweppes.[13] Além disso, a Cott fabrica e distribui água mineral, sucos, chás gelados e bebidas esportivas. No período de 2000 a 2005, suas vendas cresceram 80%, de US$ 990 milhões para US$ 1,8 bilhão. A renda operacional quase dobrou, de US$ 76 milhões para US$ 145 milhões, no período de 2000 a 2004, mas caiu para US$ 73 milhões em 2005. Embora venda alguns produtos com seus nomes de marca (por exemplo, Cott, RC), é basicamente fornecedora de marcas próprias, que respondem por 93% do volume de vendas. A Cott fornece 74% de todos os refrigerantes de marca própria vendidos na América do Norte e 44% daqueles vendidos no Reino Unido. Produz marcas próprias para vários varejistas, inclusive a Sainsbury Classic, a Sam's Choice e a Great Value, para o Wal-Mart e a Safeway Select.

Estratégia da Cott

A estratégia da Cott reúne vários componentes interligados. Primeiro, ela mantém operações totalmente integradas, que vão do desenvolvimento do produto, passam pela fabricação do concentrado, até o engarrafamento e o armazenamento. Isso permite que a Cott adicione valor por meio da cadeia de suprimento e otimize a capacidade de resposta aos clientes.

Um segundo componente é o papel que as marcas e os produtos da Cott desempenham no processo de desenvolvimento de produto para seus clientes. Ela oferece suas

120 Estratégia de Marcas Próprias

marcas próprias aos varejistas, que podem experimentá-las antes de comprometerem sua marca de loja com o produto. Um exemplo são os Vintage Fruit Refreshers, uma linha de bebidas com sabor de fruta, sem calorias e sem gás. Vários varejistas norte-americanos testaram esses produtos em suas lojas, antes de introduzi-los como marca própria.

Um terceiro componente é o foco centrado no cliente da Cott. Ela está se organizando cada vez mais em torno dos varejistas, desenvolvendo equipes multifuncionais alinhadas com um varejista específico. Durante cinco anos seguidos, a Cott foi considerada "Category Colognel" (mandante da categoria), para refrigerantes de marca de varejo, pela *PL Buyers Magazine*. O prêmio reconhece fabricantes que "estão comprometidos com a qualidade e o estabelecimento de verdadeiras parcerias com os varejistas". Sua disposição para dividir tecnologia e produtos cria valor para os varejistas. Em 2004, ganhou o prêmio Beverage Fórum Company of the Year. O comitê de premiação escreveu: "Com a orientação da Cott, os varejistas conseguiram mudar as marcas de loja de uma posição de mercadoria baseada apenas no preço, para uma proposição de valor associada à qualidade, às inovações e ao valor da marca (brand equity). Mudando a categoria de marca própria para a categoria do varejista — tanto no nome quanto no espírito — a Cott ajudou seus clientes varejistas a promoverem sua imagem de marca e a forjar novas ligações com os clientes".

Os Desafios da Cott

Mesmo com tanto sucesso, a Cott também enfrenta alguns sérios desafios. Depende de seus melhores clientes, principalmente do Wal-Mart, que responde por aproximadamente 40% do total de suas vendas. A perda de qualquer cliente-chave afetará significativamente a lucratividade da empresa. Além disso, precisa que seus clientes comercializem bem seu produto. Uma lição mais séria é dada pela guerra da cola no Reino Unido, em meados da década de 90. Em 1994, a gigante inglesa do varejo J. Sainsbury introduziu a Classic Cola da Sainsbury, fornecida pela Cott. A Classic Cola da Sainsbury atingiu rapidamente participação de 60% dentro da loja e 17% no mercado total de cola no Reino Unido. O preço das ações da Cott disparou. O céu era o limite. Se a Coca e a Pepsi pudessem ser derrotadas, qualquer marca seria uma presa fácil.

Acontece que as duas gigantes da cola reagiram. Elas retaliaram com investimentos maciços em marketing: inovação na embalagem, promoções de preço e propaganda. A Coca-Cola lançou uma campanha publicitária capitalizando seu famoso slogan "Always". Mostrava uma garrafa de Coca com "Always" como título e o texto: "Nós só fazemos a coisa real, a verdadeira. E sempre faremos". Ao lado da garrafa de Coca havia outras garrafas de cola, com o título "Nunca" e a assinatura: "Não fazemos colas para outras empresas". Com o tempo, a Pepsi e a Coca-Cola recobraram a maior parte de sua participação de mercado, e o preço das ações da Cott caiu de uma alta em torno de US$ 35, em 1994, para uma queda de US$ 7, em 1996.

Em 2004, a introdução de vários produtos novos e a crescente complexidade na fabricação contribuíram para uma queda significativa no fluxo de caixa operacional. Uma desvantagem significativa da disposição da Cott para deixar os varejistas experimentarem novos produtos, antes de os adotar, é que a Cott absorve efetivamente os altos riscos associados às introduções de novos produtos.

Em 2005, os ajustes para baixo no valor de relações com o cliente, mais os encargos de reestruturação, e uma diminuição nas margens brutas contribuíram para uma queda de mais de 50% na renda operacional, *profit warning*, e uma queda no preço de suas ações em 50%.[14] De fato, sua margem de lucro líquida de 1,4% é irrisória em comparação com seus bons concorrentes de marca: Coca-Cola (21%), PepsiCo (14%) e Cadbury Schweppes (17%). As ações da Cott não são para quem sofre do coração. Seu poder limitado de mercado, frente aos clientes, contribui para a volatilidade considerável do preço de suas ações.

Grupo McBride

Enquanto a Cott Corporation é ativa basicamente na América do Norte, o McBride Group, da Inglaterra, está focado na Europa.[15] É o maior fornecedor de produtos de marca própria para residência e cuidados pessoais, na Europa. Suas vendas, nos últimos quatro anos, aumentaram de US$ 871 milhões, em 2000 e 2001, para US$ 976 milhões, em 2004 e 2005. No mesmo período, seu lucro operacional aumentou de US$ 43 milhões para US$ 63 milhões, e o retorno sobre as vendas cresceu de 5,2% para 6,5%. O Reino Unido é o mercado mais importante da McBride, respondendo por mais de 40% das vendas. A Europa Continental responde por quase todas as outras vendas.

Estratégia da McBride

Um elemento importante da estratégia da McBride é ser extremamente rápida em copiar novos produtos lançados pelos fabricantes de marca. A McBride se posiciona como seguidora do mercado. Ela não está em posição de desenvolver inovações. Os varejistas apenas esperam que a McBride consiga fornecer inovações ao mesmo tempo em que são introduzidas pelos fabricantes de marca. De fato, ela foi capaz de fornecer um detergente inovador (liquitabs) para a Co-op do Reino Unido, antes que fosse introduzido pela Ariel da P&G e pela Persil da Unilever. Isso significa que o departamento de P&D da McBride não está focado no desenvolvimento de idéias novas, mas na identificação e previsão de atividades de P&D dos fabricantes de marca. Para tanto, visitam feiras comerciais, conduzem pesquisa de mesa e investigam padrões e tendências do mercado.

O segundo componente da estratégia da McBride é sua *flexibilidade* imbatível nas linhas de produção. Elas são montadas com base na entrega rápida de produtos, que

122 Estratégia de Marcas Próprias

podem ser requisitados com muito pouco prazo pelos varejistas. Suas máquinas são programadas para reconhecer um conjunto básico de atributos de produto — por exemplo, sua altura ou o tamanho da base — e seus profissionais são capazes de acrescentar flexibilidade ao processo, alterando o molde. Basicamente, a mesma máquina pode fazer produtos com aparência diferente, em rápida sucessão, e a um preço eficiente, em termos de custo. A McBride usa suas próprias matérias-primas. Ela não compra garrafas de plástico, por exemplo. Como resultado, é rápida para reagir às necessidades dos varejistas, e tem controle sobre o processo de produção em termos de custos, planejamento e entrega just-in-time (JIT).

O terceiro componente é que a McBride tem forte *excelência operacional*, o que inclui conhecimento detalhado de seus custos e capacidades de produção. Isso lhe dá uma vantagem em concorridos leilões pela Internet, que estão se tornando muito comuns. Os lances pela Internet permitem que um grupo de fabricantes selecionados faça lances para grandes contratos em toda a Europa. Esses lances podem ser para consórcios europeus de varejistas, e geralmente para volumes bem grandes. Eles acontecem sob fortes pressões de tempo: os "participantes" podem ter apenas uma ou duas horas para o lance. Isto só é possível se a empresa tiver conhecimento detalhado de sua estrutura de custos e capacidade de produção em base diária. Se a McBride vence o lance, ela adapta o produto (marginalmente) aos requisitos e formatos dos mercados locais.

Em quarto lugar, a McBride tenta ainda construir *relações de longo prazo* com os varejistas, com base na confiança. Para atingirem esse objetivo, os gerentes permanecem na mesma conta mais tempo que o usual para os fabricantes de marca. Além disso, em comparação com os vendedores de um fabricante de marca, os vendedores da McBride têm conhecimento mais amplo, inclusive de tecnologia atual, produção, legislação e estrutura de custo de seus produtos.

É interessante notar que a McBride reconhece o papel importante e benéfico desempenhado pelos fabricantes de marca. Ela acredita que as marcas de fabricante criam e expandem mercados por meio de propaganda e inovações. Este é um luxo que os fabricantes de marca — mas não a McBride — podem se dar, desde que não estejam vendendo a preços abaixo do mercado.

Desafios da McBride

A McBride também enfrenta desafios. Sua lucratividade tem sido estável nos últimos anos. À primeira vista, é um fato notável, pois suas marcas próprias estão ficando saudáveis em vários mercados europeus. Entretanto, a McBride enfrenta uma pressão dupla: custos mais altos de insumo e "deflação de preço" — um bom termo para indicar que os varejistas estão obtendo concessões de preço da McBride.[16] Ela é capaz de compensar os efeitos negativos com o crescimento de volume, com a redução das despesas gerais e com o aumento das eficiências operacionais, que infelizmente também têm seus limites.

Produza Marcas Próprias para Obter Lucros Maiores 123

As vendas da McBride são predominantemente marcas próprias de material de limpeza (detergentes para roupas, produtos de limpeza em geral, aerossol etc.) Esses mercados são caracterizados pela crescente comoditização e pela competição de preço, o que torna difícil para a McBride comandar preços mais altos. Diferentes dos mercados de cuidados pessoais, por exemplo, que são menos sensíveis a preço e oferecem mais potencial para evitar esse tipo de concorrência.

O modelo da McBride depende muito da inteligência de mercado, para identificar logo as inovações — de preferência antes do lançamento — e em sua capacidade de imitar esses produtos. As marcas de fábrica estão se tornando cada vez mais cientes da ameaça que as marcas próprias impõem aos fabricantes, e começam a tomar cada vez mais precauções para manter o segredo das inovações o maior tempo possível e para protegê-las com patentes. É difícil para a McBride gerar altos lucros sem suas fortes marcas. Sua margem operacional de 6,5% é inexpressiva, se comparada à margem operacional de cerca de 15% a 20% dos concorrentes de bens de marca como Procter & Gamble, Unilever, Colgate-Palmolive e Reckitt Benckiser. Refletindo sua fraca posição competitiva, o desempenho do preço de suas ações na última década (+19%) ficou atrás de índices agregados como o FTSE 250 e o índice para cuidados pessoais e produtos domésticos, que cresceram mais do que o dobro no mesmo período.

Fatores-Chave de Sucesso para Fabricantes Exclusivos

Estes exemplos revelam que os fatores-chave de sucesso de fabricantes exclusivos de marcas próprias são um foco implacável:

- Nos custos baixos
- Na flexibilidade imbatível das linhas de produção
- Na inteligência de mercado focada na identificação e cópia de inovações, logo que elas apareçam no mercado

Na medida em que esses critérios — os dois primeiros em particular — são atendidos, a fabricação exclusiva de marcas próprias pode ser um negócio lucrativo. Os mercados desenvolvidos da América do Norte e da Europa ainda são os mais importantes do mundo. Por isso, as empresas localizadas nesses mercados têm uma vantagem natural na inteligência de mercado. Entretanto, as empresas localizadas em mercados emergentes como Índia e China têm uma clara vantagem de custo e podem não ser piores, se não forem melhores, em flexibilidade na produção.

Como os varejistas sofisticados como Wal-Mart, Tesco, Home Depot, IKEA, H&M e Carrefour são capazes de conduzir sua própria inteligência de mercado, a vantagem de custo das empresas de mercados emergentes está pesando mais no mercado de hoje.

124   Estratégia de Marcas Próprias

Essas empresas podem fornecer produtos a preços baixos, enquanto ainda têm lucro na produção.

Para Guardar do Capítulo

As Estratégias Duplas de Sucesso

- Considere os custos totais de se engajar na produção de marca própria. As únicas exceções são:

    - Quando a produção de marcas próprias acontece em base estritamente ocasional e de curto prazo, e nesse caso a renda acima dos custos variáveis da produção de marcas próprias é uma contribuição aos lucros.

    - Se há evidências claras de que fornecer marcas próprias leva o varejista a dispensar tratamento preferencial às marcas do fabricante.

- São lucrativas, geralmente porque a empresa goza de excelente vantagem de custo sobre seus concorrentes.

- Não se deve produzir marcas próprias quando:

    - Reduzem a capacidade dos fabricantes de marca de justificar um preço premium aos varejistas pelas marcas da empresa, em razão da transparência de custo.

    - Diluem o foco nas marcas do fabricante.

    - Usam as últimas inovações desenvolvidas para as marcas do fabricante.

- Deve-se avaliar a alternativa de reduzir a capacidade de produção.

Fabricantes Exclusivos de Marca Própria Bem-Sucedidos

- Têm um foco firme nos custos baixos, na flexibilidade insuperável das linhas de produção e da inteligência de mercado focadas na identificação e cópia das inovações da marca de fabricante, assim que elas aparecem no mercado.

- Tendem a ser empresas de tamanho médio e pequeno, cada vez mais localizadas em países de baixo custo como a Índia e a China, em vez de pertencer ao industrializado Ocidente.

NOVE

Faça Parcerias Efetivas
para Cultivar Relações com
Ganhos para Todos

Vendas anuais da Procter & Gamble para o Wal-Mart: US$ 10 bilhões

PARA IMAGINAR O PODER DOS VAREJISTAS, é interessante considerar a porcentagem das vendas globais de um fabricante como o Wal-Mart, por exemplo, maior varejista do mundo. O Wal-Mart é responsável por 28% das vendas da Dial, 25% das receitas da Clorox e 16% do movimento da Procter & Gamble (ver Tabela 9-1). Esses números têm implicações imensas. Significam que o Wal-Mart comprou produtos no valor de US$ 9 bilhões e US$ 4,5 bilhões da Procter & Gamble e da Kraft, respectivamente. Desde então, a P&G adquiriu a Gillette, e o Wal-Mart agora responde pelas vendas de mais de US$ 10 bilhões da P&G — superando o PIB da Jamaica. Além disso, o Wal-Mart fez compras no valor de um bilhão de dólares da Clorox, General Mills, Sara Lee e Kellogg.

À medida que os varejistas se consolidaram, a participação em vendas, de um fabricante de marca, que flui por meio de suas maiores contas de varejo, tem crescido e continuará a crescer. Os dez maiores varejistas respondem hoje por 30% a 45% das vendas no mundo de bens de consumo embalados, um número que os fabricantes raramente gostam de divulgar, porque revela sua vulnerabilidade. Entretanto, em 2003, a Dial declarou que seus dez maiores clientes respondiam por 57% de suas vendas. Os fabricantes de marcas devem aprender a fazer parcerias efetivas com esses grandes varejistas, para que mudem sua posição de adversários e passem a um relacionamento em que todos ganhem.[1]

126 Estratégia de Marcas Próprias

TABELA 9-1

Participação em vendas de CPG das empresas Wal-Mart

Empresa	Vendas globais (US$ milhões)	% Vendas para o Wal-Mart	$ Vendas para o Wal-Mart (US$ milhões)
Dial	1.345	28*	377
Clorox	4.324	25**	1.081
Sara Lee (Segmento de Branded Apparel)	6.426	22	1.414
Revlon	1.297	21**	272
Energizer	2.813	17**	467
Procter & Gamble	56.741	16	9.079
General Mills	11.244	16	1.799
Kellogg	9.614	14**	1.346
Kraft	32.168	14**	4.504
Gillette	10.477	13**	1.362

*2003
**2004 – ou 2005
Fonte: Relatórios anuais da empresa.

Varejistas Eficientes Não São o Inimigo

Varejistas de crescimento rápido como a Amazon.com, Best Buy, Costco, Lidl, Save-A-Lot e Wal-Mart normalmente são vistos pelas marcas de fabricantes como destruidoras de valor, pois são varejistas que vendem produtos de marca do fabricante a preços muito baixos. Isso gera conflito para os fabricantes, frente a seus canais tradicionais, freqüentemente ineficientes. Mas esses varejistas estão crescendo exatamente por esta razão: eles são extremamente eficientes em levar produtos de marca de fabricantes aos consumidores finais. Os custos mais baixos de distribuição significam que eles estão levando produtos de marca ao cliente por um preço mais baixo e, portanto, expandindo o mercado. Os fabricantes de marca têm de aceitar essa realidade e distribuir seus produtos em lugares onde os consumidores querem comprar. De outra forma, ficarão presos a canais que estão desaparecendo.[2] A esse respeito, Brenda Barnes, diretora executiva da Sara Lee, declarou: "Devemos estar onde o cliente compra nossos produtos".[3] Agora, a Sara Lee vende tortas na Save-A-Lot.

Faça Parcerias Efetivas para Cultivar Relações com Ganhos para Todos 127

Tudo isso não significa que varejistas eficientes não enfrentem seus próprios desafios. Há três áreas em que mesmo eles podem se beneficiar com a formação de parcerias efetivas com fabricantes de marca.

- Os varejistas precisam de marcas próprias de alta qualidade.
- Os varejistas precisam se diferenciar de outros varejistas.
- Lojas de descontos precisam de marcas de fabricante em seu sortimento.

No capítulo anterior, já discutimos a produção de marca própria pelos fabricantes de marcas. Agora, vamos voltar às outras duas áreas.

Necessidade de Diferenciação dos Varejistas

Os varejistas querem que os fabricantes de marca os ajudem a se diferenciar por meio de marcas e produtos exclusivos. Historicamente, a maioria dos fabricantes de marca não customizaria suas ofertas para varejistas individuais sem comprometer suas estruturas de custo. Hoje, a situação é um pouco diferente, com o grande volume que os megavarejistas são capazes de entregar individualmente. Os fabricantes de marca podem aderir à necessidade que os varejistas têm de diferenciação, com o desenvolvimento de marcas exclusivas, SKUs exclusivas, e de ofertas exclusivas feitas uma única vez, de uma forma que todos saiam ganhando.

Marcas Exclusivas

A Estée Lauder criou recentemente quatro marcas (American Beauty, Flirt, Good Skin e Grassroots) que, pelo menos por enquanto, são encontradas exclusivamente na Kohl's, uma rede de lojas de departamento de preços médios. A Kohl's não pode competir com o Wal-Mart e a Target em marcas de mercado de massa de empresas como a Procter & Gamble e a Unilever. E não faz sentido para a Estée Lauder retirar suas marcas de prestígio Lauder ou Clinique das tradicionais lojas de departamento e passar para a Kohl's. As marcas exclusivas podem permitir uma parceria de sucesso mútuo, se a Kohl's for capaz de entregar o volume e a Estée Lauder for capaz de manter sob controle seus custos para essas marcas novas.

No entanto, a longo prazo, as marcas exclusivas para varejistas individuais parecem, pelo menos para nós, ser uma estratégia onerosa. Se essas marcas se tornam grandes sucessos, é impossível praticar a lógica de restringi-las a um único varejista. Limitá-las a um único tipo de canal, e não a um único varejista — referido como marcas de canal — é mais viável. Entretanto, para muitas marcas de fabricante do mercado de massa, até mesmo isso pode não ser apropriado. As marcas de fabricante precisam estar presentes sempre que os clientes saem às compras. Afinal, uma força fundamental das marcas de fabricante frente às marcas próprias é sua maior disponibilidade.

128 Estratégia de Marcas Próprias

SKUs Customizadas

Em vez de desenvolver marcas exclusivas, acreditamos que seja preferível para os fabricantes oferecer uma SKU exclusiva, consistente com a estratégia do varejista individual. A Nestlé, por exemplo, desenhou um recipiente exclusivo de dois litros de água mineral Vittel, com uma parte mais estreita no meio, para que possa ser segurada com mais facilidade. Essa garrafa foi feita exclusivamente para a Lidl da Europa. Toda semana, 54 trens carregados de garrafas saem de uma fábrica da Vittel, na França, para chegar aos centros europeus de distribuição da Lidl. Peter Brabeck, chairman e CEO da Nestlé, diz que a parceria "está se tornando muito boa".[4]

Como resultado de tais iniciativas, cerca de 5% das vendas de comestíveis da Nestlé, na Europa, são feitas por meio de lojas de descontos. Se bem gerenciadas, essas vendas podem ser altamente lucrativas para o fabricante. Apesar do preço mais baixo no varejo, a margem sobre as vendas da Vittel, por meio da Lidl, é tão alta quanto a Nestlé alcança utilizando outros estabelecimentos. Ter um pedido tão grande de um item lhe dá economias de escala na produção e distribuição. A Nestlé, por exemplo, pode reservar uma linha de fabricação somente para a garrafa Vittel da Lidl.[5]

São essas experiências que têm levado Peter Brabeck a observar: "Dez anos atrás estávamos em uma briga de galos com os varejistas. Mas não devemos nos esquecer de que eles investiram em sistemas muito caros de distribuição, que provocaram a queda dos preços e contribuíram para o aumento de nosso volume. Por isso, agora queremos ser parceiros, e não fornecedores".[6]

A Macy's é um exemplo de loja de departamento que está crescendo, contando com mercadorias exclusivas para se diferenciar dos concorrentes. Colaborando com os fabricantes de marca como Tommy Hilfiger, ela vende atualmente US$ 2 bilhões de SKUs apenas nas lojas Macy's.[7]

Ofertas Únicas Exclusivas

Os varejistas também podem ajudar os fabricantes de marca a atingirem um novo segmento. Se tudo for executado com cuidado, os fabricantes podem aproveitar essa oportunidade sem comprometer o posicionamento de sua marca. Considere o golpe de varejo da H&M, no outono de 2004, por meio de sua colaboração com o estilista Karl Lagerfeld, da Chanel. Reconhecendo que o mais perto que as mulheres chegavam da Chanel era tendo um frasco de perfume, a H&M convenceu Lagerfeld a desenhar uma coleção exclusiva para a loja, com edição limitada. Lagerfeld foi informado de que a H&M não queria alta moda, mas uma linha comercialmente viável.[8]

No dia em que a coleção de Lagerfeld chegou às lojas, hordas de consumidores de moda, que se importam com preço, se amontoaram nas lojas H&M. Muitos itens foram vendidos em questão de horas, como um vestido preto, para coquetel, inspirado em Chanel, de US$ 99. O próprio Lagerfeld ficou surpreso com a resposta: "Tudo vendido em três dias, mesmo os itens mais caros".[9] As vendas da loja dispararam 12% no mês em que a coleção foi lançada. E a oferta única, com número limitado e por tempo limitado, ajudou a criar burburinho sobre a Chanel, sem qualquer desvantagem para o prestígio da marca. Em 2005, Stella McCartney desenhou uma linha exclusiva de 40 itens para a H&M, que teve sucesso semelhante.

A estratégia de linha exclusiva por tempo limitado funciona porque a fabricação nesse setor é terceirizada em países de baixo custo, como a China. Assim, o custo de flexibilidade é arcado por uma grande rede terceirizada, e não pelo designer, e a produção é tipo lote. Não há instalação de produção com capacidade limitada, que seja propriedade da marca e, portanto, pedidos únicos como este não têm de ser otimizados e equilibrados contra a programação normal de produção.

Necessidade Que as Lojas de Descontos Têm de Marcas de Fabricante

Cada vez mais, as lojas de descontos — que tradicionalmente focavam em marcas próprias — estão passando a se interessar pelas marcas de fabricante. Atualmente, o preço tende a ser o principal determinante na escolha da loja, para aqueles que procuram descontos. Isto torna vulnerável a posição do mercado das lojas de descontos, se as lojas de descontos concorrentes (ainda) mais eficientes entram no mercado. Devido ao sucesso dessas lojas, sua densidade aumenta — por exemplo, mais de 80% das famílias alemãs moram a menos de 15 minutos, de carro, de uma loja Aldi e de uma Lidl. Conseqüentemente, as lojas de descontos estão procurando oportunidades de se diferenciarem umas das outras utilizando uma estratégia de sortimento, indo, assim, além da competição baseada puramente em preço. Ter uma oferta equilibrada de marcas, tanto de loja quanto de fabricantes, pode aumentar o desempenho da loja de descontos, pois as marcas de fabricante são conhecidas pela movimentação que causam nas lojas. Além disso, em muitas categorias, há um segmento de consumidores que prefere marcas de fabricante.

De fato, as marcas de fabricante atualmente são um importante propulsor do crescimento continuado da Lidl. Em 2004 e 2005, as vendas de marca cresceram 16% *versus* um crescimento de 9% das marcas próprias da Lidl. Em contraste, as vendas gerais da loja de descontos rival, a alemã Penny, caíram porque ela deixou de enfatizar as marcas de fabricante, o que gerou uma queda de 7% nas vendas de marca, o que não pôde ser compensado pelo aumento em suas vendas de marca própria (+1%).

Mesmo a poderosa Aldi parece não estar mais imune à atração das marcas de fabricante, na medida em que a Lidl ultrapassa a Aldi em alguns mercados, devido à parcela mais ampla de marcas de fabricante que oferece. De acordo com relatórios publicados no Lebensmittel Zeitung, a Aldi está em conversações com a Ferrero e outras fabricantes de marca para vender essas marcas em suas lojas e ganhar clientes de sua maior rival, a Lidl.[10]

A Figura 9-1 fornece exemplos de alguns sucessos de marca na Lidl da Alemanha.[11] Em inúmeras categorias, a Lidl aumentou sua participação de mercado adicionando importantes marcas de fabricante, enquanto as marcas de fabricante também aumentaram sua participação de mercado dentro da Lidl. A iniciativa cria uma situação estável, em que todos ganham. Tanto a marca Lidl quanto as marcas de fabricante têm lucrado umas com as outras.

Propulsores de Situações de Ganhos para Todos em Lojas de Descontos

Quando é mais provável que as situações em que todos vencem ocorram? Com nossos colegas, examinamos os fatores-chaves de sucesso que impulsionam situações de ganhos para todos, com mais de 400 marcas em seis lojas de descontos, em três importantes países europeus (Reino Unido, Alemanha e Espanha).[12] Todos os três países têm fortes lojas de descontos e um cenário vigoroso de marca própria. Descobrimos que quase um quarto de todos os bens de marca na amostra foi considerado bem-sucedido

FIGURA 9-1

Exemplos de marcas bem-sucedidas na Lidl

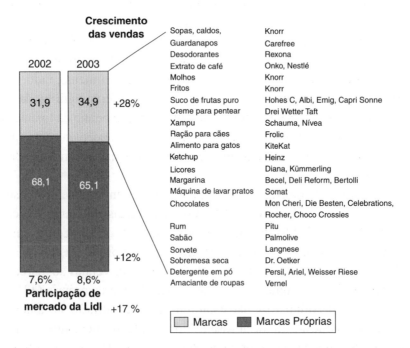

Fonte: Thomas Bachl, "Big Splurge or Piggy Bank: Where Are the Markets Heading For? (apresentado na reunião anual GfK Kronberg, Kronberg, Alemanha, 27 de janeiro de 2004). Reproduzido com autorização.

Faça Parcerias Efetivas para Cultivar Relações com Ganhos para Todos 131

para ambos os parceiros. As lojas de descontos e fabricantes se beneficiam, ambos, de uma grande diferença de preço entre a marca de fabricante e a variante de marca própria da loja de desconto. Uma grande defasagem de preço sinaliza que elas não são meras substitutas, mas que a marca de fabricante e a marca própria são direcionadas para diferentes segmentos de consumidores ou ocasiões de compra. É claro que a defasagem ideal de preço diferirá entre categorias, mas verificamos que a defasagem ideal de preço está na faixa da marca do fabricante ficar entre 75% e 150% mais cara que a marca própria. Acima da faixa de 150%, as chances de todos saírem ganhando cai significativamente.

Nossa pesquisa demonstrou o achado surpreendente de que situações em que todos ganham ocorriam significativamente com mais freqüência quando a marca era apresentada em uma caixa vistosa. Para poupar custos, as lojas de descontos geralmente não tiram os produtos das caixas, quando os expõem em suas lojas. Assim, 41% das marcas de fabricante são embaladas em uma caixa de papelão. Acontece que poucos fabricantes utilizam essa caixa como uma ferramenta de marketing. Apenas 14% das caixas de papelão encontradas nas lojas eram bem decoradas e apresentavam desenhos atraentes. Nossa recomendação é que os fabricantes invistam na criação de caixas de papelão atraentes, bem desenhadas, para enviar suas marcas às lojas de descontos. Ao mesmo tempo, aconselhamos as lojas de descontos a apresentarem as marcas de fabricante nessas caixas bem desenhadas.

Finalmente, para suas ofertas nas lojas de descontos, os fabricantes devem usar marcas inovadoras, dinâmicas — ou seja, marcas atualizadas regularmente com novas características, em vez de marcas cansadas, velhas. As marcas inovadoras não só se destacam mais, em um sortimento pouco inovador de uma loja de descontos, mas também aumentam a atração de toda a categoria.

Em nosso trabalho com empresas, os executivos sempre mencionam sua preocupação de que as vendas de marca, em lojas de descontos, canibalizarão as vendas — que eles alegam ser mais lucrativas — dos varejistas tradicionais que praticam preço mais alto. A preocupação é válida, entretanto superestima o preço real ou realizado — em oposição ao preço de lista — que os consumidores pagam pelas marcas no canal tradicional. Nossas pesquisas mostraram que o preço real pago pelas marcas de fabricante não diferia muito entre os varejistas tradicionais e as lojas de descontos. Como isso é possível? As lojas de descontos geralmente empregam uma estratégia de preços baixos todo dia (EDLP, everyday low prices), enquanto os varejistas tradicionais empregam uma estratégia de preços altos e baixos (Hi-Lo, high-low prices), realizando promoções freqüentes. Os consumidores fiéis à marca fazem estoques quando há uma promoção, o que resulta em um preço realizado muito mais baixo para o fabricante. Além disso, nossa pesquisa mostra que em muitos casos não havia canibalização apreciável de vendas nos varejistas tradicionais. Introduzir a marca nas lojas de descontos freqüentemente resulta no volume incremental de vendas da marca, atraindo os clientes

132 Estratégia de Marcas Próprias

de marcas rivais e da marca própria da loja de desconto, e aumentando a intensidade da compra de fortes compradores. No entanto, o fabricante poderia considerar a possibilidade de oferecer um pacote com tamanho diferente, para reduzir o potencial conflito de canal com seus principais clientes de varejo.

Mantendo o Equilíbrio entre Canais

Reconhecendo a nova realidade, o comando da Nestlé declarou recentemente aos investidores que eles lutariam para negociar acordos com os varejistas de desconto, para colocarem mais produtos Nestlé em suas prateleiras.[13] Mas isso não é tão simples. Não é uma questão apenas de pegar os produtos existentes e vendê-los em lojas de descontos. A questão é como fazer uma parceria melhor com lojas de descontos, sem destruir o negócio com os canais tradicionais. Nos Estados Unidos, a P&G percebeu que teria de trabalhar com um número crescente de lojas de um dólar (as conhecidas 1,99), cada vez mais eficientes. Em 2004, a P&G trabalhou com a Save-A-Lot para colocar seu café Folgers nas lojas, criando uma variedade de preço mais baixo chamada Folgers Country Roast.[14]

No desenvolvimento de um novo produto, deve-se considerar mais do que as necessidades do consumidor. As marcas também têm de levar em conta como o produto dos fabricantes atendem às necessidades de diferentes tipos de varejistas — como o novo produto ajudará a diferenciar o varejista, gerar receitas mais altas por metro quadrado, aumentar o movimento da loja, aprimorar o giro do estoque e diminuir o custo de capital para o varejista. Essas são as medidas pelas quais os varejistas avaliam as marcas do fabricante. Acima de tudo, os varejistas querem ajuda para atrair os consumidores de outros varejistas, mas é aí que os fabricantes precisam ter cautela.

Em suma, há pouca dúvida de que os fabricantes precisam aprender a fazer parceria efetiva exatamente com aqueles varejistas que eles mais odeiam ou temem — os grandes e em crescimento. Embora esses varejistas estejam sempre buscando uma forma de se diferenciar aos olhos dos fabricantes, para serem escolhidos, trata-se de uma questão sensível, pois a maioria dos fabricantes precisa fazer parceria efetiva com os varejistas concorrentes. Em alguns casos, é possível ter uma marca direcionada a determinado tipo de canal. A customização de SKU — por exemplo, oferecendo o produto em diferentes tamanhos — pode ser uma saída. Mas mesmo nesse caso há limitações. Em muitas situações, a parceria precisa ser impulsionada para o trabalho unificado, a fim de reduzir a distribuição conjunta de custos e desenvolver um portfólio selecionado da linha de produto do fabricante que seja consistente com a estratégia do varejista individual.

Finalmente, deve-se lembrar que não é responsabilidade do fabricante tornar qualquer varejista individual mais competitivo que outros varejistas. Os fabricantes de marca têm problemas quando tentam favorecer canais existentes à custa de formatos mais eficientes de distribuição, que sejam mais novos e cresçam mais rápido. Da mesma forma, deve-se notar que não é responsabilidade do varejista favorecer qualquer fabricante individual em detrimento de outros. Ambos fazem o melhor quando seguem as preferências do consumidor e aprendem a trabalhar com as marcas ou canais favoritos do consumidor.

Para Guardar do Capítulo

Fabricantes de Marcas Bem-sucedidos Cultivam Relações com Ganhos para Todos

- Com varejistas que estão crescendo rapidamente e são supereficientes, que vêem a necessidade de ter marcas de fabricante.
- Atendendo à necessidade de diferenciação do varejista por meio de:
  - Marcas exclusivas, se o varejista provê a escala adequada.
  - SKUs exclusivas, se o varejista tem operações flexíveis.
  - Ofertas exclusivas únicas, se a capacidade ociosa pode ser contratada em base de curto prazo.
- Com lojas de desconto, quando:
  - Há uma grande diferença de preço (75% a 150%) entre a marca própria e a marca de fabricante.
  - A marca é exposta em uma caixa de papelão atraente.
  - A marca traz qualidades inovadoras para a categoria das lojas de desconto.
- Oferecendo tamanhos diferentes nas lojas de desconto, para reduzir o conflito de canais.
- Quando se considera que elas estão seguindo as tendências de mercado com respeito às preferências de distribuição do consumidor, em vez de dirigirem a distribuição para suas próprias preferências.

DEZ

Inove com Brilhantismo para Superar as Marcas Próprias

Sucesso da marca própria em categorias com baixa inovação
versus *categorias com alta inovação: 56% mais alta*

GERENTES, ACADÊMICOS e consultores, todos concordam que a melhor abordagem para combater marcas próprias é oferecer novos produtos inovadores. Nesse sentido, temos o comentário de um observador do setor sobre como administrar relações com o Wal-Mart: "Você precisa trazer novos produtos para o Wal-Mart — produtos de que os consumidores precisem. Porque o Wal-Mart fica sem parâmetros de referência, para fazer seu preço baixar. Como faltam dados históricos, você não tem concorrentes, não há ofertas de produtos de comerciantes de marca própria."[1] Isso poderia ser aplicado nas relações com todos os grandes varejistas que têm um programa ativo de marca própria.[2]

Novos Produtos Como Barreira à Marca Própria

Estudos acadêmicos e experiência empresarial apóiam um fato: à medida que o número de lançamentos de novos produtos em um setor aumenta, a parcela de marcas próprias na categoria declina. O surto recente de novos produtos de marcas de fabricante para cremes dentais e iogurte viu o afundamento das participações de marcas próprias em ambas as categorias. Setores com uma história consistente de nova tecnologia e de inovação brilhante apresentam marcas poderosas e varejistas relativamente fracos.

Na categoria de calçados esportivos, por exemplo, a Adidas, a Nike e a Reebok criam as últimas inovações e os maiores avanços tecnológicos. Elas estabelecem a agenda competitiva e usam os astros mais famosos dos esportes para impulsionar a

Inove com Brilhantismo para Superar as Marcas Próprias   135

demanda. Além disso, essa categoria é de consumo extremamente visível, o que resultou em um mercado consciente da marca, direcionado para a marca, em que os compradores chegam pedindo um tênis Nike ou um Adidas. Se o varejista não tem o produto, eles saem rapidamente da loja. Em 2005, a JDSports, uma cadeia de varejo sofisticada do Reino Unido, foi adquirida pela Pentaland. A Pentaland é dona de marcas esportivas como Speedo, Kickers e Ellesse. É difícil imaginar uma importante cadeia de varejo sendo adquirida por um fabricante de marca em bens de consumo embalados.

A evidência mais contundente de que a atividade de inovação é efetiva no combate a marcas próprias vem de um estudo que conduzimos em 23 países, em muitas categorias de CPG. Em cada país, o sucesso da marca própria é maior em categorias com baixa atividade de inovação. Quando os dados de estudo foram agregados entre categorias e países, descobrimos que a participação da marca própria é 56% mais alta em categorias com baixa atividade de inovação do que em categorias com alta atividade de inovação.

Inovação Radical e Incremental

Quase todas as empresas de bens de consumo embalados têm os produtos de inovação e os novos produtos como prioridades de sua agenda corporativa, mas o desafio é desenvolver produtos inovadores que fazem a diferença. No setor de alimentos, em que as marcas próprias de varejo são concorrentes extremamente agressivas, a inovação é em grande parte uma cópia, pois se trata de um negócio de tecnologia relativamente baixa, no qual a verdadeira inovação é difícil.

As empresas, portanto, deveriam ter uma dupla estratégia para promover a inovação. A estratégia com respeito à inovação incremental é ter um fluxo constante de novos produtos, de modo a fazer com que os varejistas e os concorrentes fiquem atirando em um alvo móvel. Em certo sentido, é mais ou menos o aprimoramento constante da qualidade (ver o Capítulo 12). A estratégia de inovação incremental contínua tem de ser combinada com a busca de uma inovação mais radical, sustentável por uma nova tecnologia ou pela criação de novos modelos de negócio.

A Campbell Soup, por exemplo, líder do setor, está tentando gerar um fluxo de inovações incrementais. Do total de vendas da empresa, 20% vêm de novos produtos. Em anos recentes, ela introduziu tigelas de sopa utilizadas em microondas e uma linha de sopas resfriadas, acondicionadas em embalagem longa vida, até então usada apenas para suco de frutas. Douglas Conant, diretor executivo da Campbell Soup, declarou: "A marca própria não chega a ser uma ameaça porque somos pioneiros em toda tecnologia nova. É uma proposição cara para alguém contemplar. Mesmo pessoas que defendem o uso de microondas estão tendo dificuldade para acompanhar, porque, depois de fazerem o investimento de capital, têm de competir conosco".[3] Como conseqüência, a Campbell Soup goza de uma forte posição em seus mercados essenciais e comanda uma margem operacional de 16%.[4]

136 Estratégia de Marcas Próprias

Assim, vimos que a inovação é a estratégia mais efetiva contra o sucesso da marca própria. Mas é mais fácil dizer do que fazer. É uma estratégia muito *arriscada*, no sentido de que a maioria esmagadora de novos produtos fracassa no mercado. Nossa experiência em consultoria tem revelado três obstáculos importantes para o sucesso de novos produtos:

- O *processo de desenvolvimento do novo produto*, porque o produto desenvolvido pela P&D não atraiu o mercado
- O *processo de lançamento do novo produto,* porque a estratégia associada com o lançamento do novo produto não funcionou
- O *processo de proteção da propriedade intelectual*, porque o novo produto foi rapidamente imitado pelos varejistas

Examinaremos cada um desses processos, focalizando o que os fabricantes de marca deveriam fazer para aumentar as chances de sucesso dos novos produtos.

Processo de Desenvolvimento de Novos Produtos

Um processo efetivo de desenvolvimento de novos produtos introduz novos produtos com a quantidade adequada de novidade e focaliza os clientes certos no teste inicial dos conceitos do novo produto.

O Papel Crucial da Novidade do Produto

Um parâmetro-chave da atração do novo produto é seu grau de novidade. Nossa pesquisa, envolvendo centenas de introduções de novos produtos em vários países, revela consistentemente que existe uma relação com forma de U entre a novidade e o sucesso de mercado. Produtos de novidade incremental ou radical são mais bem-sucedidos que aqueles com um grau médio de novidade. Esses produtos parecem estar presos no meio: muito complexos, se comparados a produtos de novidade incremental, e muito baixos em vantagem relativa, se comparados a produtos radicalmente novos. Esse efeito persiste com o tempo. Dentro dessa regra geral, constatamos que em prazo mais longo produtos radicalmente novos oferecem a melhor plataforma para o crescimento.

Usar consumidores e/ou especialistas de fora é melhor do que usar os gerentes da empresa para avaliar a novidade de conceito de um novo produto, antes do lançamento. Nossa experiência mostra que os executivos da empresa tendem a superestimar o grau de novidade de seus novos produtos.Os produtos que são classificados como tendo um grau médio de novidade por pessoas de fora podem ser identificados antes do lançamento e ser submetidos a um exame minucioso, com o fim de avaliar se certos aspectos podem ser modificados, para que seja aumentado seu grau de novidade. A mensuração da novidade não precisa ser complexa. Em nosso trabalho, usamos com sucesso itens que avaliam em que medida o respondente (consumidor, especialista de fora) julga o produto como novo e original, em escalas objetivas de 5 e 7 pontos.

Uma abordagem que combine ambos os extremos do U é uma estratégia *pulsante*, em que inovações realmente novas são introduzidas de tempos em tempos. Ela é acompanhada por aprimoramentos incrementais no produto e extensões de linha, para afinar o produto com base no feedback de mercado e para preencher nichos adicionais, até a próxima inovação realmente nova. Tal estratégia provavelmente seja mais bem-sucedida que inovações contínuas de nível intermediário. O sistema de limpeza Swiffer, da P&G, seguiu essa estratégia para construir uma marca de bilhão de dólares em um período relativamente curto. O Swiffer original foi uma inovação importante. Inovações incrementais posteriores incluem, por exemplo, a Swiffer Wet, a Swiffer Dusters, a Swiffer WetJet, a Swiffer Mitts e a Swiffer Max.

Fale com o Direito do Consumidor

Embora seja relativamente fácil chegar a inovações incrementais no processo de P&D, as inovações radicais nos produtos são mais problemáticas. É sabido que a geração de grandes idéias, para novos produtos, é o gargalo crítico para o crescimento.[5] Os consumidores são uma fonte essencial de idéias para novos produtos. Infelizmente, no processo de desenvolvimento de novos produtos, muitas idéias interessantes são anuladas porque os grupos de discussão formados por consumidores rejeitam um conceito radical. Esta é uma tendência psicológica básica. Muitas pessoas costumam rejeitar coisas que não lhes são familiares. O ditado holandês: "onbekend maakt onbemind" (você não gosta do que desconhece) é bem ilustrativo. Infelizmente, a maioria das empresas fala com as pessoas erradas durante o processo de desenvolvimento de novos produtos. Elas não deveriam tentar obter as opiniões de uma amostra "representativa", mas deveriam testar conceitos radicais em um segmento da população escolhido intencionalmente, de consumidores que têm traços de personalidade com disposição para inovar.

A disposição para inovar é definida como a predisposição para comprar novos produtos e marcas, assim que são lançados, em vez de manter as escolhas e os padrões de consumo anteriores com relação a uma variedade de bens e serviços. Este é um traço básico de personalidade. Os consumidores que apresentam fortemente esse traço têm uma tolerância mais alta para a ambigüidade, são mais abertos à mudança, são curiosos e criativos e têm menos necessidade de clareza e estrutura. Esse perfil de personalidade indica que essas pessoas são menos inclinadas a rejeitar idéias realmente novas, enquanto têm mais probabilidade de terem idéias menos convencionais. Em suma, este é exatamente o tipo de pessoa que uma empresa deve abordar, para ter sua opinião, ao desenvolver produtos radicalmente novos.

Desenvolvemos o seguinte conjunto de oito itens, para medir esse traço, no plano individual.

- Quando vejo um novo produto na prateleira, fico relutante em experimentá-lo. (*)
- Em geral, sou um dos primeiros a comprar novos produtos, assim que aparecem no mercado.
- Se gosto de uma marca, raramente mudo, só para experimentar algo novo. (*)
- Sou muito cauteloso na hora de experimentar produtos novos e diferentes. (*)
- Geralmente sou um dos primeiros a experimentar novas marcas.
- Raramente compro marcas, quando não tenho certeza de como será o desempenho delas. (*)
- Eu gosto de arriscar comprando novos produtos.
- Não gosto de comprar um produto novo, antes da iniciativa de outras pessoas. (*)

Os itens são medidos em uma escala de 5 pontos: discordam totalmente – concordam totalmente. A pontuação da disposição para inovar, de uma pessoa, é calculada somando-se seus pontos nos oito itens, depois de reverter os pontos nos itens indicados por um asterisco (*). A Figura 10-1 mostra a distribuição típica de disposição para inovar na sociedade.

Em suma, a fim de aumentar as chances de chegar a grandes idéias para novos produtos, recomendamos que no processo de P&D as empresas ouçam a "voz do cliente", mas apenas um tipo específico de cliente. Uma grande empresa norte-americana de CPG colocou isso em prática, usando uma forma mais simples da escala de disposição para inovar como um fator de seleção (por exemplo, pessoas interceptadas em shoppings) para o teste de seu conceito.

FIGURA 10-1

Distribuição de disposição para inovar na sociedade

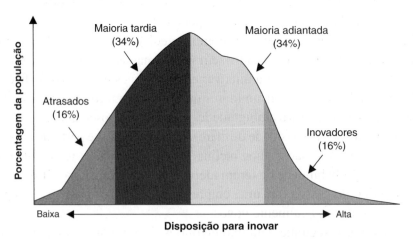

Fonte: AiMark, 2006, http://www.aimark.org/. Reproduzido com autorização.

Além disso, como veremos no capítulo, dessa forma a empresa recebe insumo daqueles consumidores que apresentam uma intensidade de compras consideravelmente mais alta com respeito ao novo produto no primeiro ano crucial após o lançamento. Afinal, quando um novo produto não procede assim no primeiro ano, provavelmente sairá da lista dos varejistas exigentes de hoje.

Processo de Lançamento de Novos Produtos

Mesmo que a P&D desenvolva um novo produto que atraia o mercado, ele ainda pode fracassar devido ao processo ineficaz de lançamento de um novo produto. Identificamos três fatores que influem no sucesso do lançamento de um novo produto: alvo inicial, estratégia de desenvolvimento internacional e recursos de marketing.

Alvo Inicial

A adoção de novos produtos varia de modo sistemático e previsível entre os consumidores, pedindo uma estratégia de marketing direcionada que enfatize segmentos específicos de consumidores. A intensidade de compra, com relação ao novo produto no primeiro ano, é mais alta no segmento de inovadores e mais baixa no segmento de atrasados, com os dois segmentos intermediários. A Figura 10-2 ilustra isso para a inovação de detergente em pó da Unilever, o Skip Tablets, da França. Depois de um ano, quase quatro vezes o número de inovadores (22%) e quase quatro vezes o número de atrasados (6%) passaram a comprar o Skip Tablets.

FIGURA 10-2

Adoção de Skip Tablets por segmentos com disposição para inovar

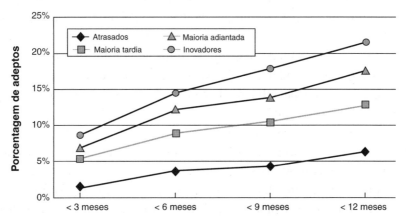

Fonte: AiMark, 2006; http://www.aimark.org/. Reproduzido com autorização.

140 Estratégia de Marcas Próprias

Note que esse esquema de segmentação é altamente viável, pois a disposição para inovar pode ser anteriormente medida — já que é um traço de personalidade, não depende da inovação em questão. Assim, os consumidores podem ser classificados de acordo com sua pontuação no instrumento de inovação, antes de ser feita a introdução do produto. Isto oferece à empresa a oportunidade de desenvolver estratégias direcionadas antes, e não depois dos primeiros meses críticos após a introdução.

Uma grande empresa de CPG usa itens de disposição, para inovar em mercados de testes simulados. Começou a construir parâmetros de intenção de compra para os consumidores com alta classificação em disposição para inovar, para decidir sobre lançamentos de novos produtos. Outra grande empresa de CPG usa itens de disposição para inovar em seus bancos de dados de marketing direto em vários países da Europa e nos Estados Unidos — por exemplo, para direcionar cupons ao segmento inovador e ao segmento da maioria adiantada.

Estratégia de Desenvolvimento Internacional

Com os custos de P&D crescendo rapidamente, a queda das fronteiras comerciais (EU, NAFTA, ASEAN, Mercosul) e a crescente globalização, novos produtos estão sendo introduzidos cada vez mais em vários países, em vez de serem um negócio puramente local como era comum uma ou duas décadas atrás. A empresa pode seguir uma *estratégia em cascata* no sentido de que o novo produto é introduzido seqüencialmente em um país após outro. Alternativamente, a empresa pode introduzir o novo produto em vários mercados simultaneamente — a estratégia irrigadora (*sprinkler*).

Nosso trabalho mostra que uma estratégia de desenvolvimento em cascata, seqüencial, é mais efetiva para produtos radicalmente novos, enquanto a estratégia simultânea *sprinkler* é a mais efetiva para produtos com inovação gradual. Para produtos radicalmente novos, chegar à estratégia de marketing certa é difícil, e o fabricante de marca aprende, com os fracassos, a adotar a estratégia certa nos países subseqüentes. Por outro lado, é muito menos desafiador desenvolver uma estratégia efetiva de marketing para inovações incrementais, enquanto houver o perigo maior de que o sucesso em outros países seja impossibilitado pela rápida imitação por outros fabricantes de marca ou varejistas. Como vimos, identificar desenvolvimentos no mercado e copiar inovações rapidamente é uma especialidade de fornecedores exclusivos de marca própria e das imitações de marcas de loja.

Se uma estratégia em cascata é mais efetiva para as inovações radicais, em que país deveríamos começar? A teoria econômica (do jogo), bem como nossa pesquisa empírica, demonstram que as inovações radicais deveriam ser introduzidas em países com uma proporção relativamente alta de consumidores inovadores.[6] Na Europa, entre os países importantes, o Reino Unido é o mais adequado para o início de uma estratégia de desenvolvimento seqüencial para importantes introduções de novos produtos. No

Reino Unido, o segmento de inovadores é de 24%, contra apenas 15% na França e 9% na Espanha. Nosso trabalho demonstra que entre todos os grandes países europeus, o Reino Unido é o único que não é afetado pelo fato de o produto não ter sido introduzido em outra parte. De um ponto de vista global, os Estados Unidos são um excelente candidato para introduzir produtos radicalmente novos. Em média, sua população está entre as que mais respondem a inovações no mundo.

Recursos de Marketing

Pode parecer chato, mas o velho e bom marketing ainda é válido. Novas introduções de produto apoiadas por um nome de marca conhecido, promoções de preço, atividades de display e apresentação e propaganda conseguem mais sucesso no mercado. Ele pode não ser estrondoso, mas ainda é real, mesmo no século XXI. E alguns insights recentes, baseados no trabalho com colegas, podem ajudar os fabricantes de marca a fazerem uso mais efetivo e eficiente de sua arma publicitária.

A combinação de propaganda e novos produtos é extremamente poderosa. Um dólar gasto em propaganda para novos produtos é, em média, cinco vezes mais efetivo para estimular as vendas do que um dólar gasto em propaganda permanente, de manutenção. E se um novo produto é apoiado por uma forte propaganda, ele tem uma probabilidade 70% maior de ser comprado pelos consumidores. Finalmente, mas não menos importante, a propaganda para um novo produto introduzido por um nome de marca conhecido aumenta a efetividade da despesa com o anúncio, pois o consumidor pode apelar para associações existentes com a marca, que está guardada na sua memória.

Não só as *despesas* com propaganda, mas também o *conteúdo* da publicidade são importantes. Mais especificamente em categorias em que o desempenho funcional tem um papel (i.e., o produto não é apenas imagem, como no caso de perfume), as propagandas que usam diferentes benefícios funcionais geram vendas mais fortes. Preocupante, no entanto, é a tendência a não destacar benefícios funcionais distintivos em muitas categorias. Essas propagandas podem ser mais prazerosas, mas geralmente se mostram menos efetivas.

Processo de Proteção da Propriedade Intelectual

Embora seja possível estimular os fabricantes de marca a inovarem e a lançar novos produtos, o brilhantismo da inovação será desperdiçado se os varejistas copiarem constantemente produtos de sucesso. É difícil proteger a patente de inovações, principalmente no setor de alimentação, porque os gostos, os ingredientes e os designs de embalagem são copiados com relativa facilidade e, em muitos países, a cópia é autorizada por lei. No entanto, é possível rebater com processos, se necessário.

142 Estratégia de Marcas Próprias

O Fabricante de Marca Contra-ataca: Processos

Os processos judiciais podem ser efetivos na luta contra os varejistas, como aconteceu com a United Biscuits, da Inglaterra, fabricante dos biscoitos de chocolate Penguin, que moveu um processo contra a cópia descarada feita pela Asda, chamada Puffin. Penguin é marca líder, vende 400 milhões de biscoitos e gera cerca de US$ 55 milhões em receitas anuais. Quase todos os importantes supermercados vendem bolacha recheada de chocolate de marca própria, ou biscoitos "tipo Penguin". Mas nenhum desses biscoitos tem em sua embalagem um nome de marca que não seja o nome do supermercado. A Asda tinha seu biscoito de marca própria, o Take a Break, mas decidiu renovar. A intenção do produto da Asda era atacar a marca Penguin. Portanto, ficou resolvido que ele deveria "ser claramente comparado à Penguin, usando-se pistas [como] cor, tipografia".[7] Uma lista de 24 nomes possíveis foi considerada, a maioria de pássaros e animais.

Finalmente, escolheram Puffin, com um design de pacote similar, e uma caricatura da ave. Um pacote de Penguin custa 67P, enquanto um pacote de Puffin custa 59P. A Penguin processou e ganhou. É importante notar que, no julgamento, não foi simplesmente o nome e a caricatura da ave que levantaram o problema, mas as escolhas referentes ao contexto do design geral da embalagem. O nome e a caricatura, ou o design de embalagem, sozinhos, provavelmente não seriam problema. Colocando juntos o nome, a caricatura e o design da embalagem, formou-se o conjunto que se tornou a receita para a responsabilidade legal.[8]

Outras empresas também se envolveram em processos. Recentemente, a Unilever processou a varejista holandesa Albert Heijn. Como a participação de mercado da Albert Heijn era de 25% a 30%, não foi um acontecimento trivial. A Unilever exigiu que a Albert Heijn mudasse a embalagem de 13 de seus itens de marca de loja porque se pareciam demais com suas marcas. Entretanto, a corte foi favorável à Unilever em apenas dois casos. Alguns observadores alegaram que não foi uma grande derrota para a Unilever. O certo é que o caso teve muita publicidade e pode levar a Albert Heijn a ter mais cautela no futuro. Em outro caso, posterior, a Albert Heijn tomou atitude diferente em relação à Verkade (uma subsidiária holandesa dos Estados Unidos). A Verkade reclamou que a embalagem dos biscoitos de frutas da Albert Heijn era parecida demais com a embalagem de seus biscoitos de fruta Sultana. A Albert Heijn cedeu e mudou a embalagem, evitando, com isso, um novo processo.[9]

A Procter & Gamble saiu-se bem ao processar várias fabricantes de marcas próprias, em vez de varejistas, quanto a produtos de marca própria que eram considerados parecidos demais com algumas das marcas mais conhecidas da P&G, como Charmin (papel higiênico), Crest (higiene bucal), NyQuil (remédio) e Tampax (proteção feminina). Diane Dietz, gerente geral de produtos de higiene bucal da P&G nos Estados Unidos, explica: "Condutas de fabricantes de marca própria que possam enganar os consumidores não podem ser toleradas. A P&G investe pesadamente em pesquisa, desenvolvimento e propriedade intelectual e design e deve proteger esse investimento".[10]

Na maioria dos países, para terem uma chance no tribunal, as empresas precisam provar que os consumidores foram levados a confundir a imitação com uma determinada marca de fabricante. Não é fácil provar isso, porque qualquer exposição mais prolongada de uma marca de imitação revelará que ela não é a "coisa real". Entretanto, quando saem às compras, os consumidores são expostos a certo estímulo por alguns segundos, enquanto tomam decisões. Jean-Noel Kapferer, professor da HEC, desenvolveu uma técnica para imitar os processos visuais reais de decodificação em situações de compras. Usando essa técnica, ele demonstrou que um grupo considerável de pessoas de fato se confunde com marcas próprias de imitação, em porcentagens de até 80%. Sua técnica pode ser usada para que sejam resolvidas disputas legais no tribunal ou como evidência para ser apresentada ao varejista, no caso de um acordo fora do tribunal.[11]

Desenvolvendo uma Forte Reputação de Fazer Cumprir a Lei

Os cases da Penguin, Unilever e Verkade são exceções e não a regra. Historicamente, os fabricantes têm relutado em processar os varejistas que infringem marcas registradas por duas razões: Como você processa seus próprios clientes? O fato não resultará em sua remoção das prateleiras do varejista? É uma situação indefensável. Os fabricantes de marca precisam ser mais pró-ativos, como a United Biscuits, em proteger sua propriedade intelectual, tanto nas etapas de design quanto durante as fases de execução.

A embalagem dos varejistas geralmente copia a embalagem das marcas nacionais, eliminando as distinções para os clientes. Mas os varejistas não podem imitar legalmente o logo. Portanto, o logo vermelho da Kellogg no novo cereal Frosted Bran ocupa mais de três quartos da caixa, tanto na frente quanto atrás, deixando muito pouco espaço para imitação.

Os fabricantes de marca precisam desenvolver uma reputação de executores intransigentes, para perseguir agressivamente os transgressores que introduzem imitações no varejo. A Tate Lyle, fabricante de adoçante e de açúcar, com sede em Londres, obtém cerca de 20% de seus lucros com o adoçante Splenda, de caloria zero, à base de sucralose. Em 2005, a empresa soube que o Wal-Mart estava vendendo sua marca própria, a Altern, com 30% de desconto em relação ao Splenda. Ao investigar o caso, a Tate descobriu que o Wal-Mart obteve seu suprimento de marca própria por meio de um cliente da Tate que supostamente usava o Splenda para a fabricação de produtos alimentícios. A Tate impôs uma exigência contratual proibindo o cliente de vender o produto a terceiros, como o Wal-Mart, e obrigando-o a abandonar a Altern.

144 Estratégia de Marcas Próprias

Quando os fabricantes desenvolvem uma forte reputação de fazer cumprir a lei, é mais provável que o varejista imite outros fabricantes, que não têm um histórico tão agressivo de proteção de patente. Não é de admirar que a Kraft tenha dobrado o número de seus advogados especializados em patentes, para assegurar que suas inovações sejam adequadamente protegidas.[12]

Modelos de Negócios Radicalmente Novos

Fabricantes de bens de marca podem forçar ainda mais a inovação trabalhando em modelos de negócios radicalmente novos. O tipo de inovação, que é considerado o nirvana pelas empresas de bens de consumo embalados, é simplesmente uma mudança no modelo de negócios. Ela reduz a dependência de grandes varejistas por meio de canais alternativos ou do aumento da fidelidade do consumidor. Quais são as características dos modelos de negócios radicalmente novos?

Em primeiro lugar, o fabricante de marca vai de um foco em seus produtos para um foco nas experiências. A história de sucesso é a Starbucks vendendo uma experiência de café. A segunda característica é que a empresa transfere seus esforços de comunicação de mídias convencionais, como a televisão, para meios *não tradicionais* de comunicação como o buzz marketing, e as comunidades na Internet. A história do Red Bull, com seu buzz marketing, é o protótipo da criação da nova categoria de bebidas energéticas. Como terceira característica, o fabricante de marca amplia seu foco, antes direcionado exclusivamente aos produtos, para grupos de produto conectados. O sucesso da Gillette, com o abandono quase total do aparelho de barbear, para se engajar nas vendas de lâminas de barbear descartáveis, é o exemplo a ser copiado. Esses três casos realmente captaram a imaginação dos CEOs — eles são comentados repetidamente em conversas. Inúmeras empresas estão tentando reproduzir esses sucessos. A Soup Factory, da Unilever, e os restaurantes Bertolli, o sistema Swiffer da P&G e a campanha de buzz marketing altamente bem-sucedida da Marlboro são apenas alguns exemplos.

Criando Experiências de Produto: P&G

A P&G refletiu bastante a respeito de passar da venda de produtos para a venda de experiências, com a elaboração do conceito "momentos de verdade". A P&G acredita que há dois momentos de verdade, ou duas provas que precisam ser vencidas. Primeiro, na prateleira de varejo, o consumidor precisa ser convencido a escolher os produtos da P&G. Segundo, em casa, o consumidor precisa se deliciar com a experiência de consumo, para que seja desencadeada a recompra.

A P&G mudou sua estrutura, para ser mais enxuta e reagir prontamente a essas duas provas de fogo. Os feudos nacionais desapareceram.[13] Em seu lugar, uma matriz de organizações de desenvolvimento de mercados regionais (países) complementa as

Inove com Brilhantismo para Superar as Marcas Próprias 145

equipes de desenvolvimento de clientes (varejistas individuais) com o objetivo de vencer a primeira prova. As unidades de negócios globais (dedicadas a categorias de produto) focam o desenvolvimento de produtos que enfrentarão a segunda prova.

Para vencer a segunda prova de fogo, em casa, a P&G se concentrou em produtos que oferecem uma boa experiência e alavancam suas competências de produto e de marca. Por exemplo, o Mr. Clean Magic Eraser, que remove rabiscos a lápis de paredes pintadas, a Kandoo Toddler Care Wipes, uma escova dental que funciona com bateria da Crest SpinBrush, e os esfregões de limpeza eletrostática e os limpadores de pó da Swiffer são alguns novos produtos de uma derivação similar. As fitas da Crest Whitestrips, para branquear os dentes, criaram e agora dominam um novo segmento do mercado de higiene bucal.

Marca de Marcas

À medida que as empresas perceberam que criar experiências novas incomparáveis pode exigir diferentes habilidades, surgiu um novo desenvolvimento que são as "branded brands", ou seja, duas marcas que combinam suas competências essenciais (*core competences*) para chegar a um produto ou serviço realmente novo.[14]

Os consumidores de Heineken, que sonhavam com a possibilidade de tomar chope em casa, agora estão realizados. A Heineken e o Groupe SEB, da França, gigante de aparelhos eletrodomésticos pequenos, desenvolveram conjuntamente o Beertender, um sistema de bomba de uso caseiro que aceita barris especiais de 4 litros de Heineken. A unidade mantém a cerveja gelada por até três semanas. Embora o Beertender custe US$ 349, e o preço do litro seja cerca de duas vezes mais alto do que o da Heineken engarrafada, alcançou um enorme sucesso desde sua introdução nos Países Baixos, em 2005. Desde então, tem sido lançada também em outros países. Mesmo que a cerveja de marca própria fosse vendida em barris que funcionassem como o Beertender, a experiência simplesmente não seria a mesma.

As marcas de café solúvel, como a Douwe Egberts, da Sara Lee, a Folgers, da Procter & Gamble, a Maxwell House, da Kraft, e o Nescafé, da Nestlé, foram pegas de surpresa pelo fenômeno Starbucks. Enquanto essas empresas lutavam nos corredores das lojas para conseguir alguns centavos em negociações com os varejistas, pois os consumidores pulavam de uma marca para outra por um cupom de 25 cents, na rua principal a Starbucks estava a caminho de se tornar um ícone, cobrando US$ 3 por uma xícara de café vendida a clientes fiéis que visitavam a loja vinte vezes por mês.

De olho no sucesso da Starbucks e da Nespresso (discutida a seguir), observando a tendência de famílias menores, e o anseio por uma experiência inigualável de café, a Philips Electronics, dos Países Baixos, e a Sara Lee, dos Estados Unidos, introduziram um conceito caseiro de fazer café, que incluía uma máquina exclusiva (que funciona de forma semelhante a uma máquina de café expresso) — comercializada pela Philips

146 Estratégia de Marcas Próprias

— e saquinhos de café especial — vendidos pela Sara Lee. Desde o lançamento, em 2001, a Philips vendeu milhões de máquinas Senseo, ao preço de cerca de US$ 70. A máquina permite às pessoas preparar o café acondicionado nos saquinhos. O resultado é melhor qualidade, menos tempo de preparo e a opção de vários sabores, para a família inteira. Os saquinhos de café são vendidos por meio de varejistas e têm sido copiados por marcas próprias. No entanto, a Sara Lee conseguiu fazer a categoria de café deixar de ser comum. Com isso, aperfeiçoou a experiência de tomar café e passou a ter lucros substanciais com a inovação.

A Kraft Foods e a Procter & Gamble só entraram no mercado de preparação de café em 2004. Com o objetivo de superar a Senseo e a Nespresso, a Kraft desenvolveu o Tassimo, um exclusivo aparelho feito pela Saeco, fabricante de máquina de café expresso, que é divulgado como a primeira máquina capaz de fazer café, chá e chocolate quente para consumo doméstico.

Nespresso: um Modelo de Negócio Radicalmente Novo

A Nespresso é o tipo de inovação brilhante, realização rara entre as empresas de bens embalados. Com a Nespresso, a Nestlé conseguiu desenvolver uma oferta inovadora, que combina as características desejadas da venda de uma experiência, evitando os varejistas de massa e criando uma nova categoria, por meio do *buzzmarketing*, com um modelo de negócio baseado no próprio suprimento. Em 1988, depois de dez anos de pesquisa, a Nestlé desenvolveu a Nespresso, um sistema que consiste em uma máquina de café e uma cápsula de café hermeticamente selada em alumínio. Ela possibilitou uma maneira conveniente, rápida, limpa de fazer uma xícara de café expresso de alta qualidade.

Depois de tentar vender as máquinas e as cápsulas para escritórios e restaurantes, a Nestlé resolveu mudar. Terceirizou a máquina Nespresso para fabricantes selecionados que, por sua vez, a venderam para varejistas de prestígio como a Bloomingdale's e a Harrods. A Nestlé focou sua atenção nas cápsulas de café. O produto foi direcionado às famílias e a distribuição ficou por conta do Nespresso Club.

As máquinas Nespresso, desenhadas com estilo, têm preços razoáveis, em comparação com as máquinas de café expresso, embora sejam caras, quando comparadas à Senseo. Um modelo básico custa em torno de US$ 200, e um modelo de luxo chega a custar aproximadamente US$ 800. Um consumidor que compra uma máquina está automaticamente inscrito no Nespresso Club e recebe um "conjunto Starter", composto por uma linha de cápsulas Nespresso e um manual de informações.

As cápsulas são vendidas em cartelas de dez, exclusivamente por telefone, fax ou Internet (e enviadas dentro de 24 horas), ou pelas 42 lojas Nespresso do mundo todo. As cápsulas têm códigos de cores conforme o sabor e não se encaixam em nenhuma outra máquina. Nem o pó de café pode ser usado na máquina. Dessa forma, a Nespresso tem 250.000 clientes cativos, que ficam presos ao sistema depois de comprar a máquina. As vendas têm subido consistentemente a 30% ao ano, atingindo US$ 600 milhões, apesar da queda nas vendas mundiais de café moído.

O modelo de negócio da Nespresso indica que os varejistas foram completamente cercados, e as marcas próprias não fazem mais parte da equação. Entretanto, o preço alto sinaliza que a base de clientes será modesta — comparada, por exemplo, com a Senseo — mas altamente lucrativa.

Para Guardar do Capítulo

Inovação Brilhante para Superar as Marcas Próprias

- Desenvolva novos produtos de novidade incremental ou radical, enquanto evita novos produtos com níveis intermediários de novidade.

- Ouça seletivamente a voz daqueles clientes que têm alta disposição para inovar.

- Inicialmente, estabeleça como alvo os inovadores e a maioria precoce, em vez da população em geral.

- Adote uma estratégia de desenvolvimento em cascata (seqüencial), para produtos radicalmente novos, e uma estratégia irrigadora de lançamento (simultânea), para produtos de inovação incremental.

- Na Europa, produtos radicalmente novos são mais bem-introduzidos primeiro no Reino Unido, antes de serem lançados em outros países. De um ponto de vista global, os Estados Unidos são um candidato excelente para se introduzir produtos radicalmente novos em primeiro lugar.

- Dê suporte ao novo produto com um nome de marca forte, altos níveis de propaganda e mensagens que comuniquem benefícios funcionais distintivos.

- Defenda os novos produtos com processos judiciais contra a imitação praticada pelos varejistas e desenvolva uma reputação de quem persegue agressivamente os varejistas transgressores que fazem imitações.

- Procure novos modelos de negócios que enfoquem experiências, marca de marcas, comunicação não tradicional e grupos de produtos conectados.

ONZE

Lute Seletivamente para Obter Recursos contra as Marcas Próprias

*Participação da Alemanha entre 1999 e 2005: marcas próprias, alta de 50%,
líderes de marca, queda de 8%, marcas secundárias, queda de 15%,
e outras marcas, queda de 30%*

COM SEUS PROGRAMAS ATIVOS de marca própria, atualmente os varejistas sinalizam claramente quais marcas de fabricantes eles acham que adicionam valor. Os fabricantes com produtos inovadores são importantes para os varejistas, pois asseguram que as prateleiras estejam sempre abastecidas com os produtos mais atraentes e de alta margem. Para os demais produtos, eles têm suas próprias marcas próprias. Portanto, os varejistas querem lidar apenas com aquelas marcas de fabricante que foram bem-sucedidas na inovação de produto e que são capazes de comandar um preço premium na categoria. Como muitas categorias são maduras, os dois fatores são um desafio para os fabricantes de marca.

A Pressão sobre as Marcas de Fabricante Fracas

O surgimento das marcas próprias deixou as marcas de fabricante sem espaço. Mas o impacto tem sido assimétrico. São as marcas mais fracas de fabricante — aquelas que não ocupam as posições de mercado número um ou número dois — que têm suportado o violento impacto negativo. A estratégia de sortimento de muitos varejistas, com programas ativos de marca própria, é aceitar apenas as duas ou três melhores marcas de fabricante. Eles eliminam as outras de sua lista, substituindo-as por suas marcas próprias. Mesmo que as marcas mais fracas consigam chegar às prateleiras do varejista, os fabricantes têm de pagar quantias desproporcionais, em termos de margens de varejo e suporte, para convencer os varejistas a oferecê-las.

Além disso, as empresas consideram antieconômico dedicar os recursos mínimos necessários à inovação e propaganda de marcas menores. Como resultado, as marcas com menor participação de mercado, em uma categoria, sofrem de fraca lucratividade e têm poucas perspectivas, a não ser que sejam marcas de nicho, marcas premium. A Alemanha é um caso útil para demonstrar muito bem esse fenômeno de pressão contra o aumento do sucesso das marcas próprias, como é mostrado na Figura 11-1.

Quando os dados da Figura 11-1 foram examinados mais profundamente, um estudo GfK isolou aqueles casos em que determinada marca de fabricante aumentou sua participação de mercado em uma categoria. Vários exemplos como esse foram encontrados entre 1999 e 2002, mas foi notável o fato de que ganhos de participação para a marca de fabricante foram obtidos em detrimento de outras marcas de fabricante, e não de marcas próprias. A Tabela 11-1 tem os dados para quatro dessas marcas.

As quatro marcas seguiram estratégias diferentes, para aumentar sua participação de mercado. O sorvete Langnese Cremissimo criou aperfeiçoamento por meio de uma embalagem transparente, desenhada recentemente, que mostra novos sabores exóticos de frutas especiais. O espumante Rotkäppchen (que pode ser traduzido como Pequeno Capuz Vermelho de Equitação) aumentou a intensidade de sua propaganda, para reivindicar um apelo maior e aumentar, assim, sua familiaridade e sua penetração nos lares das regiões do país onde era relativamente desconhecido. O amaciante de roupas Lenor e o creme Rexona baixaram os preços em 17% e 7%, respectivamente, para se

FIGURA 11-1

Marcas *versus* marcas próprias na Alemanha

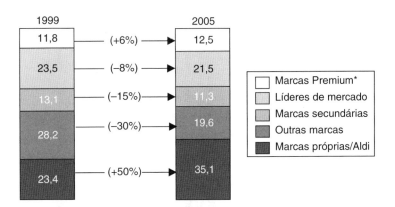

*Preço médio ≥ (marcas) líderes de preço no mercado

Fonte: Adaptado de "Consumption with Pleasure Instead of Frustration" (apresentação feita na reunião anual da GfK Kronberg, Kronberg, Alemanha, 26 de janeiro de 2006).

TABELA 11-1

Marcas de fabricante em crescimento, na Alemanha, entre 1999 e 2002

Categoria (crescimento anual)	MARCAS DE FABRICANTE		MARCAS PRÓPRIAS		
	Marca foco	Aumento na participação da marca foco	Mudança em outras marcas próprias	Mudança na Aldi	Mudança em outras marcas de fabricante
Sorvete premium (7%)	Langnese Cremissimo (Unilever)	18,1% → 29,2%	47,3% → 33,3%	19,3% → 18,9%	9,6% → 18,3%
Espumante (−1%)	Rotkäppchen	11,3% → 13,8%	75,8% → 67,4%	10,8% → 13,1%	2,1% → 5,7%
Amaciante de roupas (2%)	Lenor (P&G)	25,3% → 28,8%	59,0% → 51,4%	6,7% → 8,6%	9,0% → 11,2%
Creme para o corpo (3%)	Rexona (Unilever)	12,5% → 17,2%	64,9% → 53,2%	3,8% → 5,4%	4,5% → 11,6%

Fonte: Adaptado de "Is There a Way Back for the Brand?" (apresentação feita na reunião anual da GfK Kronberg, Kronberg, Alemanha, 27 de março de 2003).

tornarem mais competitivos em relação às marcas próprias. Interessante, na Tabela 11-1, é que em cada caso foram outras marcas de fabricante que perderam participação, enquanto as marcas próprias realmente cresceram naquelas categorias.

Achamos que este cenário não é exclusivo da Alemanha, pois também se aplica a outros países. Como resultado, há três lições valiosas, mas sombrias, para as marcas de fabricante:

1. A participação da categoria de marcas de fabricante está caindo, em relação às marcas de varejo.
2. As marcas de fabricante estão lutando umas contra as outras, para ganhar participação, principalmente de marcas mais fracas, em vez de combater as marcas próprias. O crescimento das vendas de marcas de fabricantes virá basicamente do crescimento da categoria ou de outras marcas de fabricante mais fracas.
3. É difícil acreditar que uma marca com pequena participação na categoria vá atingir sucesso, se não for uma marca de nicho premium.

Foco na Marca e Portfólio de Produto

Na década passada, as lições precedentes tornaram-se bem claras para as marcas de fabricante. Agora, é impossível apoiar marcas que não tenham uma forte posição. Como é grande a quantidade de inovação e propaganda exigidas para manter uma marca viva e capaz de lutar contra as marcas próprias, uma fabricante pode apoiar apenas um número limitado de marcas.[1] Frente a varejistas grandes e poderosos, com programas de marca própria de qualidade, deve-se escolher as batalhas em que há chance razoável de vencer. Cada empresa deve ter uma visão clara com respeito às categorias nas quais deseja competir, e com que marcas e SKUs. A resposta é selecionar uma frente de combate, e não lutar em todas as frentes.

Reconfiguração do Portfólio da Categoria

O resultado de muita investigação sobre este tópico levou empresas a seguirem o caminho de aquisições e não investimentos, a fim de construírem seu portfólio ideal. Quais categorias são fundamentais para nós? Onde estão nossas competências? Onde podemos lutar e vencer contra as marcas próprias, adicionando valor para os consumidores por meio da inovação e da propaganda? Em quais categorias é mais fácil demonstrar valor adicionado aos consumidores? O resultado é que as empresas, em sua maioria, passaram por um reexame das categorias de produto em que desejam operar.

Por exemplo, a Kraft Foods, entre 2000 e 2004, devorou dez rivais, entre elas a Nabisco Holdings Corporation, por US$ 19 bilhões. A Kraft agora está se desfazendo dos negócios que respondem por menos de 5% do faturamento total e se concentrando em quatro áreas essenciais: café, queijo e laticínios, biscoitos (como Oreos e Ritz) e bebidas especiais (como Kool-Aid).[2] A Kraft quer se desfazer de linhas de produtos lentas e periféricas, para se concentrar em marcas de sucesso que possam ser as melhores em suas categorias no mundo todo. Como resultado, em 2004, a Kraft vendeu a Life Savers e a Altoids para a Wrigley. A razão, de acordo com o CEO Roger Deromedi, foi: "Queremos produtos que deixem os consumidores e os varejistas mais entusiasmados".[3]

Racionalização da Marca

Electrolux, Unilever e Procter & Gamble são algumas das muitas empresas que reconstruíram seus portfólios de marca. Essas empresas costumavam vender várias marcas dentro da mesma categoria. Só faz sentido ter marcas múltiplas dentro de uma categoria se cada uma delas pode ser posicionada contra um único segmento. Quanto maior o número de marcas, menor a probabilidade de isso acontecer, uma vez que as marcas começam a se sobrepor umas às outras.

A Unilever, por exemplo, reduziu o número de marcas de 1.600 para 400, vendendo, tirando da lista ou fundindo 1.200 marcas. Um dos critérios para selecionar aquelas que permaneceriam foi o poder da marca. O poder da marca foi definido como o potencial para ocupar o primeiro ou o segundo lugar em seu mercado, e para ser uma marca obrigatória para promover o movimento das lojas.[4] As marcas com essas características foram chamadas de "marcas essenciais" (*core brands*) e receberam recursos desproporcionais.

Racionalização da SKU

Além da categoria e do foco na marca, os programas de racionalização de SKU têm sido grandes, da Heinz à Hershey.[5] A maioria das empresas eliminou e continua a se livrar das marcas que demoram a vender. Cada vez mais, as empresas estão recebendo pedidos do Wal-Mart e de outros grandes varejistas, que só querem produtos que "voem" de suas prateleiras. A quantidade enorme de dados disponíveis ajuda esses varejistas a identificarem aquelas SKUs que não estão ganhando seu espaço na prateleira. Ao mesmo tempo, em varejistas como a Tesco, as marcas de fabricante estão sendo destronadas pelas marcas próprias da varejista. Em 2004, a General Mills (cereais Cheerios, sopas Progresso, vegetais congelados Green Giant) anunciou que cortaria 20% dos produtos que vendia, no prazo de um ano.[6]

Racionalização de Portfólio na P&G

A Procter & Gamble tem feito um trabalho notável ao transformar seu portfólio de produto e de marca. Por determinação do CEO A. G. Lafley, a P&G cortou as marcas de sucos Punica e Sunny Delight, o creme de amendoim Jif e a gordura para massas da Crisco. A empresa se livrou das marcas de detergente Bliz, Milton, Sanso, Rei e Oxydol. Por sua vez, adquiriu a Clairol, uma empresa de tinturas para cabelo, a Wella, uma empresa alemã de produtos de beleza, e a Gillette.

O resultado foi uma exposição menor a alimentos, em que a inovação sustentável contra marcas próprias é mais difícil. Seu portfólio tem agora um foco muito mais firme em produtos de saúde, beleza e cuidados pessoais, que tendem a ter margens mais altas e menos concorrência das marcas próprias.

A P&G também percebeu que o ramo farmacêutico está se tornando mais direcionado para marcas, uma área de competência da P&G. Depois da aquisição da Gillette, os cuidados com a saúde e beleza agora respondem por mais da metade do portfólio da P&G. Em geral, os consumidores são convencidos mais facilmente dos benefícios emocionais nas categorias de saúde e beleza do que nas categorias de alimentos.

Em 2000, a P&G tinha dez marcas com vendas anuais de mais de US$ 1 bilhão. Cinco anos depois, tinha 16 marcas que, juntas, geravam US$ 30 bilhões, 60% do faturamento total da P&G.[7] A aquisição da Gillette acrescentou mais cinco marcas bilionárias. Cortando as categorias de produto e marcas, a P&G foi capaz de reinvestir os proventos das vendas em menos marcas (por exemplo, Pantene, Lenor, Pampers, Crest, Ariel) com as quais a empresa tem melhor chance de vencer. Em vez de dividir o esforço de inovação entre muitas marcas pequenas, a P&D agora pode trabalhar as marcas e produtos mais promissores, enquanto o marketing pode se concentrar em explorar seu potencial máximo, que inclui maior penetração das grandes marcas nos países em desenvolvimento, onde o comércio está menos consolidado.

O Desafio de um Foco Maior

Com respeito à categoria e à racionalização de marca, a questão que se apresenta é se as empresas focadas em algumas marcas essenciais perderão inevitavelmente para os gigantes que trabalham com muitas categorias e têm portfólios diversificados, como a Nestlé, por exemplo. Aqueles que defendem o tamanho, acham que uma empresa maior pode alavancar a escala, para cortar custos. Essas economias poderiam, então, investir em mais propaganda e inovação, o que as ajudaria a ganhar ainda mais escala.

Por outro lado, há deseconomias. Se as empresas maiores encontram dificuldades em mudar rapidamente, os custos disparam. Talvez marcas mais fortes sejam mais importantes que a escala geral de operações realizadas pela participação de várias categorias e portfólios de marca que crescem com rapidez. Por exemplo, Beiersdorf, Reckitt Benckiser, L'Oréal e Danone estão todas prosperando, apesar de serem focadas

154 Estratégia de Marcas Próprias

em poucas categorias. A Danone opera em apenas três categorias e é líder mundial em todas as três: biscoitos, água e iogurte.[8]

O desafio é captar os benefícios de ambos: o foco e a escala. Apesar de ter um enorme portfólio com 8.000 produtos e até 20.000 variantes, a Nestlé atinge o foco por meio de seis marcas gerais, que ela usa para cobrir a maioria de suas atividades. São elas a Nestlé, que responde por 40% dos negócios, a Purina, a Maggi, o Nescafé, o Nestea e a Buitoni.[9]

Acreditamos na racionalização de portfólio porque não faz sentido apoiar marcas que não diferenciam o fabricante perante o consumidor, e que não conseguem ganhar espaço na prateleira, pela perspectiva do varejista. As lições de nossa pesquisa sobre racionalização de portfólio de marcas e projetos de consultoria agora estão claras. A racionalização ajuda a cortar custos e foca nos itens que vendem melhor. Como resultado, o estímulo aos lucros da empresa é imediato. Entretanto, ela não assegura o crescimento das vendas. Por exemplo, a Heinz cortou 40% de seus itens entre 2001 e 2003, para se concentrar em itens que mudam rapidamente como ketchup em frascos fáceis de usar, que são mantidos de cabeça para baixo. Ela queria focar nos produtos que estão em primeiro ou segundo lugar em suas categorias. Embora os lucros operacionais subissem 17,5% em 2003, as vendas se mantiveram estáveis em 0,4%.[10] Finalmente, é preciso fazer com que cresçam as marcas e as SKUs que permanecem. O desafio de fazer com que as marcas individuais cresçam, contra a participação crescente da marca própria, será o assunto do próximo capítulo.

Para Guardar do Capítulo

Selecione o Que Você Pretende Combater, para Direcionar Recursos contra as Marcas Próprias

- Apóie apenas as marcas líderes de mercado ou as marcas de nicho premium, pois as marcas de fabricante secundárias arcam com o violento massacre da marca própria.

- Reoriente o portfólio para categorias em que a inovação e as marcas têm maior potencial para agregar valor.

- Anule (venda, faça fusão ou tire da lista) marcas que:

  - Não tenham escala adequada

  - Tenham poder de marca insuficiente

  - Não sejam obrigatórias para o varejista

Lute Seletivamente para Obter Recursos Contra as Marcas Próprias   155

- Racionalize SKUs, para estirpar aquelas que demoram a ser vendidas.

- Reconheça que essas ações ajudam a aprimorar a lucratividade, mas não geram o crescimento de vendas necessário, a não ser que os recursos liberados pela racionalização de portfólio (categorias, marcas e SKUs) sejam investidos na aquisição de líderes de marca complementares e no crescimento das vendas de marcas remanescentes.

DOZE

Crie Proposições que Gerem Valor para as Marcas de Fabricante

Preço premium para imagem de marca: 23%

NO FINAL, a batalha contra as marcas próprias deve ser travada no nível de cada marca de fabricante. Deve haver uma proposição de valor consistente para os consumidores comprarem a marca do fabricante no lugar da marca própria. Parte dessa batalha é, evidentemente, vencida por meio da inovação, com produtos que não sejam comparáveis às marcas próprias. Mas, se há opções razoavelmente similares, então os consumidores passam a tomar decisões de compra ponderando o preço face ao valor fornecido. O valor tem aspectos tanto racionais quanto emocionais. As razões racionais que levam alguém a comprar determinada marca ou uma marca própria estão ligadas aos benefícios funcionais, ao desempenho e à qualidade. As razões emocionais relacionam-se à imagem e à formação de vínculos íntimos com os consumidores. As grandes marcas têm tanto a lógica quanto a mágica.

A Figura 12-1 demonstra como os consumidores usam informações sobre imagem, preços e qualidade, para reforçar suas decisões de consumo.[1] Se a marca do fabricante não tem a imagem certa, perde-se o cliente potencial. Se a marca passa pelo teste da imagem, o consumidor examina se o preço é competitivo, comparado com a marca própria. Se a defasagem de preço for aceitável, então o consumidor compra a marca do fabricante. Então vem o teste de qualidade: ela oferece um desempenho que possa satisfazer suficientemente o consumidor, para que ele inicie um relacionamento com a marca?

FIGURA 12-1

Decisões do consumidor

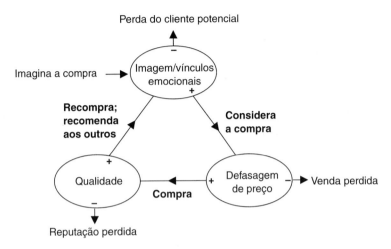

Fonte: Extraído de Jean-Philippe Deschamps e P. Ranganath Nayak, *Product Juggernauts: How Companies Mobilize to Generate a Stream of Market Winners* (Boston: Harvard Business School Press, 1995), 87.

Construir uma proposição que gere valor para as marcas de fabricante, contra as marcas próprias, portanto, requer três ações fundamentais: gerenciar a defasagem de preço com o objetivo de ser competitivo, aprimorar constantemente a qualidade para aumentar a lógica racional e construir um vínculo emocional e relacionamentos duradouros com os consumidores. Trataremos de cada uma delas em separado.

Gerenciar a Defasagem de Preço

Talvez a questão mais complexa, no gerenciamento de marcas de fabricante contra marcas de varejo, seja determinar o preço dos produtos de modo competitivo. Se os preços são altos demais, comparados com as marcas próprias, o volume cai. Por outro lado, embora seja fácil fazer os preços caírem, um corte desproporcional nos preços causa um impacto no resultado financeiro. Veja os aspectos econômicos de uma empresa situada entre as 500 da S&P.[2] Do faturamento total, ela precisa de 19,2% para cobrir custos fixos, enquanto os custos variáveis constituem 68,3% da receita, o que deixa uma margem operacional de lucro de 12,5%. Supondo que os volumes sejam constantes, essas economias implicam que uma pequena queda média de 2% nos preços, realizada pelos varejistas, pode reduzir o lucro geral da empresa em 16%, enquanto um aumento de 2% no preço pode aumentar os lucros em 16%. Além disso, se os preços caem 2%, o volume teria de aumentar em 7,5%, só para manter os lucros constantes.

158   Estratégia de Marcas Próprias

Essa forte elasticidade de preço é bastante rara. Em resumo, dada a sensibilidade dos lucros para a determinação de preços para as empresas, ser capaz de cobrar o máximo possível, enquanto se mantém a defasagem de preço adequada com as marcas próprias, é crucial para o sucesso.

Um entendimento profundo da elasticidade de preço (o que acontecerá com nosso volume, quando mudamos nossos preços) e da elasticidade cruzada (o que acontecerá com nosso volume, quando a defasagem entre nós e o concorrente mudar) é necessário, antes que os preços sejam adaptados. Por exemplo, entre 2000 e 2003, a Kraft permitiu que a defasagem de preço entre suas marcas e as marcas próprias crescesse demais, e ao mesmo tempo deixou de desenvolver novos produtos que as marcas próprias não conseguiriam copiar. O resultado foi a perda de participação para as marcas próprias durante três anos sucessivos em suas três maiores categorias. Em 2003, tudo culminou em uma série de reduções nas previsões de vendas e lucro, e finalmente custou a Betsy Holden seu emprego de co-CEO.[3] As empresas devem evitar a tentação de aumentar preços além de níveis sustentáveis.

A elasticidade do preço da categoria, que varia amplamente entre as categorias, impulsiona a defasagem ideal de preço entre as marcas de fabricante e as marcas próprias. A Unilever descobriu que perdeu participação de mercado para marcas próprias, em sorvete, quando tentou aumentar os preços, e ficou difícil convencer os consumidores a pagarem um extra por sua margarina de marca. Entretanto, o negócio bem-sucedido de desodorante demonstrou que, se as marcas fossem capazes de dotar os produtos com qualidades emocionais, em vez de qualidades puramente funcionais, eles poderiam comandar um preço premium. Por exemplo, o desodorante Axe (Lynx, no Reino Unido) promete sucesso sexual aos adolescentes do sexo masculino, e isso vale o pagamento extra.[4]

A Incapacidade de Passar os Aumentos de Custos

Parte da pressão para aumentar preços ocorre porque os varejistas estão usando sua força para conseguir mais dinheiro dos fabricantes. Em muitos varejistas, as marcas de fabricante precisam pagar por tudo — para introduzir novos produtos, por concessões de espaço, por displays, por promoções dentro da loja e por localização na prateleira na altura dos olhos. Um estudo estimou que as vendas de bens de consumo embalados de empresas incluídas no índice S&P 500 de grandes empresas americanas cresceram a uma taxa anual de apenas 4,7%. Enquanto isso, suas vendas, assim como as despesas gerais e administrativas, têm crescido 5% ao ano.[5]

Houve um tempo em que os fabricantes de bens de consumo podiam repassar os custos crescentes para seus clientes. Mas hoje isso é difícil, se não impossível. Consolidação significa que a disseminação de cadeias de varejo agressivas, de grandes volumes, como Wal-Mart, Carrefour e Costco, destruiu muito do poder de determinação de preços do setor. Um porta-voz do Wal-Mart observou: "Quando os fornecedores chegam com aumentos de preços para nós, simplesmente não os aceitamos. Pedimos para eles nos mostrarem que os custos de matérias-primas subiram realmente, para provarem que houve aumento".[6] O Wal-Mart só aceita aumentos de preço que se baseiem em aumentos nos custos de matérias-primas. Aumentos no custo de marketing são problema do fornecedor.

Por causa do ambiente de dura negociação e de competição com as marcas próprias, as empresas devem focar no controle de custos. Com suas grandes operações globais, organizações complexas, preços premium e altas margens brutas, as empresas de bens de consumo embalados nunca se preocuparam tanto com o custo quanto os varejistas. Considere que a maioria dos varejistas esteja batalhando por margens brutas entre 12% e 30%, enquanto as empresas de bens de consumo embalados podem ter confortavelmente uma margem bruta média entre 40% e 60%. Por essa razão, empresas como a Unilever e a Nestlé estão reestruturando suas operações e reempregando as economias geradas em inovação e marketing.

Aumente o Preço Realizado, e Não o Preço de Lista

Embora seja cada vez mais difícil repassar o aumento de custos, pode haver uma saída para as empresas. No final das contas, o que importa não são os preços oficiais, mas os preços reais ou realizados. Estes últimos são, com freqüência, consideravelmente mais baixos que os primeiros, por causa das inúmeras formas de descontos que os varejistas podem obter, que variam de descontos-padrão e promoção na fatura, a concessões de mercadorias e promoções especiais fora da fatura. O caso de um fornecedor global de energia ilustra este ponto. A empresa descobriu que o preço realizado variava entre 30% e 90% do preço de lista.

O gerenciamento sugeriu uma razão "racional" para uma variação tão ampla de preços — ou seja, que contas maiores tinham descontos maiores. Entretanto, quando os descontos de preço foram comparados ao tamanho da conta, não foi encontrada nenhuma relação. Muitos clientes pequenos recebiam grandes descontos. Como resultado, a empresa desenvolveu diretrizes claras sobre faixas de preço aceitáveis, em função do tamanho da conta, e adotou outras medidas para controlar a independência dos gerentes de conta. Embora tenha perdido alguns clientes no processo, o preço médio realizado aumentou em 3,6% (o preço de lista permaneceu o mesmo), e os lucros operacionais cresceram 51%.[7]

Uso Abusivo de Promoções ao Consumidor

À medida que marcas de fabricante perderam vendas para marcas próprias de varejo e ficou claro que a defasagem de preço não podia ser sustentada, algumas marcas começaram a programar promoções mais freqüentes e maiores para o consumidor. Essas

160 Estratégia de Marcas Próprias

promoções assumem uma variedade de formas que incluem cupons, reduções tempo-rárias de preço, brindes e ofertas dois por um. A esperança, com tais promoções, é que elas atrairão os clientes de marcas próprias a experimentarem a marca do fabrican-te. Espera-se, assim, que uma porcentagem dos clientes que a experimentarem se tornará fiel à marca, presumivelmente porque perceberão o valor extra oferecido pelo fabricante.

Infelizmente, nossa pesquisa sugere que isso acontece com bastante freqüência e as promoções ao consumidor tendem a oferecer ganhos de volume apenas a curto prazo. A longo prazo, elas costumam provocar o efeito inverso e podem até ajudar as marcas próprias. Há várias razões para isso. Em primeiro lugar, uma grande proporção do volume vendido em promoções é comprada por aqueles que são fiéis à marca: consu-midores que teriam comprado a marca do fabricante de qualquer forma, mesmo com preços mais altos, não promocionais. Dados dos Estados Unidos revelam que dois terços do impacto da promoção de vendas se devem aos clientes fiéis à marca que com-pram para estocar.[8]

A segunda razão é que as promoções freqüentes reduzem a integridade dos preços regulares, não promocionais, e ensinam os consumidores a esperarem pelos períodos de promoções. Torna-se um jogo de gato e rato, convertendo os compradores da marca do fabricante em compradores de promoções. E se eles não encontrarem sua marca preferida em promoção, tendo-se acostumado a um preço mais baixo, comprarão uma marca própria. Em outras palavras, alguns dos compradores de promoção se transfor-mam em compradores de marca própria devido ao excesso de promoções oferecidas pelas marcas do fabricante. Finalmente, uma parte desses compradores, à medida que fica à vontade para comprar marcas de loja, até migra para as lojas de desconto, onde as marcas do fabricante são excluídas ou têm uma presença mínima.

Efetividade dos Cortes de Preço

A Figura 12-2 demonstra o desafio de gerenciar a defasagem de preço.

- A Marca B fornece um valor mais alto, mas sem penalidade de preço contra as marcas próprias, e é claramente uma posição vencedora para as marcas. Entre-tanto, é improvável que a posição da marca B seja observada na realidade. Os varejistas não introduzirão uma marca própria (MP) com proposição de valor tão pobre contra B.
- A marca C, infelizmente, está onde as marcas de fabricante normalmente estão, como resultado de aprimoramentos na qualidade da marca própria e na imita-ção da embalagem e do aumento da propaganda da marca própria. Os consumi-dores não vêem valor adicional (funcional, emocional ou social) para o preço mais alto pago pela marca C. Essa situação não é sustentável.

FIGURA 12-2

Gerenciamento da defasagem de preço

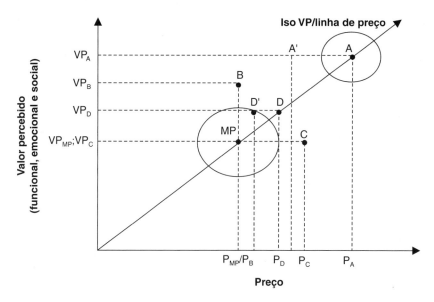

A, B, C e D representam marcas de fabricante; MP é marca própria.

- As marcas A e D oferecem a clássica proposição de marca, com preços mais altos e valor mais alto. Embora os clientes concordem que A e D fornecem maior valor que a marca própria, a questão crítica é: quantos clientes acreditam que vale a pena pagar um extra pelo maior valor? Pode-se estar na posição A, muito mais valor por um preço mais alto, ou em D, um pouco mais de valor por um preço um pouco mais alto. Isto se torna um jogo de segmentação.

O gerenciamento da defasagem de preço, por meio de reações a cortes de preço, é diferente se a marca do fabricante ocupa a posição A ou a posição D. Considere a Procter & Gamble da Alemanha em sua batalha contra as marcas próprias, particularmente a Aldi. Em fraldas, a marca Pampers, da P&G, tinha um preço 31% mais alto, enquanto em higiene feminina a marca Always, da P&G, tinha um preço premium de 140% sobre a marca de loja Aldi. De acordo com a Figura 12-2, pode-se ver a Pampers ocupando a posição D, enquanto a Always estava em A.

Frustrada com o sucesso das marcas próprias que tinham uma participação de mercado de 53,9% em fraldas e 45,9% em higiene feminina, a P&G decidiu cortar os preços da Pampers em 11% e da Always em 18%. O impacto do corte de preços foi forte para as fraldas, onde a participação de mercado da Pampers subiu de 31% para 42%, mas modesto para a Always, onde a participação aumentou em apenas 3 pontos percentuais.[9]

162 Estratégia de Marcas Próprias

A Figura 12-2 pode ajudar a explicar por que os resultados foram tão diferentes para os dois cortes de preço. Para a Pampers, o segmento que compra marcas próprias estava relativamente fechado na Figura 12-2. Baixar o preço da Pampers colocou a marca dentro de preferências de preço-valor de alguns clientes de marcas próprias (ela mudou de D para D' na Figura 12-2). Em contraste, mesmo um corte de preço na Always, que estava atendendo a um segmento bem diferente, não a trouxe suficientemente perto das preferências de preço-valor dos compradores de marcas próprias. De acordo com a Figura 12-2, ela passou de A para A', ambas as posições estando bem afastadas das preferências de compradores de marcas próprias.

Gerenciar a defasagem de preço é um processo complexo, como as pesquisas têm demonstrado:[10]

1. Se a marca do fabricante está posicionada muito longe, em termos do preço da marca própria, nem mesmo um corte de preço substancial terá um impacto significativo.
2. Por outro lado, se a marca do fabricante estiver posicionada perto da marca própria, um corte de preço relativamente pequeno pode resultar em ganhos significativos nas vendas.
3. Um corte de preço na marca própria não terá muito impacto sobre as marcas de fabricantes, principalmente quando as diferenças de preço forem grandes.

Mantenha Vantagem na Qualidade

Como vimos anteriormente, a defasagem ideal de preço depende parcialmente da qualidade do produto ou de seu desempenho funcional. Historicamente, os consumidores preferiam marcas para reafirmar a qualidade que proviam. Infelizmente, para muitas marcas, com o tempo essa diferença de qualidade desapareceu, e assim eles acabam no ponto C da Figura 12-2, principalmente quando se considera somente o desempenho funcional.

Transparência e Comoditização da Qualidade

Hoje, os consumidores estão muito mais informados sobre a qualidade do produto, na medida em que várias agências independentes de testes e classificações, como a Consumers Union, ajudam a tornar a qualidade "objetiva" das marcas mais transparente. Por exemplo, a Consumers Union testou recentemente produtos entre as seis categorias que os leitores da *Consumer Reports* relataram como as categorias das quais eles compram com mais freqüência marcas de loja.[11] A Tabela 12-1 apresenta os resultados para três categorias, e não são lisonjeadores para as marcas de fabricantes.

TABELA 12-1

Resultados da *Consumer Reports* sobre qualidade

Categoria	Excelente	Muito bom	Bom	Regular ou fraca
Toalhas faciais (preço por cem unidades)	*Puffs (US$ 1)	Safeway Select (US$ 0,80) Stop & Shop (US$ 0,60)	*Kleenex (US$ 1) Albertsons (US$ 0,80) America's Choice (US$ 0,70) Great Value (Wal-Mart) (US$ 0,60) Kirkland Signature (Costco) (US$ 1,10) Kroger (US$ 0,60) Trader Joe's (US$ 0,60) Winn-Dixie (US$ 0,80)	Publix (US$ 0,70)
Iogurte (preço por onça)		America's Choice Fruit on the Bottom (US$ 0,10) Stop & Shop Fruit on the Bottom (US$ 0,08)	*Dannon Fruit on the Bottom (US$ 0,11) *Yoplait Original (US$ 0,12) Albertsons com fruta no fundo (US$ 0,06) Great Value (Wal-Mart) mistura (US$ 0,06) Kirkland Signature tipo suíço (US$ 0,06) Kroger com fruta no fundo (US$ 0,08) Lucerne (Safeway) com fruta no fundo (US$ 0,08) Publix com fruta no fundo (US$ 0,06) Trader Joe's Pre-Stirred (US$ 0,10) Winn-Dixie (US$ 0,05)	Kirkland Signature tipo suíço (Costco) (US$ 0,06)
Sacos plásticos (preço por saco)	*Ziploc (US$ 0,14) Great Value (Wal-Mart) (US$ 0,08)	America's Choice (A&P) (US$ 0,14) Kroger Slider (US$ 0,13)	Albertsons (US$ 0,15) Stop & Shop (US$ 0,13)	

*Marcas de fabricante

Fonte: Extraído de "Battle of the Brands", *Consumer Reports*, agosto de 2005, 12-15.

164 Estratégia de Marcas Próprias

Os sacos Ziploc (14 centavos por unidade) eram fáceis de abrir e fechar, e não furavam facilmente, mas os Great Value Slider, do Wal-Mart (8 centavos por unidade), também eram. A Hefty, outra marca de fabricante, variava tanto na resistência, de excelente a aceitável, que a *Consumer Reports* não conseguiu classificá-la.

Em iogurte, marcas de loja da A&P (10 centavos por onça, (28,34 gramas)) e da Stop & Shop (8 centavos), classificadas como "muito boas", foram claramente as vencedoras. Havia pouco a escolher das outras que foram classificadas como "boas", inclusive a Dannon (11 centavos; a Dannon é chamada Danone na Europa) e a Yoplait (12 centavos), bem como as várias marcas de loja, como Kroger (8centavos), Publix (6 centavos), Albertsons (6 centavos), e Winn-Dixie (5 centavos). Estas são más notícias para as marcas de fabricante.

Somente em toalhas para limpeza facial houve uma vencedora clara: a Puffs (US$ 1 por 100 folhas) da Procter & Gamble. Acontece que muitas marcas de loja (geralmente a 60 centavos) eram macias como a Puffs, mas, quando se falava em resistência, nenhuma das toalhas era mais forte — mas, também nenhuma era Kleenex (US$ 1).

Como resultado do teste, a Consumers Union, com seu estudo, chegou às três conclusões a seguir, todas desfavoráveis aos fabricantes de marca:

1. Muitas marcas de loja são pelo menos tão boas quanto as marcas nacionais.
2. Mudar para uma marca de loja pode cortar o custo de um produto em até 50%.
3. As empresas que fabricam marcas de loja são, freqüentemente, nomes familiares.

Preço e Qualidade

Um estudo usando dados de várias investigações da Consumers Union descobriu:

1. Em 22 das 78 categorias de produto, a marca de loja média foi mais alta em qualidade do que a marca média do fabricante.[12] Nessas categorias, as marcas do fabricante custam 30% a mais.
2. Nas 56 categorias remanescentes, de marcas do fabricante com mais qualidade, elas custam 50% a mais.

O ponto é que as diferenças na qualidade, entre marcas próprias e marcas do fabricante, estão diminuindo constantemente. E mesmo que haja diferença, como indicam os resultados da Tabela12-1, nem sempre está claro que as marcas do fabricante são melhores que as marcas de loja. É quase como se a qualidade tivesse se tornado uma coisa comum. Quando ela é combinada com o fato de que a qualidade hoje é muito mais transparente, a tarefa das marcas do fabricante se torna muito difícil. A transparência da qualidade reduz a importância dos benefícios emocionais embutidos nas marcas, principalmente nas categorias que não dão visibilidade social (por exemplo, detergentes *versus* carros).

A categoria de toalhas de papel demonstra esse desafio na Figura 12-3. As duas marcas de fabricante, Bounty e Brawny, são, em média, de qualidade mais alta que as

FIGURA 12-3

Preço e qualidade de toalhas de papel

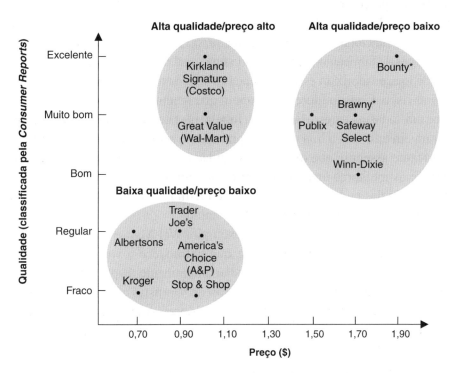

*Denota marca de fabricante.
Fonte: Extraída de "Battle of the Brands", Consumer Reports, agosto de 2005, 12-15.

marcas de loja e oferecem a proposição de valor "qualidade alta/preço alto". A tradicional compensação entre preço e qualidade pode ser feita entre essas duas marcas de fabricante e o grupo de marcas de loja sob a proposição de valor "baixa qualidade/preço baixo". Mas então há pelo menos quatro marcas de loja — Kirkland da Costco, Great Value do Wal-Mart, Safeway Select e Publix — que são classificadas como "muito boas" ou "excelentes". E as toalhas de papel da Costco e do Wal-Mart são muito mais baratas, embora, para sermos imparciais, tenham de ser compradas em pacotes de várias unidades.

Em tal ambiente, retorna a pergunta: Por que alguém compra marcas de fabricante? Acontece que as marcas de fabricante são vendidas apenas àqueles clientes aos quais se aplica pelo menos uma das condições a seguir:

1. Aqueles que buscam benefício emocional/social. Consumidores que percebem os benefícios emocionais (adoram Bounty ou Brawny há anos, talvez há gerações, pelo serviço e bom desempenho) ou os benefícios sociais (minhas visitas podem achar que estou usando toalhas baratas, se estas são marcas de loja) das

166 Estratégia de Marcas Próprias

marcas de fabricante que vão além dos encontrados nas marcas de varejo (e as tornam análogas a A ou D na Figura 12-2) e vêem o valor mais alto resultante merecer o preço premium.

2. Ignorância do cliente. Consumidores que não têm conhecimento dos verdadeiros benefícios funcionais das marcas de loja *versus* marcas de fabricante. Por isso, vêem as marcas de fabricante com qualidade funcional mais alta, comparada com as marcas de loja, e valorizam essas diferenças o suficiente para pagar o preço premium.

3. Evitar risco. Consumidores que sabem que nenhuma marca de varejista é a melhor em todas as categorias (ver a Tabela 12-1) e compradores sem tempo, que param em uma única loja para comprar tudo e acreditam que comprar marcas de fabricante assegura que terão boa qualidade consistentemente. Isso é reforçado porque as melhores marcas de fabricante, em uma categoria, estão disponíveis na maioria das cadeias de varejo, o que facilita a compra dos clientes, independentemente de qual varejista eles freqüentem.

4. Acessibilidade da loja. A loja (por exemplo, Wal-Mart e Costco) com a melhor marca própria pode estar tão longe que enfraquece a vantagem de preço. Em contraste, as marcas de fabricante estão amplamente disponíveis. Evidentemente, com os planos agressivos de expansão de varejistas como Wal-Mart e Costco, as lojas estão se aproximando dos consumidores. Atualmente, 85% das famílias alemãs estão a menos de quinze minutos, de carro, de uma loja Aldi.

Buscando Constantemente a Vantagem da Qualidade

Para as marcas de fabricante, a alternativa para reduzir preços é redescobrir a vantagem da qualidade. Parece fundamental que as marcas de fabricante devam colocar seus recursos. Um produto não deve sair da fábrica, se não puder provar que sua qualidade funcional é melhor do que a das marcas próprias. Por isso, no dia em que Patrick Cescau foi nomeado o único CEO da Unilever, ele comentou: "Precisamos gastar mais tempo e dinheiro nos diferenciando da marca própria".[13]

Qualidade funcional significa que é preciso haver uma diferença no desempenho real. Historicamente, é isto o que a indústria farmacêutica tem perseguido. A GlaxoSmithKline reconhece: "Os clientes estão procurando a melhor diferenciação científica". É o que ela tenta gerar em seus produtos. Tanto que lançou Nicorette para quem quer parar de fumar, Flixonase para combater a febre do feno, e Poligrip, que tem sido considerado um limpador mais eficaz do que os adesivos existentes no mercado para usuários de dentaduras.[14]

Os fabricantes de marca têm de assegurar que a luta contra as marcas próprias aconteça em relação à qualidade e que haja qualidade e características superiores. Este pode ser um objetivo em qualquer setor, mesmo naqueles tradicionalmente considerados setores emocionais. Por exemplo, uma explicação para a baixa participação de mercado das marcas de varejo na França, comparada com a Alemanha, no setor de cosméticos, é que a L'Oréal arrastou a concorrência para uma guerra no campo do desempenho comprovado cientificamente, com o apoio de orçamentos de propaganda maciça para comunicar o fato e também os benefícios emocionais.[15] Na Alemanha, Nívea, a marca principal, é a que mais conta com diferenciadores emocionais como empatia e suavidade.

Finalmente, quase sempre haverá uma defasagem de preço entre marcas de fabricante (líderes) e marcas de loja. Assim, de fabricante terão de provar aos consumidores conscientes de preço que suas marcas valem aquela quantia extra. Isso requer que os fabricantes de marca invistam na comunicação das vantagens de seu produto. Logo no início da gestão do CEO A. G. Lafley, quando ele estava engendrando uma guinada na P&G, e era forte a pressão para obter lucros, ele enfrentou o dilema de recorrer ou não a um forte suporte de marketing para o lançamento de várias marcas novas, como a Actonel e a Toregonos, nos Estados Unidos, e a Iams, na Europa. Como as organizações comerciais acreditavam nesses produtos, que obtiveram melhores resultados em testes do que as concorrentes, a empresa foi em frente. Como se diz, a propaganda é a última demão de tinta. Mas ela só pode funcionar se a preparação que está por trás foi bem feita. Nada mata um produto ruim mais rápido do que muita propaganda.

Crie Vínculos com o Consumidor

Além do desempenho funcional, as marcas de fabricante podem acrescentar benefícios emocionais aos produtos — tornando-as bacanas, descoladas, adoráveis, prestigiosas, socialmente desejáveis, emocionalmente gratificantes, e assim por diante. Ajuda a criar um vínculo do consumidor com a marca. Atingir esse objetivo requer investimentos de marketing e de comunicação com os consumidores.

Da Propaganda ao Comércio

As marcas de fabricante parecem estar se movendo na direção errada. Embora os setores com maior intensidade de propaganda tendam a ter menor participação de marcas próprias, as empresas estão cada vez mais desviando dinheiro da propaganda para as promoções. Com o poder crescente dos varejistas, sua capacidade de desviar dinheiro para promoções, displays de gôndola, indicadores no piso, propaganda na prateleira, cupons, merchandising e listas de preços também aumenta. Hoje, os gastos com transações comerciais vêm depois do custo de bens vendidos, e podem chegar a 30% da receita de vendas.

A despesa do marketing global da Heinz, por exemplo, aumentou 8% em 2004. Mas esse aumento é responsável, basicamente, por um aumento em sua despesa com negociações comerciais com clientes como Tesco, Carrefour e Wal-Mart. As despesas

168 Estratégia de Marcas Próprias

com propaganda tradicional não variam. A esse respeito, o diretor da marca Heinz no Reino Unido observou: "É um caso de consumidor *versus* comércio. Inevitavelmente, o pote de dinheiro é amplamente fixado, e o ambiente comercial é mais um campo de batalha todos os anos".[16]

Desviar dinheiro da comunicação com clientes para o suporte do varejista é o começo de um círculo vicioso de marcas de fabricante. Como as marcas de fabricante gastam menos construindo suas marcas para os consumidores finais, elas perdem o valor patrimonial da marca com o julgamento final do mercado. Isso aumenta o poder relativo dos varejistas e seu poder de negociação. Como resultado, as marcas de fabricante se submetem a concessões ainda maiores exigidas pelos varejistas. Para arcar com essas concessões, as marcas de fabricante desviam mais dinheiro das comunicações com o consumidor, transferindo esse valor para os varejistas. É para contra-atacar essa tendência que empresas como a Unilever e a Colgate-Palmolive agora estão gastando mais para comunicar os benefícios de suas marcas aos compradores, em meio à pressão para a determinação de preço dos varejistas. À medida que a participação patrimonial do revendedor sobe, para manter equilíbrio, as marcas de fabricante precisam gastar mais, e não menos, para se comunicarem com os clientes.

Indo Além da Propaganda Tradicional

A mídia tradicional se tornou menos efetiva por causa da proliferação de canais de televisão, o que levou a uma audiência cada vez mais fragmentada. Assim, fica mais difícil e mais caro atingir o mesmo número de clientes. Além disso, outros meios de comunicação, como jogos de computador e Internet, disputam a atenção dos espectadores mais jovens. Finalmente, as tecnologias digitais de gravação, como a TiVo, permitem que um número crescente de espectadores ignore propagandas, quando assistem à televisão.

O buzz marketing, também conhecido como boca a boca e marketing de guerra, surgiu para as empresas como uma forma de ficarem do lado certo dos consumidores, na batalha pelas vendas. O buzz marketing tem a proposta de fazer os indicadores de tendências de uma comunidade levarem a mensagem da marca, criando assim um interesse por ela, sem propaganda ou promoção direta. A mensagem da marca pode ser transmitida fisicamente (as pessoas podem ser vistas com a marca), verbalmente (a marca pode ser citada em conversas) ou virtualmente (pela Internet). Com a proliferação de e-mail e celulares, os comentários se espalham com uma rapidez incrível.

A Red Bull é o mestre do buzz marketing. Ela criou para sua bebida uma imagem ousada, ligeiramente perigosa. A empresa mantém controle estrito de como deve ser comercializada nas casas noturnas e nos bares. Em suas oito áreas de vendas nos Estados Unidos, os representantes procuram os melhores locais — casas noturnas e bares freqüentados pelos indicadores de tendências. Logo que identificaram cinco espaços-chaves, eles oferecem refrigeradores com a marca e outros brindes que acompanham o primeiro pedido. Se estabelecimentos convencionais pedem para estocar Red Bull, a empresa recusa, reforçando sua associação com o que é marginal e com a crença da rua. Para cultivar sua ligação com os freqüentadores de casas noturnas, a Red Bull montou a Red Bull Music Academy, um evento anual de duas semanas que reúne aspirantes a DJs e seus ídolos.

As equipes de educação do consumidor também ajudam a gerar o boca-a-boca. Uma das primeiras técnicas de marketing empregadas pela Red Bull foi contratar universitários como gerentes de marca, entregando a cada um deles um case da Red Bull e encorajando-os a darem uma festa. Ela contratava jovens locais para dirigirem carros adesivados com seu logotipo, sobre os quais havia um modelo da lata de marca registrada, com as cores azul e prata, com 1 metro e meio de tamanho. Nos carros, refrigeradores capazes de estocar mais de 250 latas de Red Bull, para serem distribuídas "àqueles que estão precisando de energia": gente que trabalha à noite, motoristas de caminhão, estudantes universitários, executivos, freqüentadores de casas noturnas e atletas.

A Red Bull patrocina inúmeros eventos de esportes radicais, entre eles cliff diving, kite boarding, snowboarding, motocross, mountain biking, paragliding, street luge, ice cross downhill, skateboarding e surfing. Ao se aliar àqueles que desafiam os limites desses esportes radicais, a Red Bull, por associação, se tornou uma bebida radical. Perigosos, e não apoiados pelo establishment, os eventos de esportes radicais e os círculos sociais a eles relacionados são ideais para o marketing boca a boca.

Guinadas na Marca

Há casos em que as marcas de fabricante e as empresas conseguiram dar uma guinada bem-sucedida na batalha contra as marcas próprias, criando proposições de valor vencedoras, o que é encorajador.

Em meados da década de 90, a marca própria respondia por 60% da categoria representada pelos pães no Reino Unido. Há uma diferença entre o pão produzido em larga escala e o pão elaborado por padarias especiais. Fabricantes de marca como Allied Bakeries e Warburtons lutaram para desenvolver o marketing de novos produtos, acrescentando benefícios como 100% de grão integral, enriquecimento com fibras, adição de cálcio, e o lançamento de marcas superpremium como a Kingsmill Gold. Dez anos mais tarde, a participação da marca própria caiu para 36%.[17]

Como vimos anteriormente, na Europa a Procter & Gamble foi forçada a cortar preços seletivamente em categorias como fraldas, detergentes e xampus, para combater as marcas próprias. Entretanto, não basta apenas mudar a defasagem de preço com as marcas próprias. É possível cercar as marcas próprias com extensões de marca e de produto. Quando a Procter & Gamble reduziu os preços de sua Pampers básica, também introduziu a nova fralda descartável Pampers Contour. Da mesma forma, para vender mais papel higiênico, criou uma versão mais cara do Charmin e, por meio de uma cam-

170 Estratégia de Marcas Próprias

panha publicitária, perguntou aos consumidores: "Você não merece um pouco de luxo?"[18] Por outro lado, para evitar cortar o preço do Ariel, a empresa introduziu, na Alemanha, o Mr. Clean, um detergente mais barato, para competir com as lojas de descontos.

Agora discutiremos mais detalhadamente dois exemplos de guinada em marcas, um nos Estados Unidos (ketchup Heinz) e um da Europa (Danone La Copa).

Ketchup Heinz

Antes de 1998, o ketchup Heinz tinha um preço premium, mas era apoiado por pouca propaganda. Como resultado, estava perdendo participação de mercado para marcas próprias e para marcas de preços mais baixos, de segundo e terceiro nível.[19]

Entre 1999 e 2002, a Heinz lançou vários aprimoramentos do produto e sua embalagem, inclusive garrafas EZ Squirt, sabores picantes, tampa com protetor e "cores misteriosas" para atrair as crianças.[20] Um de seus principais aprimoramentos de embalagem foi o ketchup fácil de apertar, em um frasco desenhado ergonomicamente, com a tampa virada para baixo, de acionamento rápido e sem sujeira. Foi uma importante mudança de mentalidade para a Heinz, que durante anos exaltou as virtudes de se esperar o ketchup cair lentamente.

Ela também apoiou essas introduções com uma importante campanha publicitária. Os lucros gerados por esses novos sabores foram, então, empregados para eliminar a defasagem de preço entre a Heinz e a marca própria, em 17%. Como resultado dessas mudanças, a Heinz conseguiu aumentar sua participação em seis pontos. A maior parte desse ganho foi obtido à custa das marcas de segundo e terceiro nível. Por outro lado, deixou pouco espaço de crescimento para as marcas próprias.[21] Tendo dado uma guinada em seu negócio de ketchup, a empresa reformulou seu portfólio em 2002, vendendo negócios de frutos do mar, ração para cães, alimentos para bebês e sopa de marca própria para a Del Monte.[22] Desde então, a Heinz tem tido menos sucesso. O valor de seu nome de marca caiu de seu pico de US$ 7,35 bilhões, em 2002, para US$ 6,22 bilhões, em 2006.[23] Os analistas têm observado atentamente a capacidade contínua que a Heinz tem de criar valor em alimentos como ketchup e feijão e de manter distantes as marcas de loja.

Danone La Copa

La Copa, uma sobremesa cremosa de iogurte de chocolate vendida pela Danone (Dannon nos Estados Unidos), era tradicionalmente a preferida na Espanha, posicionada como um artigo de luxo para crianças e adultos. Apesar de sua herança rica, com o passar dos anos ela perdeu participação para concorrentes, principalmente as marcas próprias. Em 2004, embora La Copa ainda fosse a líder da categoria com 30% na participação de mercado, as marcas próprias tinham captado 45%, com a Nestlé respondendo pelos 25% restantes da categoria.

Uma análise revelou que La Copa, que sempre teve um preço premium, não oferecia qualquer diferença notável, na experiência de produto, para justificar seu preço premium. Determinada a captar de volta sua participação, que estava nas mãos dos concorrentes, principalmente das marcas próprias, a Danone decidiu relançar o produto.

A reformulação do La Copa determinou mais creme (18% a 22%) e menos chocolate (82% a 78%), para dar a ele uma sensação mais cremosa e mais leve. A mudança foi apoiada por uma nova mensagem: "cremosa até a última colherada". Além disso, para ampliar o valor, a Danone aumentou o tamanho da embalagem de 100 gramas, que passou a conter 115 gramas.

A embalagem recebeu um formato mais moderno, arredondado, de plástico transparente, de modo que o produto ficasse visível, ao contrário do que acontecia anteriormente com o pote marrom, antiquado. Para compensar o valor ampliado, a empresa aumentou o preço de € 1,02 para € 1,13. Essas mudanças, implementadas no final de 2004, deram uma guinada radical na sorte do La Copa. Sua participação de mercado aumentou de 30% para mais de 50%, enquanto a participação da marca própria caiu de 44% para 30%. A participação de mercado da Nestlé também caiu.

Infelizmente, com muita freqüência, as marcas de fabricante não investem no aprimoramento contínuo de sua proposição de valor. Isso permite aos concorrentes, e especialmente às marcas próprias, atirar em alvo parado.

Para Guardar do Capítulo

Crie Proposições Que Gerem Valor para as Marcas de Fabricantes

- Gerencie ativamente a defasagem de preço, aprimore constantemente a qualidade e construa um vínculo emocional com o consumidor.

- Resista ao excesso de promoções ao consumidor, pois isso só torna os consumidores mais sensíveis ao preço e leva um número significativo de clientes a procurar preços baixos.

- Monitore cuidadosamente os preços realizados, controlando descontos, em vez de aumentar os preços de lista.

- Nunca altere o desempenho do produto em face das pressões de preço e de custo. Os cortes de custo devem acontecer em outro local, à medida que a qualidade se torna mais transparente.

- Lucre com a incapacidade de qualquer marca de loja de se destacar constantemente pela qualidade entre categorias.

TREZE

As Marcas Estão Mortas?

Participação de marcas próprias: Suíça, 45%,
Estados Unidos, 20%

A REVISTA *THE ECONOMIST* observou que todo setor tem sua idade de ouro. Para os fabricantes de marca, foi em meados do século XX, quando os canais de distribuição eram fragmentados e a mídia estava consolidada. Poderosos fabricantes de marca como Coca-Cola, General Mills, Nestlé, Procter & Gamble e Unilever deliciavam seus clientes lançando um produto novo atrás do outro.[1]

Esperamos que nosso livro tenha demonstrado ao leitor que nos acompanhou até o último capítulo que agora estamos em uma nova era, em que os varejistas têm poder e o usam para transformar o cenário competitivo de marcas. Com o aparecimento de varejistas gigantes como Aldi, Carrefour, Costco, Gap, The Home Depot, IKEA, Staples, The Limited, Target, Tesco, Wal-Mart e Zara, aconteceu uma revolução nas marcas próprias, nas duas últimas décadas. Essa revolução tem implicações importantes para consumidores, varejistas e fabricantes.

O Consumidor É o Vencedor

Uma história ignorada na revolução de marcas próprias tem sido o impacto no bem-estar do consumidor. Os megavarejistas usam seu poder de negociação para pressionar os fabricantes de marca a reduzirem seus preços. Em vez de embolsar todos esses ganhos de negociação, os varejistas empregam uma grande parte deles em cortes de preço ao consumidor. Há pouca dúvida de que os consumidores estejam sendo beneficiados com a pressão de preço que varejistas globais como Costco, H&M, Lidl e Metro colocam sobre outros varejistas, bem como sobre os fabricantes de marca. Um estudo da

McKinsey estimou que durante a segunda metade da década de 90, o Wal-Mart respondeu por 12% dos ganhos de produtividade na economia dos Estados Unidos.

A revolução da marca própria também pode reivindicar crédito pelo aumento da qualidade, escolha de produtos e combinações preço-valor disponíveis aos consumidores. Como recomendamos nos capítulos 10 a 12, a única forma de as marcas de fabricante competirem com as marcas próprias é lançando produtos inovadores e aprimorando constantemente a qualidade. Na tentativa de superar as marcas próprias, os fabricantes de marca tiveram de investir mais tempo e dinheiro do que teriam de fazer em outra situação. Hoje, há mais produtos, e de melhor qualidade, por causa da revolução de marcas próprias.

Para fazer com que os consumidores experimentem novos produtos, bem como marcas de loja, a maioria dos fabricantes e varejistas agora oferece uma garantia de devolução do dinheiro, sem fazer perguntas. Essa atitude tem reduzido consideravelmente o risco para que os consumidores adotem novos produtos e marcas, estimulando, assim, a escolha real. A revolução da marca própria tem ajudado a transferir poder ao consumidor.

A Revolução da Marca Própria Avança

Ao contrário do que se acredita às vezes, o aumento da participação de marca própria em setores que vão de bens embalados de consumo e roupas a mobílias para casa, material para escritório e faça-você-mesmo não é um pêndulo que balança para a frente e para trás. Desde 1999, em todas as pesquisas anuais feitas pela *Progressive Grocer*, a revista do setor do comércio dos Estados Unidos, os executivos de supermercado classificaram "Forçar a Marca Própria" em primeiro lugar, entre as 26 prioridades, como sendo a mais importante delas. A Figura 13-1 capta o círculo vicioso no qual os fabricantes de marca ficam presos.

Da mesma forma, no setor de bens de consumo embalados, a participação no mundo de marcas próprias deve aumentar para 22% em 2010 (ver Tabela 1-2). Tomando 2020 como horizonte de tempo, não vemos nenhuma razão, com a crescente globalização e consolidação de varejo, para a participação da marca própria não estar na faixa de 25% a 30%. De fato, na Europa Ocidental já se espera alcançar o marco de 30% em 2010 (ver Tabela 1-2). E esse desenvolvimento não se restringe a bens embalados, como testemunhado no sucesso de marcas próprias em outros setores. Por exemplo, prevê-se um aumento dos 40% de hoje, para 60%, em 2020, na participação de marcas próprias dos Estados Unidos em roupas. Estimamos que, a partir de 2010, de US$ 100 bilhões a US$ 200 bilhões por ano deixarão de ir para os bolsos de fabricantes de marcas.

No Reino Unido, as marcas próprias agora representam cerca de 40% das vendas em supermercados. Pode-se alegar que o Reino Unido não será mais uma anomalia no desenvolvimento de marcas próprias.[2] A participação de marcas próprias no Wal-Mart é estimada em 40% (ver Tabela 1-1), comparada com menos de 10% duas décadas

FIGURA 13-1

O círculo vicioso para marcas de fabricante

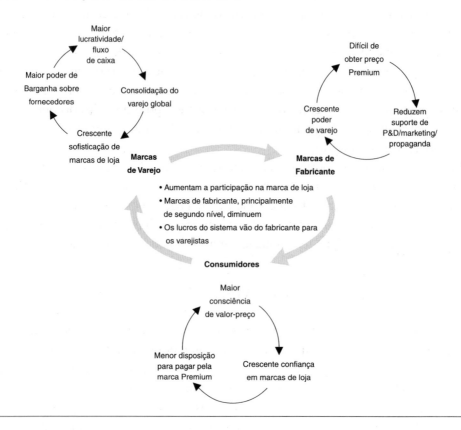

atrás. Em 2020, as marcas próprias, nos Estados Unidos, poderão se aproximar dos níveis de participação e lucratividade do Reino Unido. Se isso acontecer, todas as projeções precedentes se tornarão conservadoras.

Em conclusão, dentro de qualquer categoria particular, em algum período de tempo, pode-se ver os fabricantes de marca vencerem batalhas contra marcas próprias e aumentarem sua participação. Mas é difícil imaginarmos qualquer cenário na guerra entre marcas de fabricante e marcas próprias que possa levar a uma queda na participação geral da marca própria entre agora e 2020.

Os Limites das Marcas Próprias para Varejistas

Embora todas essas notícias pareçam excelentes para os varejistas, e na maior parte são, há algumas armadilhas ao longo do caminho que os varejistas devem contornar cuidadosamente. Para ter sucesso com marcas próprias, os varejistas devem se lembrar das ocasiões em que as marcas próprias adicionam valor — elas deveriam "preencher um vácuo na categoria" no preço ou no valor.[3] As marcas próprias acrescentam valor real em três situações.

1. Em uma categoria dominada por uma ou talvez duas marcas, com pouca competição de preço. Aqui uma marca de imitação (ver Capítulo 2) pode dar aos consumidores uma escolha real onde antes não havia.
2. Fazendo a reengenharia da cadeia de valor e do produto, o varejista cria uma marca própria de preço extremamente baixo, à la Aldi (ver Capítulo 4). Isso ajuda a expandir o mercado, fornecendo boa qualidade a preços baixos para as massas.
3. Introduzindo novos produtos e conceitos que não são oferecidos pelos fabricantes de marca (ver Capítulo 3). Como comentou um executivo do Wal-Mart: "Se pudermos chegar a itens de marca própria que podem trazer alguma coisa diferente, original ou nova, a uma categoria, isso nos permitirá ser um agente melhor para nossos consumidores".

Mas os varejistas, principalmente os mais destacados, podem enfatizar demais as marcas próprias, pela perspectiva do consumidor. A esse respeito, a cola da Sainsbury foi um divisor de águas para a Sainsbury. Ela abocanhou significativamente a participação de mercado da Coke, mas a Sainsbury perdeu participação no mercado total de cola. Agora, a Sainsbury percebe que precisa sentar-se com a Coca-Cola e desenhar sua cola de modo que ela seja complementar, e não a que canibaliza marcas líderes. Levou anos para a Sainsbury aprender que o papel da marca própria não é apenas oferecer a mesma qualidade a um preço mais baixo, mas dar opção de diferentes qualidades a preços diferentes.[4] A ênfase exagerada que os principais varejistas dão nas marcas próprias pode afastar os compradores que querem ter mais opção de compra.

Concluindo, os varejistas deveriam enfatizar as marcas próprias que acrescentam valor real. Uma vez que as marcas de fabricante, pela perspectiva de um varejista, são commodities, disponíveis em toda parte, é compreensível que os varejistas desejem enfatizar suas marcas próprias. Mas os varejistas precisam ter cuidado para que isso não os desvie de sua missão real, que é vender o que o consumidor quer, e não o que o varejista desejaria vender. Em outras palavras, acreditamos que há um limite superior a marcas próprias para os principais varejistas como Albert Heijn, Carrefour, Metro, Tesco e Wal-Mart. Em nossa estimativa, é em torno de 40% a 50%. Entretanto, as marcas de fabricante fazem planos para o futuro, em relação a esta verdade?

O Desafio da Marca do Fabricante

Nesse novo ambiente de varejo, para atender ao desafio de marcas próprias, os fabricantes de marca devem ter expectativas realistas, focar na inovação e buscar crescimento por meio de aquisições e da penetração em mercados emergentes.

176 Estratégia de Marcas Próprias

Expectativas Realistas

Em um ambiente tão difícil, os fabricantes de marca precisam ter expectativas realistas sobre crescimento em vendas e lucratividade. É fácil prometer, mas difícil entregar. A Coca-Cola aprendeu isso a duras penas, depois de ter de mudar três CEOs, em rápida sucessão, por prometerem demais em um momento em que o mercado norte-americano de refrigerantes havia encolhido 7%, entre 1999 e 2004. Finalmente, em 2004, quando Neville Isdell assumiu como CEO, uma de suas primeiras iniciativas foi baixar as metas de crescimento da empresa em um terço. Ele comentou: "Isto foi parte do problema que herdei — tentar alcançar números que não podem ser alcançados a curto prazo".[5] As projeções revisadas exigiam um crescimento anual da renda de 6% a 8% e crescimento do volume de 3% a 4%.

Da mesma forma, quando perguntaram qual foi a lição mais importante da guinada da Procter & Gamble, A. G. Lafley, seu CEO, mencionou enfrentar a realidade e ver as coisas como são.[6] Uma de suas primeiras ações foi reduzir as metas ambiciosas demais do CEO Durk Jager, de crescimento anual de vendas de 7% a 9%, para 4% a 6%, mais realistas, ao mesmo tempo em que reduziu a meta de crescimento anual do lucro por ação de 13% a 15% para pelo menos 10%.[7]

A maioria das empresas quer aumentar tanto a lucratividade quanto a participação de mercado, mas há compensações a serem feitas entre os dois objetivos, no novo ambiente de varejo. Embora as empresas possam ter preferências diferentes, elas deveriam ser articuladas claramente no comando da organização. A esse respeito, Manfred Wennemer, diretor executivo da Continental Tires, observou: "Nosso objetivo é ser um dos fornecedores mais lucrativos da indústria automobilística, mas não temos de ser o maior".[8]

A comunidade financeira, evidentemente, pressiona as empresas a fazerem previsões exatas dos números, porque isso facilita o trabalho dos analistas. Mas pode não ser sensato entrar nesse jogo. A Nestlé, por exemplo, tem uma política de não prometer metas financeiras específicas. Ela articula sua estratégia e deixa aos analistas o trabalho de calcular os números esperados.

É claro que percebemos que é fácil para nós, como acadêmicos, pedir às empresas que tenham expectativas mais baixas de crescimento e participação de mercado no novo mundo das marcas próprias. Mas os CEOs de fabricantes de marca não podem simplesmente empunhar a bandeira branca e se render diante das marcas de varejo. Para motivar seus funcionários, para exigir que eles consigam dar o melhor de si e estimular a organização, esses executivos devem ter como objetivo crescer e vencer as marcas de fabricante. Somente com essa atitude conseguirão vencer.

Embora reconheçamos isso, achamos que é preciso ser realista em promessas de elevado crescimento, para a comunidade externa, entre o que é atingível e o que motiva a organização. Acreditamos que as empresas fabricantes de marca possam crescer, apesar da crescente participação das marcas próprias. Mas o crescimento terá de ser conquistado e virá de novos produtos, de aquisições e da maior penetração em novos mercados. Para as marcas de fabricante, foram-se os dias fáceis. Não é de admirar que, como demonstra a Tabela 13-1, mesmo muitas das melhores marcas têm enfrentado avaliações estagnantes nesta década.[9]

Inovação

Nossa visão é que, à medida que a participação da marca própria cresce, o cenário competitivo exige uma nova abordagem por parte das marcas de fabricantes. O crescimento nos mercados desenvolvidos será difícil e depende basicamente da capacidade de lançar novos produtos e conceitos inovadores, de sucesso, como expressado no Capítulo 10. Por causa dos recursos necessários para apoiar programas ambiciosos de novos produtos, somente as marcas com tamanho e participação adequados podem ser apoiadas. Como no aparece no Capítulo 11, é difícil compreender a razão para se manter marcas fracas, aquelas que não estão nem em primeiro nem em segundo lugar, na maioria das categorias.

Encontrar novos produtos continuamente é um desafio para as melhores empresas. Modelos tradicionais de inovação têm limitações na produção do número exigido de novos produtos, e, em qualquer caso, as grandes empresas nunca se destacaram pela inovação. Em 1970, 5% das patentes globais foram registradas por pequenos empreendedores, enquanto hoje o número está em torno de um terço e continua crescendo.[10] Quando a P&G percebeu isso, ela viu que seu antigo modelo de inovação puramente interna não era ideal. Por que não ter acesso a esses empreendedores e cientistas? Portanto, a P&G lançou o modelo "conecte-se e desenvolva", de inovação aberta.

Com o modelo de inovação aberta, a P&G reconheceu que estava competindo para colher essas idéias para a distribuição global pronta, com outros fabricantes de marca e também com varejistas. Nabil Sakkab, chefe de P&D da P&G, comentou: "Meu maior concorrente é uma pessoa com uma idéia... Eu tenho de encontrá-la antes do Wal-Mart." Para prosperar, a P&G teve de oferecer aos inventores a capacidade de desenvolver e comercializar seus produtos rapidamente e melhor. Como observou Lafley, "qualquer um, em uma garagem, em qualquer parte do mundo, pode chegar a uma idéia que poderia ser importante para um de nossos negócios. Queremos que ele a traga para nós".[11] A mudança de atitude da P&G em relação à propriedade intelectual foi comparada ao mesmo que se mudar do Kremlin para Acrópolis.[12]

Aquisições e Penetração em Novos Mercados

Além da inovação, o maior crescimento terá de vir das aquisições ou do crescimento nos mercados emergentes. Em geral, as grandes aquisições não levam aos resultados desejados pelos acionistas da empresa adquirente. E a aquisição pode até desviar o

178 Estratégia de Marcas Próprias

TABELA 13-1

Avaliações de marca, 2000-2006

Classificação 2006	Nome da marca	Valor da marca 2006 (US$ bilhões)	Valor da marca 2000 (US$ bilhões)	Mudança em valor de 2000 para 2006
1	Coca-Cola	67,00	72,54	−7,6%
12	Marlboro	21,35	22,11	−3,4%
16	Gillette	19,60	17,36	+12,9%
22	Pepsi**	12,69	11,14	+13,9%
23	Nescafé	12,51	13,68	−8,6%
27	Budweiser	11,66	10,69	+9,1%
40	Kellogg's	8,78	7,36	+19,3%
53	L'Oréal***	6,39	5,08	+25,8%
54	Heinz*	6,22	7,06	−11,9%
58	Colgate	5,63	4,42	+27,4%
59	Wrigley's	5,45	4,32	+26,2%
64	Kleenex	4,84	5,14	−5,8%
79	Kraft*	3,94	4,03	−2,2%
87	Moet & Chandon	3,26	2,80	+16,4%
88	Johnson & Johnson***	3,19	2,51	+27,1%
93	Smirnoff	3,03	2,44	+24,2%
99	Nívea*	2,69	1,78	+51,1%
	Total	198,23	194,46	+1,9%

*2001, porque os dados de 2000 não estavam disponíveis.

**2002, porque os dados de valor da marca foram revisados para mais, devido a novos dados.

***2002, porque os dados de 2000-2001 não estavam disponíveis.

Fonte: Extraído de *BusinessWeek*, "The 100 Top Brands", 2001, 2002, 2003 e 2006.

adquirente de focar nos desafios enfrentados por suas marcas e nos negócios existentes. Neville Isdell, CEO da Coca-Cola, observou: "As pessoas me dizem que deveríamos fazer uma aquisição e eu digo: "Bem, mas você está me dizendo que não estamos dirigindo muito bem nosso próprio negócio. O que o faz pensar que podemos dirigir o negócio de outra pessoa melhor do que ela mesma?"[13]

A melhor oportunidade de crescimento, para os fabricantes de marca, são os mercados emergentes da Ásia, do Leste Europeu, da América Latina e da África. O crescimento populacional e econômico costuma ser muito mais alto que nos países do Ocidente, enquanto o comércio de varejo é fragmentado. Nesses mercados, os fabricantes de marca costumavam se destacar, e hoje eles enfrentam desafios como a construção da marca, a propaganda e o gerenciamento de vendas. Embora as marcas próprias também sejam criticadas por crescerem nesses mercados, elas continuarão sendo uma presença menor em um futuro previsível (ver Tabela 1-2). Cada vez mais, os aspirantes a gerentes procurarão trabalhar nesses países, para se destacarem. Ilustrativa é a reação de um gerente sul-africano de uma grande fabricante de CPG, quando foi convidado a dirigir operações na Europa. Ele preferiu continuar trabalhando em mercados emergentes.

Era lá que estava a "ação".

É o Fim das Marcas?

As mudanças precedentes podem levar os fabricantes de marca a se tornarem pessimistas quanto ao seu futuro. Mas, embora marcas secundárias estejam sobrevivendo, as marcas de fabricante fortes têm um futuro promissor. Hoje, apesar do crescimento das marcas próprias e da ubiqüidade das marcas próprias premium, os consumidores ainda têm paixão pelas marcas de fabricante. Em contraste, poucas marcas próprias de varejistas despertam os mesmos sentimentos fortes.

Mesmo no Reino Unido, o país mais avançado com relação ao desenvolvimento de marcas próprias, quando se pede aos fabricantes que nomeiem suas marcas de supermercado mais procuradas — aquelas de que eles mais sentiriam falta, se não fossem encontradas nas prateleiras — vemos que os 49 primeiros lugares são ocupados por marcas de fabricante como feijão da Heinz, cereais da Kellogg, café Nescafé, creme dental Colgate e salgadinhos da Walker.[14] Somente no décimo quinto lugar aparece uma marca de loja como o queijo Tesco. É simples perceber que as marcas construíram seus relacionamentos com os consumidores durante muitas décadas e ainda têm um reservatório de reputação com que podem contar. No entanto, a Tesco, com oito produtos, teve o quinto maior número de marcas entre as cem principais, depois da Unilever, Procter & Gamble, Heinz e PepsiCo, indicando que as marcas próprias estão fazendo progresso contínuo na tarefa de fazer uma ligação com o consumidor.

Em muitas categorias, as estratégias multimarcas dos principais varejistas como Tesco e Wal-Mart têm pressionado as marcas de fabricante, transformando-as em marcas combatentes. Tendo as linhas econômica e premium, o varejista pode dizer, com sua marca premium: "Veja minha marca própria. É muito melhor que as marcas de fabricante e custa apenas alguns centavos a mais". E o varejista também tem crédito para dizer: "Aqui está minha marca própria, genérica, barata. Ela é quase tão boa quanto a marca do fabricante, mas custa muito menos."

180 Estratégia de Marcas Próprias

Não é de admirar que os fabricantes de marca sejam paranóicos. Eles acham que há uma gangue de intrusos fazendo de tudo para passá-los para trás e esperando a hora de se infiltrar no clube das "marcas" de elite que os consumidores conhecem, adoram e compram. E é verdade que os varejistas cobiçam o status de marca que as marcas de fabricante têm. Sobre a Aldi, Paul Polman, diretor anterior da P&G Europa, declarou: "Esses caras estão usando marcas tanto quanto nós. Eles acreditam em marcas. Não se engane".[15]

As duas principais fontes de vantagem competitiva que as marcas de fabricante têm sobre as marcas próprias — disponibilidade universal e inovação — agora estão sendo atacadas. David McNair, diretor de marketing de marca da Sainsbury, comentou sobre a venda de marcas fora da loja: "Construímos marcas que não precisam ficar confinadas às quatro paredes de um proprietário com o mesmo nome". Os cookies com gotas de chocolate Somerfield Chocolate agora são vendidos em Amsterdã. A pasta de amendoim da Tesco é encontrada na Costa Del Sol.[16] A Staples está planejando abrir uma seção de marca Staples em 550 supermercados Stop & Shop e nas lojas Giant Food em todo o Nordeste. Serão imensas seções Staples com ofertas de 500 a 1.200 produtos Staples e de marcas nacionais.[17]

Não é que seja o fim das marcas. Como a Colgate-Palmolive, a Procter & Gamble e a Unilever estão descobrindo, elas estão vivas e prosperando. Mas algumas delas agora são de varejistas.[18] Considere isto: em que nome a dona de casa pensa, quando quer substituir uma torneira que está pingando — Delta, Kohler ou Home Depot? Os varejistas têm conseguido se firmar como marcas confiáveis na mente dos clientes. No geral, as marcas de fabricante ainda têm uma vantagem nisso, mas a defasagem tem sido substancialmente reduzida ao longo dos anos. Como resultado, as marcas de fabricante nas prateleiras do varejo têm se tornado menos importantes.

As marcas de fabricante estarão sempre lá. Mas já perderam parte de sua importância. Somente quando reagirem agressivamente à ameaça das marcas de loja, as marcas de fabricante serão capazes de recuperar seu brilho.

A P Ê N D I C E

Dados de Varejo

Varejista	Vendas de 2005 em bilhões de dólares	Sedes – Continentes operacionais	Formato básico
AEON	34	Japão – Ásia, Estados Unidos, Europa	Vários formatos
Albertsons	41	Estados Unidos	Supermercado
Aldi	43	Alemanha – Europa, América do Norte	Loja de descontos
Amazon.com	9	Estados Unidos – Europa, Ásia	Varejista on-line
A&P	11	Estados Unidos	Supermercado
Auchan	38	França – Europa, Ásia, África, América do Sul	Hipermercado
Barnes & Noble	5	Estados Unidos	Varejo-livraria
Benetton	2*	Itália – Ásia, América do Norte, América do Sul, Europa, África	Loja especializada em roupas
Best Buy	27	Estados Unidos-América do Norte	Dominante da categoria eletrônicos
Bloomingdale's	2*	Estados Unidos	Loja de departamento
Boots	10	Reino Unido – Ásia, Europa, Estados Unidos, África do Sul	Farmácia
Brooks	2	Estados Unidos	Farmácia
C1000	5	Países Baixos	Supermercado

182 Estratégia de Marcas Próprias

Varejista	Vendas de 2005 em bilhões de dólares	Sedes – Continentes operacionais	Formato básico
Cape Union Mart	NA	África do Sul	Outdoor – Varejista de equipamentos para área externa
Carrefour	94	França – América do Norte, América do Sul, Ásia, Europa, África	Hipermercado
Circuit City	10	Estados Unidos-América do Norte	Dominante da categoria eletrônicos
Coles Myer	28	Austrália – Nova Zelândia	Supermercado
Costco	53	Estados Unidos – Europa, Ásia	Pague e leve
CVS	37	Estados Unidos	Farmácia
De Bijenkorf	0,5	Países Baixos	Loja de departamento
Decathlon	3	Alemanha – Europa, Estados Unidos, Ásia, América do Sul	Varejista de equipamentos esportivos
Delhaize	23	Bélgica – Europa, Ásia, Estados Unidos	Supermercado
Dollar General	7	Estados Unidos	Loja de descontos pequenos
Dollar Tree	3	Estados Unidos	Loja de descontos pequenos
Dominick's	2	Estados Unidos	Supermercado
Duane Read	2	Estados Unidos	Farmácia
eBay	5	Estados Unidos – Ásia, Europa	Leilão on-line
Edah	4*	Países Baixos – Europa	Supermercado
Edeka	2	Alemanha – Europa, Ásia	Supermercado
El Corte Inglés	16	Espanha – Portugal	Loja de departamento
Family Dollar	6	Estados Unidos	Loja de descontos pequenos
Federated (Macy's e Bloomingdale's	23	Estados Unidos	Loja de departamento
Fidelity	10	Estados Unidos	Supermercado financeiro
Fnac	3	França – Europa, Ásia, América do Sul	Dominante da categoria eletrônicos
Fred Meyer	8	Estados Unidos	Loja de departamento
Gap	16	Estados Unidos – Europa	Loja especializada em roupas

Apêndice 183

Varejista	Vendas de 2005 em bilhões de dólares	Sedes – Continentes operacionais	Formato básico
Giant Eagle	6	Estados Unidos	Supermercado
Giant Food	3	Estados Unidos	Supermercado
H&M	8	Suécia – Europa, América do Norte	Loja especializada em roupas
H-E-B	12	Estados Unidos	Supermercado
Home Depot	82	Estados Unidos – América do Norte	dominante da categoria Faça-Você-Mesmo
IKEA	18	Suécia – Europa, América do Norte, Ásia	Dominante da categoria móveis
Intermarché	42	Europa	Supermercado
Intersport	10	Suíça – Europa, América do Norte	Varejista de artigos esportivos
Ito-Yokado	28	Japão – América do Norte, Europa, Ásia	Supermercado
JCPenney	17	Estados Unidos – América do Sul	Loja de departamento
JD Sports	1	Reino Unido	Varejista de artigos esportivos
Kmart	19	Estados Unidos	Merchandiser de massa
Kohl's	13	Estados Unidos	Loja de departamento
Kroger	61	Estados Unidos – América do Norte	Supermercado
Kruidvat	3	Países Baixos – Europa	Drogaria
Lidl	38*	Alemanha – Europa	Loja de descontos
Limited Brands	10	Estados Unidos	Principalmente roupas
Loblaws	25	Canadá	Supermercado
Lowe's	44	Estados Unidos	dominante da categoria Faça-Você-Mesmo
Makro	2*	Inglaterra – Europa	Pague e leve
Marks & Spencer	13	Reino Unido – Ásia, Estados Unidos	Supermercado
Metro	73	Alemanha – Europa, Ásia, África	Vários formatos
Migros	17	Suíça – Europa	Supermercado

184 Estratégia de Marcas Próprias

Varejista	Vendas de 2005 em bilhões de dólares	Sedes – Continentes operacionais	Formato básico
Neiman Marcus	4	Estados Unidos	Loja de departamento
Netto	1	Dinamarca – Europa	Loja de descontos
Office Depot	15	Estados Unidos – Europa, Ásia	Dominante da categoria material para escritório
Old Navy	6	Estados Unidos	Especializada em roupas
Pick 'n Pay	5	Cape Town, África do Sul – Austrália	Supermercado
Publix	17	Estados Unidos	Supermercado
Quill	1	Estados Unidos	Varejista – vendas por catálogo
Rewe	51	Alemanha – Europa	Supermercado
Rite-Aid	17	Estados Unidos	Farmácia
Royal Ahold (Albert Heijn)	56	Países Baixos – Europa, América do Norte	Supermercado
Safeway	40	Estados Unidos – Europa	Supermercado
Sainsbury	28	Reino Unido	Supermercado
Saks	6	Estados Unidos	Loja de departamento
Save-A-Lot	4*	Estados Unidos	Loja de pequenos descontos
Sears	36*	Estados Unidos – América do Norte	Merchandiser de massa
7-Eleven	12*	Estados Unidos – América do Norte	Loja de conveniência
Shaw's	25	Estados Unidos	Supermercado
Somerfield	5	Reino Unido	Supermercado
Staples	16	Estados Unidos – Europa, Canadá	Dominante da categoria material para escritório
Starbucks	6	Estados Unidos – Ásia, Europa, Austrália, América do Norte, América do Sul	Cadeia de cafés
Stop & Shop	11	Estados Unidos	Supermercado
Supervalu	18	Estados Unidos	Loja de descontos
Target	53	Estados Unidos	Merchandiser de massa
Tchibo	10	Europa	Cadeia de cafés

Varejista	Vendas de 2005 em bilhões de dólares	Sedes – Continentes operacionais	Formato básico
Tesco	71	Reino Unido – Europa, Ásia	Superloja
Toys "R" Us	11	Estados Unidos – Ásia, Europa, África	Dominante da categoria brinquedos
Trader Joe's	4	Estados Unidos	Mercearia especializada
Ukrop's	1	Estados Unidos	Supermercado
Victoria's Secret	4	Estados Unidos	Especializada em roupas
Virgin Superstores	NA	Reino Unido – Europa, Estados Unidos, Ásia	Especializada em eletrônicos
Walgreens	42	Estados Unidos	Farmácia
Wal-Mart	316	Estados Unidos – América do Norte, América do Sul, Ásia, Europa	Supercentro
Whole Foods	5	Estados Unidos	Supermercado
Winn-Dixie Stores	11	Estados Unidos	Supermercado
Woolworths Australia	24	Austrália – Australásia	Supermercado
Woolworths South Africa	2	África do Sul	Supermercado
Zara	5	Espanha – Europa, América do Norte, América do Sul, África, Ásia	Especializada em roupas

*dados de vendas de 2004

NOTAS

Capítulo 1

1. Nirmalya Kumar, *Marketing as Strategy: Understanding the CEO's Agenda for Driving Growth and Innovation* (Boston: Harvard Business School Press, 2004), capítulo 5.

2. M+M Planet Retail, 2005, www.planetretail.net e "Fortune Global 500", *Fortune*, 24 de julho de 2006, 113-120.

3. Dados baseados em Planet Retail, *Global Retail Concentration 2004* (Londres: M+M Planet Retail, 2005).

4. Toys "R" Us Corporate Page, http://www2.toysrus.com/index.cfm?lb=1.

5. ACNielsen, "ACNielsen Research Finds U.S. Sales of Private Label Consumer Packaged Goods Growing Much Faster Than Branded Products", news release, 18 de setembro de 2003, http://www.ac-nielsen.com/news/american/us/2003/20030918.htm.

6. Simon Lloyd, "Retail: Bye-Bye Brands", *BRW Magazine*, 14 de abril de 2005, http://www.brw.com.au/freearticle.aspx?re1Id=13067.

7. "The Cheap Gourmet", *Forbes*, 10 de abril de 2006, 76-77.

8. ACNielsen, "Consumer Attitudes Toward Private Label: A 38-Country Online Consumer Opinion Survey", http://www2.acnielsen.com/press/documents/ACNielsen_PrivateLabel_GlobalSummary.pdf (apresentação, 2005).

9. "Retailers Push Private Labels", Indústria de Bebidas, http://www.bevindustry.com/content,php?s=BI/2004/06&p=6.

10. Carol Matlack e Rachael Tiplady, "The Big Brands Go Begging", *Business Week*, 21 de março de 2005, 18-19.

11. "Measuring Brand Premium", *Textile Consumer*, vol. 31, Inverno, 2003, http://www.cottoninc.com/TextileConsumer/TextileConsumer Volume 31/1203TC.pdf.

12. Robert Spector, "Category Killers — Private Labels", http://www.800ceoread.com/excerpts/archives/000841.html.

13. "Make It Your Own", *The Economist*, 4 de março de 1995, 8.

14. Relatado em Jean-Noel Kapferer, *The New Strategic Brand Management* (Londres: Logan Page, 2004), 137.

15. Shelly Branch, "Going Private (Label) — Store Brands Go Way Upscale as Designer Items Lose Cachet; $ 675 for Macy's Own Sheet", *Wall Street Journal*, 12 de junho de 2003.

16. Robert Berner, "Race You to the Top of the Market", *Business Week*, 8 de dezembro de 2003, 98.

17. Mathew Boyle, "Brand Killers: Store Brands Aren't for Losers Anymore", Fortune, 11 de agosto de 2003.

18. Para promover a inteligibilidade, todas as quantias neste livro foram convertidas para dólares, usando a taxa de câmbio de 1,8 dólares para uma libra inglesa e 1,2 dólar para um euro.

19. Kapferer, *The New Strategic Brand Management*, capítulo 6.

20. Kerry Capell, "Ikea: How the Swedish Retailer Became a Global Cult Brand", *Business Week*, 14 de novembro de 2005, 44-54.

21. Comunicação pessoal aos autores, 23 de agosto de 2005.

22. ACNielsen, "Consumer Attitudes Toward Private Label."

23. "Retail Reshaped", Ketchum, http://www.ketchum.com/DisplayWebPage/0,1003,2802,00.html.

24."By George", *The Economist*, 25 de setembro de 2004, 39.

25. Stuart Elliot, "Breaching the Barries Between Name Brands and Private Labels", *New York Times*, 20 de outubro de 2004.

26. Baseado em Jan-Benedict E. M. Steenkamp et al., *Fighting Private Label: Growth Drivers, Brand Defense Strategies, and Market Opportunities* (Londres: Business Insights, 2005).

27. Thomas Bachl, "Big Splurge or Piggy Bank: Where Are the Markets Heading For?" (apresentação dada na reunião anual da GfK Kronberg, Kronberg, Alemanha, 27 de Janeiro de 2004).

28. Busca no Google, 17 de abril de 2006.

29. Josh Sims, "A Style of Their Own", *Financial Times*, 9 de agosto de 2003.

30. Lorrie Grant, "Wal-Mart Sets Sight on Target While Keeping Core Customers", *USA Today*, 5 de agosto de 2005.

31. Kusum L. Ailawadi, Scott A. Neslin e Karen Gedenk, "Pursuing the Value-Conscious Consumer: Store Brands Versus National Brand Promotions", *Journal of Marketing* 65 (janeiro de 2001): 71-89; Scott Burton, Donald R. Lichtenstein, Richard G. Netemeyer, e Judith A. Garretson "A Scale for Measuring Attitude Toward Private Label Products e an Examination of Its Psychological and Behavioral Correlates", *Journal of the Academy of Marketing Science* 26 (1998):293-306; Alan Dick, Arun K. Jain, e Paul S. Richardson, "Correlates of Brand Proneness: Some Empirical Observations", *Journal of Product & Brand Management* 4 (1995): 15-22; Judith A. Garretson, Dan Fisher, e Scott Burton, "Antecedents of Private Label Attitude and National Brand Promotion Attitude: Similarities and Differences", *Journal of Retailing* 78 (2002): 91-99; e Paul S. Richardson, Arun K. Jain e Alan Dick, "Household Store Brand Proneness: A Framework", *Journal of Retailing* 72 (1996): 159-185.

32. John Quelch e David Harding, "Brands Versus Private Labels: Fighting to Win", *Harvard Business Review*, janeiro-fevereiro de 1996, 99-109.

33. "Make It Your Own."

34. Citado em GfK, "Markets, Discounters, Private Labels: The German Marketplace" (apresentação dada na reunião anual da GfK Kronberg, Kronberg, Alemanha, 27 de março de 2003).

35. Lien Lamey, Barbara Dellersnyder, Marnik G. Dekimpe e Jan-Benedict E. M. Steenkamp. "How Business Cycles Contribute to Private Label Success: Evidence from the U.S. and Europe", *Journal of Marketing* 71 (janeiro de 2007). Os quatro países abarcam uma ampla extensão de cenários de marcas próprias. Embora o R.U. geralmente seja considerado como o mercado mais sofisticado de marca própria, o mercado alemão é dominado por "marcas próprias "sem mordomias", com os Estados Unidos e a Bélgica entre elas.

36. "Who's Wearing the Trousers?", *The Economist*, 6 de setembro de 2001.

37. Debbie Howell, "Today's Consumers More Open to Try New Brands", *Retailing Today*, 25 de outubro de 2004.

38. Baseado em Steenkamp et al., *Fighting Private Label*.

39. ACNielsen, "Consumer Attitudes Toward Private Label."

40. Lucy Brady, Aaron Brown, e Barbara Hulit, "Private Label: Threat to Manufacturers, Opportunity for Retailers", Boston Consulting Group Publications 2003 (disponível em http://www.bcg.com/publications/files/PrivLabel.pdf). http://www.bcg.com/publications/publication_view.jsp?pubID=885&language=English.

188   Estratégia de Marcas Próprias

41. "Towards Retail Private Label Success", Coriolis Research, fevereiro de 2002, http://www.corio-lisresearch.com/pdfs/coriolis_towards_private_label_success.pdf.

42. Usamos uma técnica estatística chamada análise de regressão para relacionar participações agrega-das de marcas próprias do país a três conjuntos de propulsores do país — a saber, cultura (distância do poder, evitação da incerteza), socioeconômico (competitividade do país, modernidade internacional) e ambiente de varejo (concentração, número de varejistas internacionais, presença de lojas de descontos agressivos) —, bem como o número de anos em que as marcas próprias estão presentes no país. Nosso modelo explicou uma por-centagem alta de 77 por cento da variância nas participações de marcas próprias no país.

43. Stephen J. Hoch, "How Should National Brands Think About Private Labels?", *Sloan Manage-ment Review* 37 (Inverno 1996): 89-102; e Jan-Benedict E. M. Steenkamp e Marnik G. Dekimpe, "The Increasing Power of Store Brands: Building Loyalty and Market Share", *Long Range Planning* 6 (1997): 917-930.

44. "In Search of the Ideal Employer", *The Economist*, 20 de agosto de 2005, 45.

45. Queena Sook Kim, "Hot Wheels Chases Extreme Look", *Wall Street Journal,* 8 de junho de 2004.

46. "Private Label Corners Real Juice Trend", Beveragedaily.com, http://www.beveragedaily.com/news/printNewsBis.asp?id=60950.

47. Constance L. Hays, "What's Behind the Procter Deal? Wal-Mart", *New York Times*, 29 de janei-ro de 2005.

48. Susan Chandler e John Schmeltzer, "Sandwiched, and in a Pickle", *Chicago Tribune*, 7 de feve-reiro de 2006.

49. Shuba Srinivasan, Koen Pauwels, Dominique M. Hanssens e Marnik G. Dekimpe, "Do Promo-tions Benefit Manufacturers, Retailers, or Both?", *Management Science* 50 (2004): 617-629; Shuba Sri-nivasan, Koen Pauwels, Dominique M. Hanssens e Marnik G. Dekimpe, "Who Benefits from Price Promotions?", *Harvard Business Review*, setembro de 2002, 22-23.

50. "Kraft Profit Is Hurt by Private Labels", *Wall Street Journal*, 18 de julho de 2003; "Consumers Snub General Mills Price Rise", Bakery and Snacks.com, 29 de março de 2005, http://www.bakeryands-nacks.com/news/news-ng.asp?n=59033-consumers-snub-general; Boyle, "Brand Killers"; Lloyd, "Re-tail"; e Matlack e Tiplady, "The Big Brands Go Begging."

51. Helen Wellings, "Store Brand Takeover", Today Tonight on Seven, 13 de abril de 2005, http://se-ven.com.au/todaytonight/story/?id=19990.

Capítulo 2

1. Carol Matlack e Rachael Tiplady, "The Big Brands Go Begging", *Business Week*, 21 de março de 2005, 18-19.

2. Thomas Stockwell, "Resellers Private Label for Differentiation," http://www.os-od.com/stories/print.php?Story_ID=171.

3. Constance L. Hays, "More Gloom on the Island of Lost Toy Makers*New York Times,* 23 de feve-reiro de 2005.

4. Molly Prior, "Offering Unrivaled Convenience to Every Customer, Every Time," *Drug Store News,* 22 de março de 2004.

5. A história da Zara é extraída de Nirmalya Kumar e Sophie Linguri, "Zara: Responsive, High Speed, Affordable Fashion," julho de 2005, disponível de European Case Clearing House (http://www.ecch.cranfield.ac.uk).

Capítulo 3

1. Robin Rusch, "Private Labels: Does Branding Matter?", brandchannel.com, http://www.brandchannel.com/features_effect.asp?pf_ id=94.

Notas **189**

2. Lisa B. Fasig, "Kroger Muscles Up Store Brands," *Cincinnati Business Courier,* 23 de janeiro de 2006.

3. Laurie Sullivan, "Retailers Ply Their Own Brands," *Information Week,* 18 de abril de 2005, http://www.informationweek.com/shared/ printableArticleSrc.jhtml?articleID=160901292.

4. Rusch, "Private Labels."

5. Ibid.

6. Ibid.

7. Relatório anual Woolworths, 2005.

8. David Dunne e Chakravarthi Narasimhan, "The New Appeal of Private Labels," *Harvard Business Review,* maio/junho de 1999, 41-52.

9. Mathew Boyle, "Brand Killers: Store Brands Aren't for Losers Anymore," *Fortune,* 11 de agosto de 2003.

10. Ibid.

11. Dunne and Narasimhan, "The New Appeal of Private Labels."

12. Ibid.

13. ACNielsen, "Europe, US Still Largest Private Label Markets, But Other Regions Seeing Huge Growth Fueled by Retailer Expansion," news release, 16 de setembro de 2003.

14. L. Hamson, "Mark's Quality Is Its Key Advantage," *Grocer,* 6 de novembro de 2004, 28-29.

15. Mike Duff, "Private Label Hits Its Stride," *DSN Retailing Today,* 25 de outubro de 2004.

16. Rusch, "Private Labels."

17. Shelly Branch, "Going Private (Label) — Store Brands Go Way Upscale as Designer Items Lose Cachet; $ 675 for Macy's Own Sheet," *Wall Street Journal,* 12 de junho de 2003.

18. John J. Pierce, Sean Ryan, e Peter Berlinski, "Premium Private Label Stars in All Channels of Trade, Large and Small Retailers," *Private Label Magazine,* setembro-outubro2002, http://www.private-labelmag.com/pdf/september 2002/cover.cfm.

19. Ibid.

20. Elaine Walker, "Private Brands Boost Department Store Sales," *Miami Herald,* 8 de maio de 2005, http://www.miami.com/mld/miamiherald/11586218.htm?template=contentModules.

21. Lucy Brady, Aaron Brown, e Barbara Hulit, "Private Label: Threat to Manufacturers, Opportunity for Retailers," Boston Consulting Group Publications, 2003 (disponível em http://www.bcg.com/publications/files/PrivLabel.pdf).

22. Terilyn A. Henderson e Elizabeth A. Mihas, "Building Retail Brands," *McKinsey Quarterly,* 2000, 3.

23. Sullivan, "Retailers Ply Their Own Brands."

24. Thomas Lee, "Supervalu's Carlita Brand Says 'Hola!' to Hispanic Market," *Star Tribune,* 6 de maio de 2005.

25. Brady, Brown e Hulit, "Private Label."

26. Jan-Willem Grievink, "Retailers and Their Private Label Policy" (apresentação feita em 4th AIM Workshop, 29 de junho de 2004).

Capítulo 4

1. Karsten Knothe e Anna Wynnyczuk, "PL Outshines Brands in Category," *Private Label Magazine,* Verão 2005, http://www.privatelabelmag.com/pdf/pli_summer2005/print/6.cfm.

2. Ver o Web site da Aldi U.K., "What the Papers Say," http://www.aldi-stores.co.uk.

3. "Aldi: The Next Wal-Mart", *Business Week*, de 26 de abril, 2004, 20-23.

4. Para a que provavelmente é a melhor descrição disponível da Aldi, ver Dieter Brandes, *Bare Essentials: The Aldi Way to Retail Success* (Londres: Cyan Campus Books, 2004).

5. John Gapper, "Brands Get the Worst of a Hard Bargain," *Financial Times,* 17 de março de 2005.

190   Estratégia de Marcas Próprias

6. Ann Zimmerman, "The Almighty Dollar Store," março de 2005, http://www.wsjclassroomedition.com/archive/05mar/econ_dollarstore.htm.

7. Janet Adamy, "Bare Essentials," *Wall Street Journal,* 30 de agosto de 2005.

8. Ibid.

9. A história da H&M é extraída de Nirmalya Kumar e Sophie Linguri, "Zara: Responsive, High Speed, Affordable Fashion," julho de 2005, disponível de European Case Clearing House (http://www.ecch.cranfield.ac.uk).

10. Lisa Margonelli, "How Ikea Designs Its Sexy Price Tags," Business 2.0, 1º de outubro de 2002, http://www.business2.com/b2/web/articles/0,17863,515048,00.htm.

11. O exemplo da IKEA é de Nirmalya Kumar, *Marketing as Strategy: Understanding the CEO's Agenda for Driving Growth and Innovation* (Boston: Harvard Business School Press, 2004), capítulo 7.

Capítulo 5

1. Jean-Noel Kapferer, *The New Strategic Brand Management* (Londres: Kogan Page, 2004).

2. Jean-Claude Alpi, "Intermarché Adopts 3-Tier PL Strategy", *Private Label International,* Outono 2004, http://www.privatelabelmag.com/pdf/pli_fall2004/print/4.cfm.

3. "Be Good to Yourself", Food Forum, http://www.foodforum.org.uk.

4. "Wal-Mart Wins Retailer of the Year Award," *Private Label Magazine,* junho-julho, 2004.

5. Lucy Brady, Aaron Brown e Barbara Hulit, "Private Label: Threat to Manufacturers, Opportunity for Retailers," Boston Consulting Group Publications, 2003 (disponível em: http://www.bcg.com/publications/files/PrivLabel.pdf).

6. Ibid.

7. Sophie Buckley, "The Brand Is Dead; Long Live the Brand," *Financial Times,* 25 de setembro de 2005.

8. E. Rigby, "Tesco and Asda Cut Prices Again," *Financial Times,* 4 de abril de 2005.

9. Louise Lee, "Thinking Small at the Mall," *Business Week,* 26 de maio de 2003, 94.

10. John Stanley, "Brands Versus Private Labels," About.com, http://retailindustry.about.com/library/uc/02/uc_stanley2.htm.

Capítulo 6

1. Google search, 15 de abril de 2006.

2. ACNielsen, *The Power of Private Label 2005* (ACNielsen Global Services, 2005). Classificação em alto *versus* baixo, com base em divisão média.

3. Valarie A. Zeithaml, "Consumer Perceptions of Price, Quality, and Value: A Means-End Model and Synthesis of Evidence," *Journal of Marketing 52* (julho de 1988): 2-22.

4. Susan Fournier, "Consumers and Their Brands: Developing Relationship Theory in Consumer Research," *Journal of Consumer Research 24* (março de 1998): 343-373.

5. Jan-Benedict E. M. Steenkamp e Marnik G. Dekimpe, "The Increasing Power of Store Brands: Building Loyalty and Market Share", *Long Range Planning 6* (1997): 917-930.

6. Jan-Benedict E. M. Steenkamp, *Product Quality* (Assen, Holanda: Van Gorcum, 1989).

7. Dados sobre a defasagem percebida da qualidade entre marcas de fabricante e de loja em uma categoria foram coletados entre uma amostra representativa de 4.300 consumidores norte-americanos, usando os seguintes itens: "Na categoria (X), a qualidade das marcas é muito alta" e "Na categoria (X), a qualidade das marcas próprias é muito alta". Itens foram pré-testados e medidos em escalas de cinco pontos-concorda-discorda. A pontuação no segundo item foi subtraída da pontuação do primeiro item, e a diferença de pontuação resultante foi entre respondentes dentro de uma categoria para se chegar à percepção que o mercado tem da defasagem de qualidade entre marcas de fabricante e de loja. Embora,

teoricamente, a defasagem percebida da qualidade possa variar de –4 a +4, é improvável que isto ocorra no mundo real, porque as marcas próprias e as marcas de fabricante não são tão dissimilares na qualidade percebida. Praticamente, dado que para muitos consumidores a qualidade percebida é muito mais importante que o preço, a defasagem da qualidade percebida de 0,5 ou mais alta é marginalmente significativa. Na Tabela 6-1, "marca de loja melhor" refere-se a uma defasagem de qualidade percebida menor que –0,1; "qualidade equivalente" é uma defasagem entre –0,1 e 0,1; "pequena defasagem de qualidade" está entre 0,11 e 0,49; "grande defasagem de qualidade" está entre 0,5 e 1; e "defasagem muito grande de qualidade" refere-se a uma defasagem da qualidade percebida superior a 1.

8. Ver Patrick Barwise e Sean Meehan, *Simply Better: Winning and Keeping Customers by Delivering What Matters Most* (Boston Harvard Business School Press, 2004).

9. Steenkamp, *Product Quality*.

10. Ver a nota 7 para o procedimento de coleta de dados. Os itens foram apresentados em francês (depois da tradução), e a amostra total foi 3.929 consumidores.

11. Eidan Apelbaum, Eitan Gerstner, e Prasad A. Naik, "Do Quality Improvements Enable Store Brands to Charge Price Premiums?" (trabalho em andamento, University of California at Davis, 2002); e Raj Sethuraman, *What Makes Consumers Pay More for National Brands Than for Store Brands: Image or Quality?* (Cambridge, MA: Marketing Science Institute, 2000), Relatório 00-110.

12. Fournier, "Consumers and Their Brands."

13. Jennifer L. Aaker, "Dimensions of Brand Personality," *Journal o f Marketing Research* 34 (agosto de 1997): 347-356.

14. Medimos a utilidade da imagem com três itens: "Você pode dizer muito sobre uma pessoa a partir da marca na categoria (X) que ele ou ela compra"; "A marca na categoria (X) que uma pessoa compra, diz algo sobre quem ela é"; e "A marca na categoria (X) que eu compro reflete o tipo de pessoa que eu sou".

15. Fournier, "Consumers and Their Brands."

16. Sethuraman, W*hat Makes Consumers Pay More for National Brands*?

17. Fiona S. Morton e Florian Zettelmeyer, "The Strategic Positioning of Store Brands in Retailer-Manufacturer Bargaining" (trabalho em andamento 7712, National Bureau of Economic Research, Cambridge, MA, 2000).

18. Sergio Meza e K. Sudhir, "The Role of Strategic Pricing by Retailers in the Success of Store Brands" (trabalho em andamento, New York University, 2003).

19. A semelhança de pacotes em uma categoria se baseou nas percepções do consumidor, usando o item "na categoria (X), os rótulos e as marcas da loja são muito semelhantes."

20. Susan Zimmerman, "A Rosy Future," *Progressive Grocer,* november de 1998, 45-52.

21. Meza e Sudhir, "The Role of Strategic Pricing by Retailers in the Success of Store Brands."

22. Stephen J. Hoch e Leonard M. Lodish, "Store Brands and Category Management" (trabalho em andamento, Wharton School, Philadelphia, PA, 1998).

23. Hoch e Lodish, "Store Brands and Category Management"; e Sethuraman, *What Makes Consumers Pay More for National Brands?*

24. Para manter a confidencialidade, os resultados expressos são relativos à defasagem de preço de 15% na Tabela 6-2.

Capítulo 7

1. Kusum L. Ailawadi e Bari A. Harlam, "An Empirical Analysis of the Determinants of Retail Margins: The Role of Store Brand Share," *Journal of Marketing* (janeiro de 2004): 147-165.

2. Kusum L. Ailawadi, "The Retail Power-Performance Conundrum: What Have We Learned?", *Journal of Retailing* (2001): 299-318.

192 Estratégia de Marcas Próprias

3. Relatório anual A&P, 2001.

4. Marcel Corstjens e Rajiv Lal, "Building Store Loyalty Through Store Brands,"*Journal of Marketing Research* (agosto 2000): 281-291.

5. Ibid.

6. Francois Glemet et al., "How Profitable Are Own Brand Products?", *McKinsey Quarterly* 4, 1995, 173-175.

7. Lucy Brady, Aaron Brown, e Barbara Hulit, "Private Label: Threat to Manufacturers, Opportunity for Retailers", Boston Consulting Group, 2003) (disponível em: http://www.bcg.com/publications/files/ PrivLabel.pdf)

8. Os autores agradecem ao Professor-titular Kusum Ailawadi da Tuck School of Business em Dartmouth College por prover dados sobre margens brutas.

9. Por exemplo, Brady, Brown, e Hulit, "Private Label: Threat to Manufacturers, Opportunity for Retailers," relatam dados sobre velocidade para dois produtos (fraldas e cereais). Em seus dados, a velocidade da marca líder é cerca de 50% mais alta que a velocidade da marca própria.

10. Chakravarti Narasimhan e Ronald T. Wilcox, "Private Labels and the Channel Relationship: A Cross-Category Analysis," *Journal Business* 4 (1996): 573-600.

11. Esta questão foi estudada em vários trabalhos analíticos, inclusive David E. Mills, "Why Retailers Sell Private Labels," *Journal of Economics and Management Strategy* (Outono 1995): 509-528; Narasimhan e Wilcox, "Private Labels and the Channel Relationship"; Fiona S. Morton e Florian Zettelmeyer, "The Strategic Positioning of Store Brands in Retailer-Manufacturer Bargaining" (trabalho em andamento 7712, National Bureau of Economic Research, Cambridge, MA, 2000); Jorge Tarzijan, "Strategic Effects of Private Labels and Horizontal Integration," *International Review of Retail, Distribution, and Consumer Research* (julho de 2004): 321-335.

12. Morton e Zettelmeyer, "The Strategic Positioning of Store Brands in Retailer-Manufacturer Bargaining."

13. Pradeep K. Chintagunta, Andre Bonfrer e Inseong Song, "Investigating the Effects of Store Brand Introduction on Retailing Demand and Pricing Behavior," *Management Science* (Outubro de 2002).

14. Ailawadi e Harlam, "An Empirical Analysis of the Determinants of Retail Margins."

15. Morton e Zettelmeyer, "The Strategic Positioning of Store Brands in Retailer-Manufacturer Bargaining."

16. Jan-Benedict E. M. Steenkamp e Marnik G. Dekimpe, "The Increasing Power of Store Brands: Building Loyalty and Market Share,' *Long Range Planning* 6 (1997): 917-930.

17. Narasimhan e Wilcox, "Private Labels and the Channel Relationship," desenvolveram um modelo analítico e fornecem evidências empíricas de que de fato os fabricantes podem não achar que vale a pena diminuir o preço de atacado de suas marcas se a participação da marca da loja em sua categoria for muito alta.

18. Corstjens e Lal, "Building Store Loyalty Through Store Brands."

19. Kusum L. Ailawadi, Scott A. Neslin e Karen Gedenk, "Pursuing the Value-Conscious Consumer: Store Brands Versus National Brand Promotions," *Journal of Marketing* (janeiro de 2001): 71-89.

20. Jan-Benedict E. M. Steenkamp et al., *Fighting Private Label: Growth Drivers, Brand Defense Strategies, and Market Opportunities* (Londres: Business Insights, 2005).

21. Roland T. Rust, Valarie A. Zeithaml, e Katherine N. Lemon, *Driving Customer Equity* (New York: Free Press, 2000).

22. Ailawadi e Harlam, "An Empirical Analysis of the Determinants of Retail Margins." Os autores agradecem ao Professor Titular Ailawadi por prover dados adicionais não relatados em seu trabalho para desenvolverem a Tabela 7-2.

Parte II

1. Lucy Brady, Aaron Brown e Barbara Hulit, "Private Label: Threat to Manufacturers, Opportunity for Retailers", Boston Consulting Group Publications, 2003 (disponível em: http://www.bcg.com/publications/ files/PrivLabel.pdf).

Capítulo 8

1. "Consumer Reports' Tests Find Quality of Store Brands' Products on Par with National Name Brands," *Kansas City infoZine,* 2 de agosto de 2005, http://www.infozine.com/news/stories/op/storiesView/ sid/9281; e Andrew Wileman and Michael Jary, *Retail Power Plays* (Londres: McMillan Business, 1997).

2. John A. Quelch e David Harding, "Brands Versus Private Labels: Fighting to Win," *Harvard Business Review,* janeiro-fevereiro, 1996, 99-109.

3. Margaret Littman, "House Brands Hit Home: Growing Private Label Market," *Prepared Foods,* Abril, 1992, http://www.findarticles.com/p/articles/mi_ m3289/is_n5_v161/ai_12471761.

4. Quelch e Harding, "Brands Versus Private Labels."

5. Wileman e Jary, *Retail Power Plays.*

6. "Campina Profits from Added-Value, But Private Label Slips," Dairy Reporter.com, 14 de março de 2005, http://www.dairyreporter.com/news/ng.asp?id=58715.

7. Ibid.

8. A informação para o exemplo da United Biscuits é de Wileman e Jary, *Retail Power Plays;* United Biscuits, http://www.unitedbiscuits.co.uk/80256C1A0047922E/vWeb/pcCHAS5DADU9; e "UB to Cut Biscuit Capacity," Confectionary News.com, 6 de fevereiro de 2003, http://www.confectionerynews. com/news/ng.asp?id=14206-ub-to-cut.

9. Michael V. Marn, Eric V. Roegner e Craig C. Zawada, "The Power of Pricing," *McKinsey Quarterly,* 2003, 27-36.

10. Stephen McMahon, "Smaller Producers Feel the Heat," *The Age,* 30 de novembro de 2005, http://theage.com.au/news/business/smaller-producers-feel-the-heat/2005/11/29/1133026467261.html.

11. Informação coletada em entrevistas de campo na conferência Private Label Manufacturers Association (PLMA), Amsterdã, Países Baixos, 27-29 de maio de 2002.

12. Apresentação dada por PLMA na feira comercial anual da PLMA, "World of Private Label," Amsterdã, Países Baixos, 24-25 de maio de 2005; e veja http://www.expovisie.nl/site2/index.php?url=http:// www.expovisie.nl/site2/nieuws.php?content_id=3141&categoryid=l.

13. Informação para o exemplo da Cott obtido do Relatório Anual da Cott Corporation de 2004 e 2005 (disponível em http://www.cott.com/).

14. Cott Corporation, "Cott Corporation Expects 2005 Earnings to Be Substantially Below Previously Announced Guidance", news release, 21 de setembro de 2005, http://www.corporate-ir.net/ireye/ir_site. zhtml?ticker =COT&script=410&layout=-6&item_id=759222.

15. A informação para este exemplo se baseou no relatório anual da McBride, *Working Together,* 2005, disponível em http://www.mcbride.co.uk, e entrevistas de campo na conferência Private Label Manufacturers Association, Amsterdã, Países Baixos, 27-29 de maio de 2002.

16. Relatório anual da McBride, *Working Together,* 2005, disponível em http://www.mcbride. co.uk, 20.

Capítulo 9

1. Nirmalya Kumar, "Create Trust, Not Fear in Manufacturer-Retailer Relationships," *Harvard Business Review,* novembro-dezembro de 1996, 96-106.

194   Estratégia de Marcas Próprias

2. Nirmalya Kumar, *Marketing as Strategy: Understanding the CEO's Agenda for Driving Growth and Innovation* (Boston: Harvard Business School Press, 2004).

3. Janet Adamy, "Bare Essentials," *Wall Street Journal,* 30 de agosto de 2005.

4. John Gapper, "Brands Get the Worst of a Hard Bargain," *Financial Times,* 17 de março de 2005.

5. Ibid.

6. Alex Benady, "Nestlé's New Flavour of Strategy," *Financial Times,* 22 de fevereiro de 2005.

7. Lisa B. Fasig, "Federated Readying Millions for May Stores Overhaul," *Business First of Columbus,* 13 de fevereiro de 2006.

8. "H&M: Bringing Haute to the Hoi Polloi," *Business Week Online,* 30 de maio de 2005, http://www.businessweek.com/magazine/content/05_22/b3935090_mz054.htm.

9. Ibid.

10. M+M Planet Retail, "Daily News by Planet Retail", 29 de agosto de 2005.

11. Thomas Bachl, "Big Splurge or Piggy Bank: Where Are the Markets Heading For?" (apresentação dada na reunião anual da GfK Kronberg, Kronberg, Alemanha, 27 de janeiro de 2004).

12. Barbara Deleersnyder, Marnik G. Dekimpe, Jan-Benedict E. M. Steenkamp e Oliver Koll, "Win-Win Strategies at Discount Stores" (trabalho em andamento, Marketing Science Institute, Cambridge, MA, 2006).

13. Carol Matlack e Rachael Tiplady, "The Big Brands Go Begging," *Business Week,* 21 de março de 2005, 18-19.

14. Adamy, "Bare Essentials."

Capítulo 10

1. Charles Fishman, "The Wal-Mart You Don't Know," *Fast Company,* dezembro, 2003, 68.

2. Várias partes deste capítulo se baseiam em vários projetos com empresas, conduzidos pelos autores. Ver Katrijn Gielens e Jan-Benedict E. M. Steenkamp, "What Drives New Product Success? An Investigation Across Products and Countries" (trabalho em andamento, Marketing Science Institute, Cambridge, MA, 2004); Jan-Benedict E. M. Steenkamp e Steven M. Burgess, "Optimum Stimulation Level and Exploratory Consumer Behavior in an Emerging Market," *International Journal of Research in Marketing* 19 (junho, 2002): 131-150; Jan-Benedict E. M. Steenkamp e Katrijn Gielens, "Consumer and Market Drivers of the Trial Probability of New Consumer Packaged Goods," *Journal of Consumer Research* 29 (dezembro de 2003): 368-384; e Jan-Benedict E. M. Steenkamp, Frenkel ter Hofstede e Michel Wedel, "A Cross-National Investigation into the Individual and National Cultural Antecedents of Consumer Innovativeness," *Journal of Marketing* 63 (abril de 1999): 55-69.

3. Jeremy Grant, "An Own-Label Lesson for Bean-Counters," *Financial Times,* 11 de março de 2005.

4. Os cálculos dos autores se baseiam no Relatório Anual da Campbell Soup de 2005 (disponível em http://www.campbellsoupcompany.com/index.asp?cpovisq=).

5. John D. Cook e Pantelis A. Georgiadis, "Packaged Goods: It's Time to Focus on Product Development," *McKinsey Quarterly* 2, 1997, 91-99.

6. Shlomo Kalish, Vijay Mahajan, e Eitan Muller, "Waterfall and Sprinkler New-Product Strategies in Competitive Global Markets," *Intenational Journal of Research in Marketing* 12 (junho de 1995): 105-119.

7. Eric J. Swetsky, "The Dangers of Me-Tooism," FindLaw, http://library.findlaw.com/1997/Nov/1/131329.html.

8. Ibid.

9. "Albert Heijn Gives In," *Shield Mark Nieuwsbrief,* julho de 2005, 2.

10. Simon Pitman, "Procter & Gamble Files Lawsuit over Mouth Rinse," Cosmeticsdesign.com, 17 de fevereiro de 2006, http://www.cosmeticsdesign.com/news/ng.asp?n=65915-p-g-vi-jon-oral-care-mouth-rinse-packaging.

11. Jean-Noel Kapferer, "Stealing Brand Equity: Measuring Perceptual Confusion Between National Brands and 'Copycat' Own-Label Products," *Marketing and Research Today,* maio de 1995, 96-103; Jean-Noel Kapferer, "Brand Confusion: Empirical Study of a Legal Concept," *Psychology & Marketing,* setembro de 1995, 551-568.

12. Jeremy Grant, "Kraft Cooks Up Strategic Innovations," *Financial Times,* 17 de maio de 2005, 21.

13. Para mais detalhes, ver Nirmalya Kumar, *Marketing as Strategy: Understanding the CEO's Agenda for Driving Growth and Innovation* (Boston: Harvard Business School Press, 2004), capítulo 5.

14. Para o conceito de marcas de marca, ver Trendwatching.com, http://www.trendwatching.com, um Web site sobre tendências, idéias e insights do consumo global.

Capítulo 11

1. Nirmalya Kumar, "Kill a Brand, Keep a Customer," *Harvard Business Review,* dezembro de 2003, 86-95.

2. Jeremy Grant, "Kraft Cooks Up Strategic Innovations," *Financial Times,* 17 de maio de 2005.

3. Michael Arndt, "Why Kraft Is on a Crash Diet," *BusinessWeek,* 29 de novembro de 2004, 46.

4. Nirmalya Kumar, *Marketing as Strategy: Understanding the CEO's Agenda for Driving Growth and Innovation* (Boston: Harvard Business School Press, 2004).

5. Robert Berner, "There Goes the Rainbow Nut Crunch", *Business Week,* 19 de julho de 2004, 38.

6. Ibid.

7. "The Rise of the Superbrands," *The Economist,* 5 de fevereiro de 2005, 67-69.

8. Ibid.

9. Alex Benady, "Nestlé's New Flavour of Strategy," *Financial Times,* 22 de fevereiro de 2005.

10. Berner, "There Goes the Rainbow Nut Crunch."

Capítulo 12

1. Jean-Philippe Deschamps e P. Ranganath Nayak, *Product Juggernauts: How Companies Mobilize to Generate a Stream of Market Winners* (Boston: Harvard Business School Press, 1995).

2. Michael V. Marn, Eric V. Roegner e Craig C. Zawada, "The Power of Pricing," *McKinsey Quarterly,* 2003, 27-36.

3. Chris Hoyt, "Kraft's Private-Label Lesson," *Reveries Magazine,* fevereiro de 2004, http://www.reveries.com/reverb/essays/outtherelhoyt20.html.

4. Adam Jones, "No Peace for the Market Behemoths as Unbranded Onslaught Continues," *Financial Times,* 21 de setembro de 2004.

5. "The Rise of the Superbrands," *The Economist,* 5 de fevereiro de 2005, 67-69.

6. "Fed Watches to See If Wal-Mart Accepts Higher Priced Huggies," Bloomberg.com, 20 de junho de 2005.

7. Marn, Roegner e Zawada, "The Power of Pricing."

8. Harald van Heerde, Sachin Gupta, and Dick R. Wittink, "Is 75% of the Sales Promotion Bump Due to Brand Switching? No, Only 33% Is," *Journal of Marketing Research* (novembro de 2003): 481-491.

9. Dados obtidos de "Is There a Way Back for the Brand?" (apresentação feita na reunião anual da GfK Kronberg, Kronberg, Alemanha, 27 de março de 2003).

10. Raj Sethuraman, V. Srinivasan e Doyle Kim, "Asymmetric and Neighborhood Cross-Price Effects: Some Empirical Generalizations," *Marketing Science* 18 (Inverno 1999): 23-41; e Raj Sethuraman e V. Srinivasan, "The Asymmetric Share Effect: An Empirical Generalization on Cross-Price Effects," *Journal of Marketing Research* 39 (agosto de 2002): 379-386.

11. "Battle of the Brands," *Consumer Reports,* agosto de 2005, 12-15.

12. Eidan Apelbaum, Eitan Gerstner e Prasad A. Naik, "The Effects of Expert Quality Evaluations Versus Brand Name on Price Premiums," *Journal of Product and Brand Management* 2-3 (2003): 154-165.

196 Estratégia de Marcas Próprias

13. "Procter & Gamble's New, Improved European Strategy: Cut Prices," Bloomberg.com, 6 de abril de 2005.

14. Andrew Jack, "GSK Puts Its Faith in Drinks and Toothpaste," *Financial Times,* 17 de setembro de 2005.

15. Jean-Noel Kapferer, *The New Strategic Brand Management* (Londres: Kogan-Page, 2004).

16. Sian Harrington, "Will Rising In-Store Activity Leave Traditional Advertising on the Shelf?", *Financial Times,* 3 de agosto de 2004.

17. Jane Bainbridge, "Sector Insight: Bread–Upper Crust," *Design Bulletin,* 27 de abril de 2005.

18. "Procter & Gamble's New, Improved European Strategy."

19. Hoyt, "Kraft's Private-Label Lesson."

20. Ibid.

21. Ibid.

22. Jenny Wiggins, "Heinz to Sell Weak European Businesses," *Financial Times,* 27 de maio de 2005.

23. Informação tirada do artigo "The 100 Top Brands" da *Business Week,* publicado em *Business Week,* 6 de agosto de 2001, 60-64; *Business Week,* 4 de agosto de 2003, 72-78; *Business Week,* 2 de agosto de 2004, 68-71; *Business Week,* 1º de agosto de 2005, 90-94; *Business Week,* 7 de agosto de 2006, 60-66.

Capítulo 13

1. "The Rise of the Superbrands," *The Economist,* 5 de fevereiro de 2005 67-69.

2. Lucy Brady, Aaron Brown e Barbara Hulit, "Private Label: Threat to Manufacturers, Opportunity for Retailers," Boston Consulting Group Publications, 2003 (disponível em http://www.bcg.com/publications/files/PrivLabel.pdf).

3. Constance L. Hays, "More Gloom on the Island of Lost Toy Makers," *New York Times,* 23 de fevereiro de 2005.

4. Alan Mitchell, "Own Label Versus Brands War Moves to New Terrain," *Marketing Week,* 15 de outubro de 1998, 34-35.

5. Andrew Ward, "Coke Gets Real: The World's Most Valuable Brand Wakes Up to a Waning Thirst for Cola," *Financial Times,* 22 de setembro de 2005.

6. Ali Ashurov, "Focus on the Core," *Harbus Online,* News, 22 de abril de 2003, http://www.harbus.org/media/storage/paper343/news/2003/04/22/News/Focus.On.The.Core-423008.shtml?norewrite2006 08071129&sourcedomain=www.harbus.org.

7. Neil Buckley, "The Calm Reinventor," *Financial Times,* 29 de janeiro de 2005.

8. Richard Milne, "Conti's Formula for Racing Ahead", *Financial Times,* 30 de março de 2005.

9. A Tabela 13-1 foi calculada usando-se pesquisas da *Business Week sobre as* 100 melhores marcas em 2001, 2002, 2003 e 2005.

10. Neil Buckley, "Procter's Gamble on Outside Ideas Has Paid Off," *Financial Times,* 14 de janeiro de 2005.

11. Ibid.

12. Buckley, "The Calm Reinventor."

13. Ward, "Coke Gets Real."

14. Ver Grocery Brand Preference Study 2005, Geronimo, http://www.geronimo.co.uk/brands/.

15. "Procter & Gamble's New, Improved European Strategy: Cut Prices," Bloomberg.com, 6 de abril de 2005.

16. Mitchell, "Own Label Versus Brands War Moves to New Terrain."

17. Laurie Sullivan, "Retailers Ply Their Own Brands," *Information Week,* 18 de abril de 2005, http://www.informationweek.com/shared/printableArticleSrc.jhtml?articleID=160901292.

18. Sophie Buckley, "The Brand Is Dead; Long Live the Brand," *Financial Times,* 25 de setembro de 2005.

Índice Remissivo

1 (marca própria Carrefour), 28, 62, 64, 70

7-Eleven
dados de varejo da, 184
portfólio de marca da, 65

A

A&P, 2
dados de varejo para, 182
imagem de produto da, 83
Produtos da Master Choice, 43
Aaker, Jennifer, 191
Ackerman, Raymond, 28
Actonel, 167
Adamy, Janet, 190, 194
adidas, xiv
inovação na, 134-135
AEON
dados de varejo para, 181
vendas da, 2
Ailawadi, Kusum, xiii, 91, 92, 96, 187, 191, 192
Akzo Nobel, xiv
Albertsons, 35
dados de varejo da, 182
produtos premium da, 43
Albrecht, Karl, 54, 58
Albrecht, Theo, 54, 58
Alcoa, estratégia dupla da, 106

Aldi, 2, 3, 4, 6, 9, 10, 11, 27, 49-54, 59, 71, 88, 129, 161, 166
controle de custos em, 51-53
custo de fazer compras na, 59-60
dados de varejo para, 181
descrição, 49-50
estratégia da, 49-50
filosofia da, 50-51
imitadores da, 53-54
inovação de valor na, 49
lucros da, 58
marcas de fabricante em, 149
marcas próprias da, 6, 49-50
presença nos EUA, 54
qualidade de produto na, 52
segmentação baseada na categoria em, 61
vendas da, 2, 10
Allied Bakeries, 169
Altoids, 152
Altria, vendas de, 3
Amaciante de roupas Lenor, 149-150, 153
Amazon.com, 21
dados de varejo para, 181
American Standard, 11
analgésicos, defasagem de preço de, 84
análise de regressão, 188
Anderson, Pamela, 55
Apelbaum, Eidan, 191, 195

198   Estratégia de Marcas Próprias

Apli Paper, xiv
   estratégia dupla da, 112-113
Apta brand, 62
Arndt, Michael, 195
Artzt, Edwin, 104
Asda, Puffin, produto da, 142
Ashurov, Ali, 196
Auchan, xiv, 2, 11
   dados de varejo para, 181
Avaliação da marca da Budweiser, 178
avaliações de marca, 2000-2006, 178

B

Bachl, Thomas, xiv, 187, 194
Bainbridge Jane, 196
Bank One, marcas próprias do, 6
Barnes & Noble
   dados de varejo da, 181
   marcas próprias da, 5
Barnes, Brenda, 126
Barwise, Patrick, 191
Bausch & Lomb, estratégia dual da, 107
Becton Dickinson, 31
Beertender, 145
Benady, Alex, 194, 195
Benetton, 2
   dados de varejo da, 181
Bergus, Jeff, 42
Berlinski, Peter, 189
Berner, Robert, 186, 195
Best Buy, 2
   dados de varejo da, 181
Birds Eye, estratégia dupla da, 107
Blattberg, Bob, xiii
Bloomingdale's
   dados de varejo da, 181
   marcas próprias da , 5

BMW, 51
Boesch, Jerome, xiv
Bonfrer, Andre, 192
Boots, dados de varejo da, 181
Boyle, Mathew, 187, 188
Brabeck, Peter, 128
Brady, Lucy, 187, 189, 190, 192, 193,
   196
Branch, Shelly, 186, 189
Brandes, Dieter, 189
Brooks Pharmacy, 30
   dados de varejo da, 181
Brown, Aaron, 187, 189, 190, 192, 193, 196
Buckley, Neil, 196
Buckley, Sophie, 190, 196
Burgess, Steven, xiii, 194
Burton, Scot, 187
buzz marketing, 168-169

C

Cadbury Schweppes, 119
   margem de lucro da, 121
Cadeia de supermercados Albert Heijn,
   36, 75, 83, 142, 175
   dados de varejo para, 184
   imagem de produto da, 93
   processos da, 15, 142
   produtos da AH, 43, 75-78
   produtos excelentes da, 6, 43
   qualidade de produto da, 82-83
cadeia de supermercados C1000, 93
   dados de varejo da, 181
Calphalon, formação de marca
   compartilhada com a Kitchen
   Essentials, 44
Campbell Soup, inovação incremental
   na, 135

Campbell, Naomi, 55

Campina, estratégia dupla da, 111

canibalização
  de marcas próprias, 70
  perigo de, na estratégia dupla, 108

Cape Union Mart, xiv, 8
  dados de varejo para, 182

Capell, Kerrey, 187

Carlita brand, 46

Carrefour, 2, 14
  construção da marca no, 104-105
  dados de varejo no, 182
  fidelidade à marca ao, 95
  portfólio de marca do, 69
  produtos genéricos no, 27, 62
  segmentação baseada em benefício no, 63
  segmentação baseada em preço no, 61-62
  segmentação baseada na categoria, 62-63, 72
  vendas do, 2

Cellar, The, products, 82

Cescau, Patrick, 166

Chandler, Susan, 188

Charles Schwab, como supermercado financeiro, 6

Charmin brand, 142, 169

Chintagunta, Pradeep, xiii, 192

Chivas Regal, imagem de marca do, 79

Circuit City, dados de varejo da, 182

Citibank, própria do, 6

CliffsNotes, 5

Clorox, e Wal-Mart, 125, 126

Coca-Cola, 3, 15, 119, 120
  avaliação da marca de, 178
  em 2000, 176

margem de lucro da, 121
  rejeição da estratégia dupla pela, 106
  vendas da, 3

Cohen, Jack, 67

Coles Myer, 4, 16
  dados de varejo da, 182

Colgate-Palmolive, 180
  avaliação de marca da Colgate, 178
  margem operacional da, 123
  reconhecimento do consumidor da, 179

Colliers, 38

Conant, Douglas, 135

Cook, John, 194

Copa, La, yogurt, 170-171

Corsten, Daniel, xiii

Corstjens, Marcel, 192

Costco, 2, 3, 5, 172
  dados de varejo da, 182
  inovação de valor em, 51
  marca própria premium da, 36
  vendas da, 2

Cott Corporation, 119
  desafios à, 120-121
  descrição, 119
  estratégia da, 119-120
  margem de lucro da, 121
  parcerias da, 119

CPG (bens de consume embalados, do inglês, consumer packaged goods), 2

Cracker Barrel, 38

cree Rexona, 149, 150

Creme dental Crest, 142

Crook, Ian, xiv

CVS, 30
  dados de varejo da, 182
  marcas de imitação da, 28
  produtos premium da, 43

200 Estratégia de Marcas Próprias

D

dados de varejo da, 185
dados de varejo da, 185
Dahlvig, Anders, 8
Daimler-Chrysler, 51
Danone, xiv
  foco da, 153
  produto da La Copa, 170-171
  vendas da, 3
De Bijenkorf, 11
  dados de varejo da, 182
Dean Foods, 108
Decathlon
  dados de varejo da, 182
  portfólio de marcas da, 65
  produtos de marca própria da, 5-6
Dekimpe, Marnik, xiii, 187, 188, 190, 192, 194
Del Monte, 7
  aquisições da, 170
  estratégia dual da, 107
Deleersnyder, Barbara, xiii, 187, 194
Delhaize, 11
  dados de varejo da, 182
Depp, Johnny, 55
Deromedi, Roger, 152
Deschamps, Jean-Philippe, 157, 195
desodorante Axe, 158
Dial, e Wal-Mart, 125, 126
Dick, Alan, 187
Dietz, Diane, 142
Dijs, Alfred, xiv
Disney, 1
Dollar General, 53
  dados de varejo da, 182
Dollar Tree, 653
  dados de varejo da, 182

Dominick's
  dados de varejo da, 182
  estratégia de imitação da, 82
Dow Chemical, xiv
Duane Reade
  dados de varejo da, 182
  produtos premium da, 43
Duff, Hilary, 44
  Duff, Mike, 189
Dunne, David, 189

E

eBay, 21
  dados de varejo da, 182
Edah, dados de varejo da, 182
Edeka, dados de varejo da, 182
Eight O'Clock Breakfast Coffee, 2
El Corte Inglés, 11
  dados de varejo de, 182
Electrolux, racionalização da marca pela, 152
Elliot, Stuart, 187
Energizer, e Wal-Mart, 126
esquizofrenia organizacional, 110
Estée Lauder, 127
Estratégia de branding
  para genéricos, 27
  para marcas de loja premium, 43-44
estratégia dupla
  círculo vicioso da, 113-114
  como ferramenta competitiva, 117-118
  custos de produção e, 114-115
  e lucratividade, 107-108
  estratégias de sucesso para, 114
  estudos de caso da, 108-109, 111-113
  para gerenciar a categoria, 109-110
estratégia em cascata, 14

Índice Remissivo 201

estratégia submarca, 43
Europanel, xiv
evitar risco, 166

F

fabricantes
  aquisições pelos, 177
  desafios para, 176
  estratégia dupla das, 106-111
  foco dos, 153
  gerenciamento da defasagem de preço
    por, 157
  inovação pelos, 177
  questões de custo dos, 158
  tamanho dos, 3
fabricantes exclusivos de marca própria
  características dos, 118
  estudos de caso dos, 118-123
  fatores de sucesso para, 123, 124
  prevalência dos, 118-119
  problemas dos, 118
Family Dollar, 53
  dados de varejo da, 182
Fasig, Lisa, 189, 194
Federated, dados de varejo da, 182
Feldman, Ria, 111
Ferrero, 129
fidelidade à marca
  e questões emocionais, 80-81
  fabricante versus loja, 10-11
Fidelity
  como supermercado financeiro, 6
  dados de varejo da, 182
Fisher, Dan, 187
Fishman, Charles, 194
Fnac, 2
  dados de varejo da, 182

Fonterra, 111
Foodworld, xiv
Fournier, Susan, 80, 190, 191
Fred Meyer
  dados de varejo da, 182
  produtos premium da, 43

G

GlaxoSmithKline, 165
Gap, 16
  dados de varejo da, 182
  marcas próprias da, 5, 16
  segmentação baseada na categoria na,
    62
Gapper, John, 189, 194
Garretson, Judith, 187
Gedenk, Karen, 187, 192
General Electric, marcas próprias da, 6
General Mills
  e Wal-Mart, 126
  racionalização da SKU pela, 152
Georgiadis, Pantelis, 194
Gerstner, Eitan, 191, 195
Geyskens, Inge, xiii
GfK, xiv
Giant Eagle
  dados de varejo da, 183
  produtos premium da, 44
Giant Food
  dados de varejo da, 183
  produtos da Staples na, 183
Gielens, Katrijn, xiii, 194
Gillette
  aquisição pela P&G, 14, 125
  avaliação da marca da, 178
  e Wal-Mart, 126
  rejeição da estratégia dupla da, 107

202 Estratégia de Marcas Próprias

Glemet, François, 192
Goodyear, xiv
Grant, Jeremy, 194, 195
Grant, Lorrie, 187
Grievink, Jan-Willem, 27, 68, 189
Guilbert, 15
Gupta, Sachin, 195

H

H&M, 2, 14, 16, 32
  dados de varejo na, 183
  ofertas exclusivas uma única vez,
    128-129
  marcas próprias da, 5, 54-55
Hall, Jerry, 55
Hamson, L., 189
Hanssens, Dominique, 188
Hardie, Bruce, xiv
Harding, David, 109, 187, 193
Harkleroad, Bárbara, 44
Harlam, Bari, 91, 92, 96, 191
Harley-Davidson, imagem da marca da,
  79
Harrington, Sian, 196
Haub, Christian, 90
Hays, Constance, 188, 196
H-E-B
  dados de varejo da, 183
  produtos de marca própria da, 7
Heineken
  produto Beertender da, 141
  rejeição de estratégia dupla pela, 107
Heinz, 4, 176
  avaliação de marca da, 178
  estratégia dupla da, 107
  propaganda pela, 167-168

reconhecimento da, por parte do
  consumidor, 179
Henderson, Terilyn, 189
Herbert, Richard, xiv
Hershey, marca compartilhada com
  Kirkland
  Signature, 43
Hoch, Stephen, 84, 188, 191
Holcim, xiv
Holden, Betsey, 158
Home Depot, 2, 11, 172
  dados de varejo da, 183
  portfolio de marca da, 65
Hot Wheels, 14
Hotel Collection pelo Charter Club, 7
Howell, Debbie, 187
Hoyt, Chris, 195, 196
Hulit, Barbara, 187, 189, 190, 192, 193,
  196

I

Iams, 167
IKEA, 2, 14, 16
  controle de custo na, 56
  custo de comprar na, 59
  dados de varejo da, 183
  descrição da, 55-56
  economias relacionadas a processo na,
    56
  expansão internacional da, 59
  inovação de valor na, 49
  produtos da, 8
  segmentação baseada na categoria na,
    62
imagem da marca
  diminuindo a defasagem na, 82
  e demografia do consumidor, 81

e preço Premium, 79
  importância da, 80-81
imagem de marca da Gucci, 79
Inditex, 31
indústria de margarina, competição na, 93
Indústria de sorvete, determinação de
  preço na, 149
inovadores de valor, 21-22
  cadeias de lojas de desconto e, 49-50
  dicas para, 59
  estratégia de, 58-59
  estudos de caso de, 49-59
  sucesso de, 58-59
Intermarché (ITM)
  dados de varejo da, 183
  segmentação baseada na categoria na,
    62
  vendas da, 2
International Association of Department
  Stores, xiv
Intersport
  dados de varejo da, 183
  segmentação baseada na categoria da,
    62
IRI, xiv
Isdell, Neville, 176, 178
Ito-Yokado
  dados de varejo da, 183
  vendas da, 2

J

Jack Daniels, imagem da marca da, 79
Jack, Andrew, 196
Jacobs, Klaus, 51
Jager, Durk, 176
Jain, Arun, 187
Japan Tobacco, vendas da, 3

Jary, Michael, 193
JCPenney
  dados de varejo da, 183
  estratégias de marketing na, 42-43
JD Sports, 135
  dados de varejo da, 183
Jif, marca, 153
Johnnie Walker, 1
Johnson & Johnson, xiv, 1
  avaliação de marca da, 178
  vendas da, 3
Jones, Adam, 195
Jones, Steve, xiv

K

Kalish, Shlomo, 194
Kamprad, Ingvar, 58
Kapferer, Jean-Noel, xii, 29, 143, 186,
  187, 190, 195, 196
Kashuk, Sonia, 44
Kellogg, 107
  avaliação de marca da, 178
  e Wal-Mart, 125, 126
  reconhecimento da, pelo consumidor,
    143
  rejeição da estratégia dupla pela, 106
Kent, Michael, 36
Kim, Doyle, 195
Kim, Queena Sook, 188
Kimberly-Clark, 114
Kingsmill, 38, 169
Kmart
  dados de varejo da, 183
  marca premium da loja, 46
Knee, Christopher, xiv
Knothe, Karsten, 189
Kohler, 11, 180

204 Estratégia de Marcas Próprias

Kohl's, 44
  dados de varejo da, 183
  marcas exclusives da, 127
  portfólio da marca, 65
Koll, Oliver, 194
Kotler, Philip, xiii
Kraft, xiv, 1, 14
  aquisições da, 151-152
  avaliação da marca da, 178
  café da, 146
  desinvestimentos da, 151-152
  e Wal-Mart, 125, 126
  proteção da propriedade intelectual na, 144
  questões de defasagem de preço, 157-158
Kroger
  dados de varejo para, 183
  imagem de produto da, 183
  marca própria Premium da, 43, 45
  marcas próprias da, 6
  segmentação baseada em benefício na, 63
  vendas da, 3
Kruidvat, 29
  dados de varejo da, 183
K-Way products, 8

L

Lafley, A. G., 152, 167, 176
Lagerfeld, Karl, 55, 128
Lal, Rajiv, 192
Lamey, Lien, 187
Lange, Liz, 44
Lavigne, Avril, 42
Lazarus, Ken, xiv, 8
Lee, Louise, 190

Lee, Thomas, 189
Lehmann, Don, xiii
Lemon, Katherine, 192
Levi Strauss, 1, 17, 66, 105
Lichtenstein, Donald, 187
Lidl & Schwartz, 2, 4, 15, 53
  clientela da, 53
  dados de varejo da, 183
  descrição, 53
  SKUs customizadas para, 128
Life Savers, 152
Limited, The, 38
  pados de varejo da, 183
  parcas próprias da, 5
  portfólio de marca da, 65
Linguri, Sophie, 188
Littman, Margaret, 193
livros, marca própria, 5
Lloyd, Simon, 186
Loblaws, 11
  dados de varejo da, 183
  estratégia premium-lite da, 36-37, 43, 82
Lodish, Leonard, 84, 191
L'Oréal, 167
  avaliação da marca da, 178
  foco da, 153
  vendas da, 3
Lowe's, dados de varejo da, 183
Lundgren, Terry, 7
Luschinger, Paul, 110
Lynx deodorant, 158

M

Macy's
  marcas próprias da, 5, 44, 103
  portfólio da marca da, 65
  SKUs customizada na, 128

Índice Remissivo 205

Madonna (entertainer), 32, 55

Mahajan, Vijay, 194

Makro, 2
dados de varejo da, 183

Marca Altern, 143

marca Always, estratégia de
determinação de preço para, 161

marca American Beauty, 127

marca Apt. 5, 43

marca Archer Farms, 70

marca Ariel, 121, 153, 170

marca Arizona (roupas), 42-43, 45

marca Authentic Food Artisans, 62

marca Authentic Food Artisans, 62

marca Back to School, 69

Marca Be Good to Yourself, 63

Marca Blue Parrot Café, 65

marca Bounty, 164

Marca Brawny, 164

Marca Buitoni, 154

Marca Chaps, 44

Marca Cherokee, 44, 69

Marca Cheryl Tiegs, 44

Marca Cif, 28-29

Marca Clairol, 153

Marca Clinique, 127

Marca compartilhada (cobranding), 48

Marca compartilhada da Butterfinger
com a Publix, 43

marca Crisco, 153

marca Curfew Colors, 43

Marca Dannon, 163

marca de café Allegro, 63

marca de marcas, 145

marca Destination Saveurs, 64

marca Durabrand, 66

marca Equate, 21

marca Escapades Gourmandes, 64

marca Essence of Beauty, 44

marca Etirel, 62

marca Euroshopper, 28

marca F&F, 69

marca Faded Glory, 66, 105

marca Flirt, 127

marca Flixonase, 166

marca Florence & Fred, 69

marca Folgers Country Roast, 132

marca Folgers, 132

marca George, 66

marca Good Skin, 127

marca Grassroots, 127

marca Great Value, 66

marca Hefty, 164

Marca Identity, 43

marca J'aime, 64

Marca Kandoo, 145

marca Kitchen Essentials, 44

marca Kleenex, 164
avaliação da, 178

marca Lauder, 127

marca Laurenti, 44

marca Maggi, 154

marca Market Pantry, 70

Marca Martha Stewart, 44

Marca Master Choice, 43

Marca May, 65

marca McKinley, 62

marca McVities, 112

marca Milton, 153

marca Mossimo, 44

marca Nakamura, 62

marca naturally Preferred, 63

marca Nescafé, 145
avaliação da, 178

206 Estratégia de Marcas Próprias

e imitação, 28-29
reconhecimento do consumidor da, 154
marca Nestea, 154
marca Nicorette, 166
marca NyQuil, 142
marca Ol' Roy, 66
marca Organic Everyday Value, 62
marca Origine, 35
marca Oxydol, 153
marca Pampers, estratégia de determinação de preço para, 153, 161
marca Paquito, 62
marca Paturages, 62
Marca Penguin, 142
marca Per Una Due, 38
marca Persil, 121
marca Poligrip, 166
marca Polo Ralph Lauren, 44
marca Puffs, 163, 164
marca Punica, 153
marca Purina, 154
marca Quicksilver, 44
marca RC, 119
marca Reflets de France, 64
marca Rei, 153
marca ReliOn, 45
marca Sanso, 153
marca Senseo, 146
Marca Somerfield, 180
dados de varejo da, 184
marca Splenda, 143
marca St. Michael, 3, 36
marca Style&co, 44
marca Sunny Delight, 153
marca Swiffer, 137, 144
marca Tampax, 142

marca Tassimo, 146
marca Techno Pro, 62
marca Tony Hawk, 44
marca Vittel, 128
marca Waverly, 44
marca Wella, 153
marca Whole Kitchen, 62-63
Marca Xhilaration, 43
marca Yoplait, 164
marca Ziploc, 164
marcas consórcio, 27
marcas de fabricante, xi
círculo vicioso das, 168
crescimento das, 1
e portfólios de marca de varejo, 61-71
esforços de diferenciação pelas, 166
estudos de caso de sucessos, 169-171
expectativas das, 176-177
imagem da marca das, 79-80
marcas de marca, 145-146
na Alemanha, 58, 130
promoções ao consumidor, 159-160
uso da mídia pelas, 1
atitudes perante, 9-10
alavancagem do, no século 20, 2
marcas de imitação, 23
efeito econômico das, 29
estratégias das, 28-30, 82
vantagens das, 33-34
marcas de loja premium, 27-28
marcas exclusivas, 127-128
marcas próprias genéricas, 25-26
estratégias de branding da, 25-26
origem da, 25
queda e resssurgimento da, 26
vantagens da, 33
marcas próprias,

ascensão das, 2-6

atitudes em relação a, xi-xü, 1 1-11

benefícios e desvantagens das, 93

canibalização das, 70

cercando as marcas de fabricante com, 61-72

como escolha do consumidor, 9,75

como marcas, 7-8

e lucratividade do cliente, 88, 90-91

efeitos econômicos das, 173

ênfase exagerada sobre, 93-94, 175

fabricantes exclusivos de, 118

fornecimento do fabricante para, 93, 107

futuro das, 173-174

impacto sobre margens do fabricante, 92

limites das, 174-175

na Alemanha, 3, 130

no Japão, 4

novos produtos a combater, 134

participação de mercado das, 4

questões de alavancagem das, 88, 91-94

marcaVanish, 29

Margonelli, Lisa, 190

marketing da, 146

marketing

buzz, 168

estratégias, 167

para desenvolvimento de produto, 141

Marks & Spencer, 2, 11, 14

dados de varejo para, 183

marcas de loja de preço premium, 37

Marlboro

avaliação da marca da, 178

imagem da marca da, 79

marketing pela, 144

Marn, Michael, 187, 195

Mason, Tim, 67

Matlack, Carol, 186, 188, 194

Mattel, 14

McBride Group, 121

desafios a, 122-123

descrição, 121

estratégia da, 121-122

margem operacional da, 123

McCartney, Stella, 55, 129

McCormick, estratégia dual da, 107

McMahon, Stephen, 193

McNair, David, 180

Media Market, 9

Meehan, Sean, 191

Mercedes, imagem de marca da, 53

Metro Group, 3

dados de varejo da, 183

vendas do, 3

Meza, Sergio, 191

Michael Graves, artigos para casa, 44

Migros, 71

dados de varejo da, 183

Mihas, Elizabeth, 189

Mills, David, 192

Milne, Richard, 196

Mitchell, Alan, 196

Mizrahi, Isaac, 9, 44

Moët & Chandon, avaliação da marca da, 178

Morton, Fiona, 191, 192

Muller, Eitan, 194

N

Nabisco, 151

Naik, Prasad, 191, 195

208 Estratégia de Marcas Próprias

Narasimhan, Chakravarthi, 189, 192
Nayak, P. Ranganath, 157, 195
Neiman Marcus, dados de varejo da, 184
Neslin, Scott, 187, 192
Nespresso, 21
   descrição, 146
Nestlé, xiv, 1, 159
   colaboração com varejistas, 163
   marca compartilhada com Kirkland
     Signature, 43
   no mercado de café, 21
   rejeição da estratégia dual (no merca-
     do de café), pela, 107
   SKUs customizadas da, 128
   vendas da, 2
Netemeyer, Richard, 187
Netto
   dados de varejo da, 184
   inovação de valor na, 49
Nike, inovação na, 134
Nívea, 167
   avaliação da marca da, 178
novidade, produto, 136

O

Office Depot, 15
   dados de varejo da, 184
   portfólio da marca da, 65
Old Navy, 21
Oral-B, 31
Ortega, Amancio, 31

P

Pauwels, Koen, 188
Penny, 129
Pentaland, 135
PepsiCo, 121, 90, 121

   avaliação da marca Pepsi, 178
   vendas da, 3
Persson, Stefan, 58
Philip Morris, xiv
Philips Electronics, 145
Pick 'n Pay
   dados de varejo da, 189
   marcas premium da, 82
   produtos genéricos na, 24-28
Pierce, John, 189
Pilgrims Choice, 38
Pitman, Simon, 194
poder da marca, definido, 152
Polman, Paul, xiv, 180
Post-it Notes, 15
preço realizado, 131
Prior, Molly, 188
processos
   contra produtos de imitação, 14
   padrão de prova em, 143
   propriedade intelectual, 141
Procter & Gamble (P&G), xiv, 1, 14,
   104, 107, 114, 123, 125, 126, 127,
   142, 145, 146, 152, 161, 164, 169,
   172, 176, 179, 180
   aquisição da Gillette, 14, 125, 153
   colaboração com varejistas, 132-133
   e Wal-Mart, 177, 179
   experiências de criação de produto
     pela, 144
   inovação na, 177
   margem operacional da, 123
   no Mercado de café, 132, 145
   processos da, 142
   produtos Swiffer da, 137, 144
   racionalização da marca pela, 152-153
   rejeição da estratégia dual pela, 107
   vendas da, 3

produtos 1969, 7
Produtos Burberry, 16
produtos da Private Selection, 35
produtos Dreft, 15
produtos Foodhall, 82
produtos Harvest Moon, 7
produtos IsaDora, 31
produtos Kirkland Signature, 36
  marca compartilhada de, 43
produtos Mr. Clean, 145, 170
produtos Niceday, 15
produtos Old Khaki , 8
produtos Quechua, 7
produtos Sam's Choice, 6, 36, 43
produtos Seven7, 7
Produtos Signature da Shaw, 43
produtos Studio 35, 31
produtos Tribord, 7
propaganda
  como uma faca de dois gumes, 168
  conteúdo da, 141
  despesas para, 141
  evolução da, 167-169
  mídia para, 168-169
Publix
  dados de varejo da, 184
marca Puffin, 142
  produtos premium da, 43
Puigbo, Jaume, 113
Puigbo, Judith, xiv

Q

Quaker Oats, 92
qualidade percebida, 74
  determinação da defasagem na, 190
  diminuindo a defasagem na, 82
  por categoria, 76-77

Quelch, John, 10, 109, 187, 193
Quill, 29
  dados de varejo para, 184

R

racionalização de portfólio de marca,
  152
  estudo de caso da, 152-153
  racionalização da SKU, 152
  reconfiguração da categoria, 151
Ralcorp Holdings, 108
Ralston Purina, 108
Rangan, Kash, xiii
Rauch, Doug, 4
Reckitt Benckiser, xiv, 153
  margem operacional da, 123
Red Bull, 21, 144
  marketing pela, 168
Reebok, inovação na, 134
Restaurantes Soup Factory, 144
Restaurants Bertolli, 144
Revlon
  e Wal-Mart, 126
  imagem de marca da, 79-80
Rewe
  dados de varejo da, 184
  vendas da, 2
Richardson, Paul, 187
Rigby, E., 190
Rite-Aid, 27
  dados de varejo da, 184
  portfólio de marca da, 65
Rocasolano, Letizia Ortiz, 32
Roegner, Eric, 193, 195
roupas, marca própria, 7
Royal Ahold, xiv, 2, 14, 36
  consórcio de marca dirigido pela, 28

210 Estratégia de Marcas Próprias

dados de varejo da, 184
vendas da, 3
Rusch, Robin, 188
Rust, Roland, 192
Ryan, Sean, 189

S

Safeway
dados de varejo da, 184
imagem de produto da, 83
produtos Select da, 6, 43
Sainsbury, 15, 27, 37
dados de varejo da, 184
ênfase exagerada em marcas próprias
na, 93-94, 175
produto cola da, 120
produtos genéricos na, 27
segmentação baseada em benefício na,
63
segmentação baseada em preço na,
61-62
Sakkab, Nabil, 177
Saks Fifth Avenue
dados de varejo da, 184
marcas próprias da, 46
produtos Platinum da, 43
salgadinhosWalker's, reconhecimento do
consumidor de, 179
Sara Lee, xiv
e Save-A-Lot, 126
e Wal-Mart, 126
produtos de café na, 145
vendas da, 3
Saturn (Alemanha), 9
Save-A-Lot, 54, 126, 132
dados de varejo da, 184
SCA, estratégia dual da, 114

Schiffer, Claudia, 55
Schmeltzer, John, 188
Schwarz Group, vendas do, 3
Scott, Lee, 54
Sears
dados de varejo da, 184
marca de loja premium da, 44
SEB, Groupe, 145
Segmentação baseada em benefício,
63-64, 71
segmentação de portfólio, 61
baseada em benefício, 63-64
baseada em categoria, 62-63
baseada em preço, 61-62
complexidade da, 64-69
Sethuraman, Raj, 191, 195
Setor de pães, evolução do, 169
Shackelford, Douglas, xiv
Sharoff, Brian, 83
Shaw', dados de varejo da, 184
Shoprite, 27
Sims, Josh, 187
Skip Tablets, 139
SKUs customizadas, 128-132
SKUs,
customizadas, 128, 132
racionalização da, 152
Smirnoff, avaliação de marca da, 178
Smit, Karel, xiv
Song, Inseong, 192
Sorvete Langnese Cremissimo, 149, 150
SparkNotes, 6
Spector, Robert, 186
Srinivasan, Shuba, 188
Srinivasan, V., 195
Stanley, John, 190
Staples

dados de varejo da, 184

estratégias da, 46

marca de marca Premium da, 35-36

Starbucks, 21, 145

dados de varejo da, 184

marca compartilhada com Kirkland Signature, 43

Stern, Lou, xiii

Stockwell, Thomas, 188

Stop & Shop

dados de varejo da, 184

Sudhir, K., 191

Sullivan, Laurie, 189, 196

Supervalu, 53

dados de varejo da, 184

marcas de loja premium da, 46

Swetsky, Eric, 194

T

Target, 71

dados de varejo da, 184

marcas de imitação da, 28

marcas próprias da, 8

marcas próprias premium da, 44

portfólio de marca da, 70

vendas da, 2

Tarzijan, Jorge, 192

Tate Lyle, 143

Tavassoli, Nader, XIII

Tchibo, 21

dados de varejo da, 184

ter Hofstede, Frenkel, 194

Tesco, XIV, 2, 14, 42, 67

dados de varejo da, 185

descrição, 67-68

estratégia de determinação de preço da, 38-39

gerenciamento de marca premium na, 41

imagem de produto da, 83

marca Finest da, 38-41, 45, 68

marca Standard da, 68

marcas de loja de categoria da, 69

marcas próprias da, 6

marcaValue da, 67

portfólio de marca da, 68-69, 179

reconhecimento da, pelo consumidor, 179

redução da variedade na, 70

segmentação baseada em benefício na, 68

segmentação de preço na, 67

tipos de lojas, 68

vendas da, 3

TetraPak, XIV

Tiplady, Rachel, 186, 188, 194

TNS, xiv

toalhas de papel, preço versus qualidade das, 164-166

Tommy Hilfiger, SKUs customizadas para a Macy's, 128

Toregonos, 167

Toys "R" Us, 2, 5

dados de varejo da, 185

portfólio de marca da, 65

Trader Joe's, 4, 21

afiliação com a Aldi, 54

dados de varejo da, 186

descrição, 53-54

marcas de loja premium da, 41

Treehouse Foods, 108

Tropicana, vendas na Alemanha, 14

Truffelinos, 31

Tyson Foods, vendas de, 3

Tyson, Laura, xiv

212 Estratégia de Marcas Próprias

U

Ukrop's Super Markets, 36
  dados de varejo do, 185
Unilever, xiv, 1, 93, 150, 159, 179, 180
  margem operacional da, 123
  no setor de sorvete, 158
  operações de restaurante da, 144
  processos da, 15, 142
  produtos da Skip Tablets, 139
  racionalização de marca pela, 152-153
  vendas da, 3
United Biscuits, 111-112
  estratégia dupla da, 111-112
  processos da, 142

V

valor, 156
  visão do consumidor de, 157
Valstar, Dick, xiv
van Heerde, Harald, 195
Verhallen, Theo, xiv
Verkade, litígios de, 142
Vicassim, Naufel, xiii
Victoria's Secret, 21, 38, 71
Vintage Fruit Refreshers, 120
Virgin Superstores, 2
  dados de varejo da, 185

W

Walgreens, 30
  dados de varejo da, 185
  estratégias de imitação da, 31
  marcas de imitação da, 30
  portfólio da marca da, 65
Walker, Elaine, 189
Wal-Mart, 2, 30, 43, 52, 166

competidores do, 54
construção de marca no, 105
dados de varejo da, 185
demografia do comprador da, 9
descrição, 64-65
e custos de fabricante, 158
efeitos econômicos do, 14, 172-173
Great Value, história de marca da, 66
inovação de valor na, 49
lidando com, 134
marca Equate do, 28
marcas premium da, 6, 43, 44, 45
marcas próprias da, 6, 21
poder da, 125
portfólio de marca do, 65, 179
processo contra, 143
vendas da, 2
Walton, Sam, 64
Warburtons, 169
Ward, Andrew, 196
Wedel, Michel, 194
Wellings, Helen, 188
Wells Fargo, marcas próprias da, 6
Wennemer, Manfred, 176
Whirlpool, marca compartilhada com
  Kirkland Signature, 43
Whole Foods, 4, 11, 50
  segmentação baseada em categoria na,
  62
Wiggins, jenny, 196
Wilcox, Ronald, 192
Wileman, Andrew, 193
Wiley, John, editora, 5-6
Winn-Dixie
  consolidação da marca na, 70
  dados de varejo da, 185
Wittink, Dick, 195

Índice Remissivo 213

Woolrich, 44

Woolworths (África do Sul) marcas
próprias da, 38
buzz marketing, 168-169
dados de varejo da, 185

Woolworths (Austrália), 16
dados de varejo da, 185
eliminar marcas seletivamente na, 118
rótulo Select da, 35

Wrigley, 152
avaliação de marca da, 178

Wynnyczuk, Anna, 189

Z

Zara, 2, 14, 16, 21, 30, 71
dados de varejo da, 185
estratégias de imitação da, 31-33
gestão de marca pela, 32-33
marcas próprias da, 5, 9

Zawada, Craig, 193, 195

Zeithaml, Valarie, 190, 192

Zettelmeyer, Florian, 191, 192

Zimmerman, Ann, 190

Zimmerman, Susan, 191

GRÁFICA PAYM
Tel. (011) 4392-3344
paym@terra.com.br